晚清皇族困局

恭亲王孙女重说近代史

爱新觉罗·恒钤◎著

中国文史出版社

图书在版编目（CIP）数据

晚清皇族困局：恭亲王孙女重说近代史 / 爱新觉罗·

恒钦著.—北京：中国文史出版社，2019.5

ISBN 978-7-5205-1049-3

Ⅰ.①晚… Ⅱ.①爱… Ⅲ.①中国历史—清后期—通

俗读物 Ⅳ.①K252.09

中国版本图书馆CIP数据核字（2019）第051828号

责任编辑：张春霞　　牛梦岳

出版发行：中国文史出版社

社　　址：北京市海淀区西八里庄69号　　邮编：100142

电　　话：010-81136606　81136602　81136603（发行部）

传　　真：010-81136655

印　　装：廊坊市海涛印刷有限公司

经　　销：全国新华书店

开　　本：787mm×1092mm　1/16

印　　张：18

字　　数：249千字

版　　次：2019年8月北京第1版

印　　次：2019年8月北京第1次印刷

定　　价：59.80元

谨以此书献给高祖恭忠亲王

目 录

第一篇
战争与皇权

001

第二篇
皇帝与亲王

045

序言一

　　爱新觉罗家族是一个庞大的家族，我不可能认得其中所有的成员。所以说，两个人相识是要靠缘分的，即便是同宗同族也不例外。

　　我认识恒钤是在二十多年前。她是恭亲王奕訢之后裔，那时候她叫毓鸿，是一名电视台的纪录片导演，正在拍摄爱新觉罗家族的故事。听到她的名字，起初还以为她比我大两辈，后来才知道她其实是"恒"字辈，就算这样，还是比我要大一辈。不过现在已经没有那么多讲究了，随着时间推移和家族的繁衍，辈分和年岁都相差很大，因为我的年龄只比恒钤的父亲小两岁，所以她坚持称呼我为先生。前年4月，恒钤正式拜我为师学习书法，先生这个名头更是拿不掉了。

　　现在，恒钤由一个纪录片导演变成了学者，研究起了清史，写起了家族史的书籍，我由衷地为她、也为这个家族感到高兴。爱新觉罗家族不乏书画名家，但专注于历史研究的却是凤毛麟角。

　　恒钤的第一本书出版在即，她请我为她的书写几句话。这让我想起了1998年，我的第一次个人书法展在中国美术馆举办，当时启功大哥在开幕式上说："启骧，我们是一家的。在这里我只是代表他，请大家多提意见。"这句话我现在拿来放这儿说也挺合适。

"恒钤，我们是一家的，在这里我代表她请大家多提意见。"另外，也希望恒钤在勤练书法的同时，能沿着历史研究的这条路一直走下去，发表更多的作品，传承、弘扬中华民族传统文化。

爱新觉罗·启骧

2019 年 3 月 25 日 于柳荫轩

序言二

一

2018 年仲秋，我以澳大利亚企业家及独立学者的身份单独到访华盛顿，有机会与一群美利坚的"离退休老干部们"——进行了交流。他们都是曾经的风云人物，且至今仍在美国商界、政界、军界乃至情报界有着巨大的影响力。

我们当然都谈及了中美关系。

我重点谈了 19 世纪 50 年代以来，以林肯政府的国务卿西华德（William Henry Seward）为代表的美国政界精英，制定了美国的太平洋战略，实际上就是美国对华政策的 1.0 版本。这一政策甚至精确地预见到了百年之后的美俄关系。

在中国方面，与西华德等人相呼应、奠定了中美关系中方根基的，就是当时年轻的执政者恭亲王爱新觉罗·奕訢。他曾亲自会见了第一个访华的美国前国务卿西华德（1871 年访华）及美国前总统格兰特

（Ulysses Simpson Grant，1879年访华）。甚至，在他主导下，中国政府还"返聘"美国首任驻华公使蒲安臣（Anson Burlingame）在其卸任后出任全权使节（办理中外交涉事务大臣），代表中国政府出使美、英、法、普、俄诸国。

凡此种种，都推动了中美之间"合作政策"的顺利推行，美国因此成为近代史上对华最为友好、最为亲密的国家——没有"之一"。

美国的老干部们几乎从未听过这些故事。他们听得津津有味，除了建议我可以去美国军校讲课之外，也表示了对那位他们此前从未听闻的"中国前领导人恭亲王"的极大兴趣，表示今后有机会一定要去瞻仰北京的恭王府。

二

在2017年回归商界之前，我有足足8年的时间在世界各地讲学、考察、周游，几乎每到一地，都会大力推介恭亲王。

本书的作者——爱新觉罗·恒钤（毓鸿）女士，就是恭亲王的第五代孙女。我平日都喊她"格格"。

我与格格相识，是通过她的大爷（大伯）爱新觉罗·毓嶦先生。毓嶦先生比我足足年长47岁，我们是忘年交。

第一次见毓嶦先生是2010年10月，文化部恭王府管理中心会同文汇出版社，在恭王府内为我的改革史新著《绝版恭亲王》举办发布会暨恭亲王研究座谈会，来了不少清史专家。毓嶦先生那年已经87岁高龄，在发言前颤颤巍巍地站起来，非要给我鞠躬，说要感谢我给他们家"平反"了，令我颇为惶恐。

纵观中国历史上大一统的王朝，被认为是"胡人"政权的，一是元，二就是清（唐朝的李氏家族虽非汉人，但一般不将其视为"胡人"）。元代在中原仅仅生存了97年，因此，朱元璋的那句可怕咒语——"胡人自古无百年运"，一直都成为清王朝历任帝王的压力与动力。值得我们注意的是，在中国历代的封建王朝中，清代国祚达二百六十余年。无论如何评价，这个王朝的确将"资治通鉴"做到了极致，清代诸帝的德能勤绩在历代王朝中堪称翘楚。在晚清的50年，以恭亲王为核心，包括著名的曾（曾国藩）、左（左宗棠）、李（李鸿章）等，体制内集聚了大量精英，其表现相当夺目。晚清50年的改革，不仅奠基了中国现代化的早期基础，更给中华民族的发展展现了巨大的想象空间。

自辛亥革命以来，无论政界还是学界，对前清末期的评价都很低，甚至十分贬斥。我在拙著《绝版恭亲王》中提出，从19世纪60年代洋务运动开始，中国改革其实是一个延续、连贯的整体。恭亲王奕訢作为中国150年改革开放的奠基人，其历史地位和作用被长期矮化和忽视。他几乎一手导演了晚清第一轮"改革开放"（洋务运动），使本已痼疾缠身的王朝出现了"同光中兴"。那些被后世景仰的曾国藩、左宗棠、李鸿章等人，其实只是改革的桨手而已，恭亲王才是真正的掌舵人。恭亲王的改革思路、策略、技巧，成为晚清乃至后世改革的重要借鉴。

恭亲王在改革初期，面对内忧外患，积极扩大执政基础，勇于并且巧妙地突破祖宗成法，使得一大批汉族官员及外聘的洋干部，在挽救危机、提升执政能力方面发挥了重要作用。在经历了20多年的外患之后，恭亲王开始探索新的外交体制，从东亚的宗藩体制走向全面的条约体制，为中国争取到了30年的和平发展时期，并对之后的中国和整个世界，都产生了重大而深远的影响。

西方外交官、记者、传教士均留下了大量涉及恭亲王的史料，在英、法、美等国的官方文献，如议会辩论记录、外交报告中，也有大量涉及恭亲王的内容，恭亲王在一个相当漫长的时期内，成为世界了解和解读中国的窗口。

因现实政争的需要，自从慈禧太后独立掌舵后，恭亲王的历史地位就受到长期人为的矮化、淡化及边缘化。进入民国之后，随着整个晚清历史被纳入国民党党史话语体系，恭亲王的历史作用更被忽视。至今，作为唯一对外开放的王府，恭王府所接待的绝大多数游客，只是将此作为和珅的故居，而极少关注其影响及于今日的恭亲王。

当时参与研讨会的专家也都认为，恭亲王是一笔巨大的历史财富，我们应大力挖掘恭亲王在中国改革史中的经验和智慧，为当下的改革提供历史镜鉴。

三

毓嶦先生可不是爱新觉罗家族的普通一员，他是第三任、也是末任恭亲王。

末代皇帝爱新觉罗·溥仪在《我的前半生》一书中是这样说的："小固（毓嶦）是恭亲王溥伟的儿子，溥伟去世后，我以大清皇帝的身份赐他袭爵，把他当作未来'中兴'的骨干培养，他也以此为终身志愿……"

那是 1936 年，溥仪在伪满洲国皇宫缉熙楼书斋，赐毓嶦袭世袭罔替的恭亲王爵，同时把恭亲王溥伟去世后上缴的三件传家宝，即大阅御用紫宝石腰带、咸丰皇帝亲书朱笔密谕、白虹刀，都赏还给他。

毓嶦先生虽为末任恭亲王，却从未在王府内住过一天，甚至，他对王府的熟悉程度也远比不上恭王府管理中心的导游们。与辉煌的祖先相比，毓嶦先生的一生相当不幸，被政治的旋涡卷滚着，无法自主，即便在溥仪"御前"伺候的那些年，也是颠沛动荡、担惊受怕，甚至不时要为自己的生命安危而担忧。

我后来几次与毓嶦先生畅谈，他都会仰天长叹，虽未明言，"不该生于帝王家"的无奈与无助却相当强烈，每每令我感慨万千。

四

其实，与国史上大多数朝代或其他国家的末世皇族相比，爱新觉罗家族还是相当幸运的。

当恭亲王开创的晚清改革走到尽头时，"下岗"了的清朝皇族却成功地实现"软着陆"，全身而退，创造了历史奇迹。古今中外，皇帝这个金领职业莫不伴随着巨大风险，而"下岗"皇帝的命运一般只有一个默认选项：斩草除根。在高喊进步、自由的共和狂飙中，包括法兰西、英格兰等国的君主，其曾经高贵的头颅都被以人民的名义切下；俄罗斯的罗曼诺夫家族则更是被灭门焚尸。"最恨生在帝王家"的感慨，超越了种族和国界。只有爱新觉罗家族成了一个例外。

这个家族最后的当家人、摄政王、溥仪之生父爱新觉罗·载沣，于26岁时接过王朝的巨舵，安然度过了疾风暴雨的革命。载沣最为人诟病的所谓"软弱"，恰恰是其宽容、开明的表现。在党争严峻、派系林立的大清朝廷中，"软弱"的载沣最能团结一切可以团结的人。而即使面对着政治上的死敌，载沣也用自己的宽容为国家减少了一点戾气，为皇族留下了一点退路。

1909年，在处理袁世凯这样的权臣时，他相当技巧地给老袁和自己留下了转圜的余地。三年后，如果没有老袁这道宏伟的拦洪坝，爱新觉罗家甚至连和革命党讨价还价的砝码都不够。

1910年，载沣在另一件关系其自身安危的大事中，再度展现了宽广的政治胸襟。一位名叫汪兆铭的革命党人，和载沣同龄，使用炸弹谋刺他，因事机不密而被捕。这可是满门抄斩的不赦大罪，传奇的是，专案组组长、民政部尚书肃亲王善耆，却对这位用"精卫"之名在报纸上激烈抨击政府、在行动上采用恐怖主义的年轻人大加欣赏。最后，这位日后以汪精卫而著称的"恐怖分子"，因"误解朝廷政策"，只被判了无期徒刑，并在狱中享受到了相当的优待。小汪逃得性命，固然与肃亲王有关，但如果没有作为一把手兼受害人的摄政王点头，汪精卫那首"慷慨歌燕市，从容作楚囚；引刀成一快，不负少年头"的狱诗，就只能当作烈士诗抄而流传了。

如此谋逆大罪，不杀一人，载沣所体现出来的，不光是胸怀，也是其韬略及手腕：杀了一个汪精卫，会有更多的后来人，莫如示人以宽。这即使只是手段，没有胸怀也难以付诸行动。

这段故事，在充满阴谋和血腥的中国近代史中，无疑是洋溢着古典浪漫情调的佳话。而载沣的宽容，在此前此后的执政者当中，更是绝无仅有的另类。在锐意改革数年而终不成后，载沣毕竟为整个皇族赢得了中国历史上唯一的体面而又安全的集体"转制"。

1906—1911年6年政治体制改革，尤其是1909—1911年的三年宣统新政，只要我们不带偏见就能发现：如果不是载沣的柔软身段，宪政改革将不可能达到如此深度和广度；亚洲的第一个共和国（即使只是表面上的）将不可能以如此微小的代价得以建立；被革命者当作异族政权的清王朝，将不可能获得如此宁静的"安乐死"；同样被革命者当作"鞑虏"要予以"驱除"的爱新觉罗家族，将更不可能赢得"软着陆"的善终奇遇。

五

恭亲王奕訢逝于戊戌年（公元1898年），葬于昌平麻峪村。

当时的国际社会对于恭亲王奕訢的评价很高。美国传教士明恩溥（Arthur Henderson Smith）在其著作《中国在激变中》中认为，恭亲王的逝世，令中国这架"错综复杂的政府机器失去了一个重要的平衡轮"。大清国的洋干部、美国人马士在他那本著名的《中华帝国外交史》中认为："一般人认为如果恭亲王不死，可能会挽救国家很多的不幸。"《泰晤士报》驻华记者濮兰德（J.O.P. Bland）认为"恭亲王的死是一件严重的事……如果他还活着，或许不会有义和团乱事"，这是1900年义和团运动与八国联军侵华后，西方人的普遍观感。

每次归国进京，只要时间许可，我都会做两件事：一是去麻峪村凭吊恭亲王，二是去植物园凭吊梁启超。每次我都会在他们的墓前沉思良久。

老恭王的墓地，早已被毁坏。这些年，我的几位挚友都在努力追踪寻访老恭王的遗骨，颇有进展。值得欣慰的是，在毓嶦先生病危时，我去医院探望他，将这个好消息告诉了他。

遗憾的是，与毓嶦先生每次见面，光顾着听他讲各种故事，很少问及他对当时政事的看法。不过，以他历经政治运动的个人惨史，臧否政事大约也早已不是——准确地说"不敢是"——他的兴趣所在了。

六

格格弥补了她大爷的这个遗憾。

格格的这本处女作，其最大的意义或许在于：这是爱新觉罗后人第一次直面其家史、国史，而不仅仅是提供"口述历史"。

我知道格格一直在收集、整理家史资料，这是一个相当艰苦、孤寂的工作。我相信随着格格对家史资料的深入挖掘，今后会推出更多的有独特视角的著作，帮助我们更深地解读爱新觉罗这部鸿篇巨制。

两个世纪来，每逢戊戌，似乎都有巨变。今年（公元2018）又逢戊戌，我在中秋之夜填了一首七律，既是自况自嘲，也是对恭亲王的缅怀：

杯酒汪洋起怒涛，

江山无奈一肩挑。

醉卧桂下逗玉兔，

醒执弯弓射大雕。

谁言擎天丈夫业，

莫若画眉嫦娥娇。

摘星揽月游戏事，

俯看九重未觉高。

雪珥

2018 年 12 月 31 日于香港维多利亚湾

写在前面的话

就我们目前的经验来看，时间是单向的。这就带来一个问题：已经发生过的历史，我们没有机会再次亲历目睹，因此解读历史人物和历史事件，并期望从中得出结论变得困难重重，还原历史真相几乎是一个不可能的任务。话说回来，即便当前正在发生着的事情的亲历者，从不同的角度也能得到不同的结果。很多时候，多一个角度，就多了一分接近真相的可能。我想，这正好给了我重新解读中国近代史的理由。

作为这个星球上最古老的文明之一，中国的历史有着非常独特的走向；作为中国最后一个家天下的封建王朝，清朝的历史本身也极为特殊。跨入近代，中国的清朝更是面临这片土地有史以来前所未有的极大变局。了解这一变局的始末，特别是了解这一变局的当局者的所作所为、所思所想，应该是一件很有意义的事情。如果我能在这件事上有所作为，对我而言，也是一件很有意义的事情。

我的高祖恭忠亲王爱新觉罗·奕訢出生于 1833 年。第一次鸦片战争爆发时，他还是一名在上书房读书的小皇子，关于这个历史转折点，他最深刻的记忆，莫过于皇帝父亲的忧心忡忡。1850年，父皇宾天，他被封为亲王，太平天国在广西起事，随着战事的日益吃紧，他的皇帝四哥打破亲王不得任职军机处的祖制，任命他为军机大臣。第二次鸦片战争，皇帝北狩，他被推到历史舞台的聚光灯下。紧随其后的是两宫垂帘、亲王辅政，他作为总策划，极力推进洋务运动，成就了中国历史上最后一次皇朝中兴——同光中兴。他一生三落三起，最后一起是在同光中兴的最后一年，也是惨烈的甲午战争那一年，此时的他，如同他身心系之的家天下，早已沉疴难起，无力回天。

一代忠王之后，他的儿孙粉墨登场。我的曾祖父载滢也因一个"壮举"被历史记住：和另外三个载字辈的家族成员，率领60多名义和团"兄弟"，冲进瀛台，准备弑君。审视这场轰轰烈烈、震动朝野的闹剧，能带给我们很多思考。

"有我溥伟在，大清不会亡！"在诸多事后诸葛亮看来，这只是又一场闹剧。如果放在两千年前，这何尝不是又一曲慷慨悲歌呢？所谓造化弄人，便是如此吧。我的爷爷第二代恭亲王溥伟，经历了逊帝退位和军阀混战，于毁家纾难念念不忘，可惜并无回响，最后成为侵华日军的一枚弃子，于1936年郁郁离世。

1833年到1936年，百年近代史，同时也是百年家族史，相互交织，相互影响，相互留下深深的烙印。观之思之，每每让人感慨唏嘘。一个显而易见的事实是，我对这段历史的感觉与旁人又是有些不同的。

相当长的一段时间，正是这份与众不同的感觉让我痛苦万分。那是一个个人面对一个大时代的一种深深的无力感，我不清楚这种感觉是来自于我自己还是我的祖先们，如果他们也曾经经历过这种感受，却没有被它们所吞噬，那无疑是因为他们比我强大得多；我面对它们的时候，只能任凭它们拨弄我的神经、捶击我的心房，直到连气都喘不上来。这种痛苦最终让我选择了逃避。

后来，我尝试着让自己抛开这个事实，用绝对中立的角度来看待这些历史人物和历史事件。但是这种努力仍然是徒劳的。他们是我的亲人啊，我怎么可以冷眼旁观？凝视着他们的照片，阅读着他们的文字，想象着他们的样子，他们是让我思念的亲人。属于他们的那一段历史早已远去，我却总觉得心有不甘，不甘他们被尘封，不甘他们被误解，不甘他们被对他们毫无了解的人评头论足。作为他们的后代，血管里流淌着他们的血液，我觉得我有话想说，我甚至有时候会觉得这是他们想通过我的嘴巴说出他们想说的话。

其实他们有什么想说的呢？他们在他们的时代，说着想说的或是不想说的话。是时代选中了他们，留下了那个时代的声音。他们说过的话，有的被记住了，有的被忘却了，有的被了解了，有的被曲解了，有的被放大了，有的被忽略了。他们又何曾在意过呢？

我只能是把自己想说的话说出来罢了。既然无法逃避，也不能做到全然中立，那就顺从于心吧。如果能另成一个角度，于解读这段历史有所裨益，那倒可以算作是意外收获。

因为"历史"的原因，中国的近代史是以 1840 年为时间线来划分的。这种把清史一分为二的做法极不科学，也极不严谨，对此，很多历史学家都有不同意见。考虑到大多数人的习惯，这里仍然沿用，并不代表我本人赞同这一划分标准。

我还很希望有那么一天，吾国吾民都能坦然面对我们的历史，恢复历史本来的面目。不过我自己也清楚，这个愿望无异于痴人说梦，"还原历史真相"本就是一个伪命题，无论出于主观意愿或由于客观原因，过去、现在和将来，扭曲的历史会一直存在。

我悲观地认为，或许所谓吸取历史教训也会是，并将一直会是一句空话。正因为如此，我们才会看到曾经的历史一而再、再而三不断重演。我们以为可以避免的，其实正在发生；我们以为已经走远的，其实还在身边。

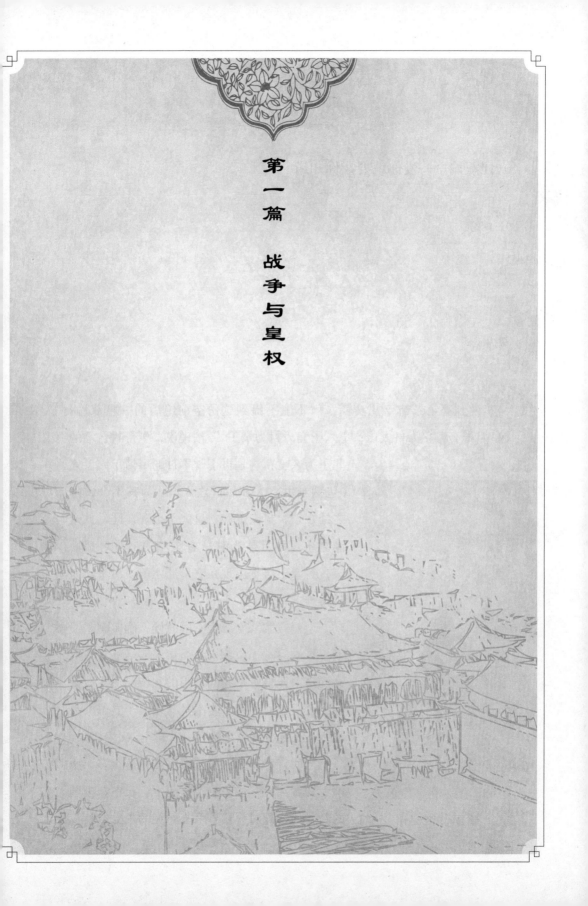

第一篇　战争与皇权

一匣双谕——爱你就要让你知道

说到高祖恭忠亲王奕訢，就不能不提到这份空前绝后的一匣双谕："皇四子奕詝立为皇太子；皇六子奕訢封为亲王。"按理说，皇帝封自己的儿子为亲王，这是再正常不过的事情了。世人（包括当世之人和后世之人）认为其不合常理之处在于，封亲王和立皇太子出现在同一件朱谕之中。而且从当时从右至左的书写习惯而言，封亲王居然出现在立皇储之前，更是让人觉得难以理解。

清道光皇帝遗诏

记得我第一次看到它的时候，确实有些愤愤不平的感觉。说起来，当年朱笔御书这份上谕的宣宗成皇帝是我的高祖的父亲，那我应该称为天祖，这种不平岂不是对在天子之位的天祖所下谕令有不敬之嫌？

当时青春年少的我还真不知道这么多。所谓无知者无畏，作为生在红旗下、长在新中国的新一代，我对充斥着帝王将相的正史典籍没有一点兴趣，对历史的了解，全部来自人民教育出版社的全日制十年制小学、初中、高中课本。

有一天，上学路上，我的一个小伙伴突然冲着我大叫："哇，你爷爷是皇帝啊！"我听了这话一愣，立刻冲她喊："瞎说，不可能！""真的，我爸说的！"小伙伴的父亲和我父亲是老同事了，这种事情应该不会瞎说，但我的爷爷是皇帝，这怎么可能？！尽管我不信，可是这一天都闷闷的，乐不起来了。好容易等到放学，回到家第一件事就是问父亲我爷爷是不是皇帝，他只回答了两个字："不是。"

那时，在我的记忆里我只知道爷爷早就去世了。我还知道我的父亲是北京人，我的母亲是上海人，他们为了一个共同的革命目标，他们为了支援祖国建设来到了大西北（简称支边）。上小学的时候经常要填写表格，在"家庭出身"这一栏，很多同学都写的是"革命干部"，有的干脆直接写成"革干"，显得更是简洁有力、掷地有声。我也很想填上"革干"，于是，很认真地问父亲："我们家也是革命干部吧？"到今天我都能清楚地记起父亲当时的态度，他有些迟疑，慢慢地说道："还是填干部吧。"

因此，我们家即使因为某种我不知道的缘由不能加上"革命"二字，但起码是"干部"吧。当有人说我的爷爷是"全中国最大的地主头子"时，我肯定是不能接受的。

等我完全清楚自己的"家庭出身"时，父亲已经不在人世了。大概是因为他的这个出身带给他太多的磨难，父亲在世的时候从来不曾正面讲过家里的故事。

我和妹妹小时候随母亲的姓，父亲给我起的名字叫顾誉红。我出生在上海，我的大舅妈曾经是上海地下党，是老革命了，她给我起了个小名叫代代红，简称代红。我16岁那年，父亲去世，我才改过来随他的姓氏"毓"。到了北京我才知道，毓是辈分，这时候家族里几乎没人用"爱新觉罗"这个姓氏，很多人改姓"金"，也有很多人像父亲这样用辈分做姓氏。但我也用"毓"做姓氏等于和我父亲一辈了，那是大大的不敬。但是"毓鸿"这个名字已经落在了户口簿上，再改起来太麻烦，所以一直用到今天。

见了大爷毓嶦之后，才听他说我是恒字辈，应该叫"恒鸿"，如果当年叫了"恒红"倒是更有代代红的意味。而且大爷后来告诉我，名字的偏旁也就是有规矩的，家族近支恒字辈后面的字都用金字旁，于是就有了现在"恒铃"这个名字。另外需要说明的是，毓嶦其实是祖父的第七个儿子，按理我应该管他叫七大爷才对，但是我总觉得这个称呼太别扭，所以就一直没改过来。大爷跟我说过这样叫不合规矩，但是一来他的六位兄长早就不在了，二来他也是我奶奶的第一个儿子，所以最后算是默许了。

在北京时，跟大爷在一起的时间很多，开始时他也不怎么说家里的事，我只知道我们家是恭亲王一支的。那时候，大爷经常带我去串门儿，事先他也不跟我说清楚这些人的身份，好像他认定我应该知道似的。记得每次到人家门口，我都要问他，要拜访的是谁，我应该怎么称呼，这时大爷才跟我说，这是溥杰家，我应该叫二爷爷；这是韫和家，我应该叫二姑太太，等等。

大学毕业时，大爷想办法把我留在了北京。后来，我进入中央新闻纪录电影制片厂做编导，这里曾经是我父亲工作过的地方，大名鼎鼎的《新闻简报》和《祖国新貌》就是这个厂出品的。我工作的时候，它已经有些没落了，像一个老贵族无奈地屈从于一个新贵——中央电视台的门下，成为了它的一个制作基地，有了一个新的名字：中央电视台新影制作中心。

我开始服务的栏目叫《纪录片之窗》，在 CCTV 一套播出，时长 15 分钟。2000 年，我报了选题"爱新觉罗家族的故事"，从那时起，我就开始拍摄家族的故事。拍了半年之后我发现这根本不是一个 15 分钟片子所能承载的，我无法在几个月之内就完成内涵如此庞大的片子，于是我只能跟主编申请退出了拍片计划。

但是我并没有停止拍摄，而是利用业余时间，自己扛着三脚架、背着摄像机去采访、拍摄这些家族中的亲人们，不知不觉地坚持了近 20 年。

现在我积累了将近 500 小时的视频素材，很想编成片子呈现给世人，有兴趣的制片人可以找我合作。

从那时起我和大爷聊天时有了更多的话题，每当他提到家族里的某个人时，我都能说出他（她）的出处，还有他（她）的故事，大爷很高兴我能接住他的话茬儿了。

我自然也越来越清楚自己家的事了：我的爷爷根本不是皇帝，爷爷的爷爷就是高祖，也不是皇帝。我高祖的爸爸才是皇帝，我细胞中的 DNA 里，有三十二分之一的基因来自他老人家。再后来，听说了这一匣双谕的典故，于是就愤愤不平了，而且觉得自己有充足的理由相信，其实中国的近代史还有更好的选择。

很多年过去了，随着阅历的增长，对事情的看法也慢慢有所改变，知道了世事远非非黑即白那么简单。渐渐地，不平的感觉减少了，取而代之的是深深的疑惑：这究竟是上天怎样的安排？

在清代，立皇储的惯例与中国历史上的其他朝代颇为不同。开始的时候并没有一定之规，太祖高皇帝（太祖谥号原为"武"，康熙年间改谥号为"高"）努尔哈赤甚至并没有指定继承人的打算，按《武皇帝实录》中的记载，他认为的理想状态是这样的：

> 继我而为君者，毋令强梁之人为之。此等人一为国君，恐倚强自恣，获罪于天也。且一人之识见，能及众人之智虑耶？尔八人可为八固山之王，庶几同心干国，可无失矣。尔等八固山王中，有才德能受谏者，可继我之位。若不纳谏，不遵道，又更择有德者立之。倘择立之时，如不心悦诚服而有难色者，似此不善之人，难任彼意也。至于八王理国政时，或一王有得于心，所言有益于国家者，七王当会其意而发明之。如己无能又不能替他人之能，但缄默坐视，当选子弟中贤者易之。

八固山王即为当时的八旗旗主。那时候八旗旗主的权力比后来的可大得太多了。太祖武皇帝认为强势之人不适合为一国之君，而且一人之才也远不及众人之能，所以最好是八王同时理政，八王中有才德之人可奉为君主。太祖还说，君主有问题换了就是，旗主不合格也同样可以重新推选，颇有民主的味道。

如果说太祖皇帝是根本没有立嗣的打算，那太宗文皇帝皇太极是还没来得及立嗣就暴病离世了。所以清朝第一个立储君的是世祖章皇帝（年号顺治）。圣祖仁皇帝（年号康熙）即位后，立太子的时间比较早，但并没能阻止皇子们对皇位的争夺。有鉴于此，世宗宪皇帝（年号雍正）选定太子后并不公开，而是把立嗣朱谕装匣密封后放到乾清宫正殿的正大光明匾额后面，等到自己宾天后再晓谕天下，这在后世成为定制。

宣宗成皇帝（年号道光）的一匣双谕之所以空前绝后，就是因为之前的密诏都没有立一个皇子为皇太子、同时封另一个皇子为亲王的先例，这种情况也没有可能再次出现。宣宗的做法实在是特殊，不能不引起人们的诸多猜测。

在立嗣人选问题上，宣宗一直犹疑不定，这一点应该是毫无疑问的。这在正史上有所记载：至宣宗晚年，以文宗长且贤，欲付大业，犹未决（摘自《清史稿·杜受田传》）。既然文宗"长且贤"，理所应当"付大业"，又何至于"犹未决"？

这可以说是典型的春秋笔法了。孔老夫子告诉我们，史说中的微言大义需要我们自己去发掘。正史由于"为尊者讳"的缘故，对历史化化妆是免不了的，要知道真实样貌，必须做足卸妆的功夫。野史倒是毫无避讳，随便是谁都可以任意评说一番，但其中道听途说之凭、无中生有之据多矣。不过和正史有板有眼的庄严肃穆不同，野史虽然荒腔走板得滑稽可笑，也算是生动热闹。说不定什么时候，小姑娘们出来看热闹时还来不及化妆呢，我们就可能会有新发现了。

宣宗皇帝的性格可以说是世人皆知，于是野史中关于朱谕的说法大都极力渲染他有多么的优柔寡断，当然还有奕詝之示弱藏拙，奕訢之锋芒毕露。

皇帝当然不是一般人，但他毕竟是人。就人性而言，宣宗皇帝他老人家在选立皇储这件大事上面对奕詝、奕訢两个皇子左右为难、举棋不定是完全可以理解的。因此让人看不懂还主要是在这空前绝后的一匣双谕上。

在后人看来，宣宗皇帝把他面临的二选一难题公之于世了，这相当于告诉世人，这两个皇子都很好，但我只能立一个为皇太子，另一个呢就封为亲王吧，这算对他也有个交代了，同时对他也是一种保护，别让太子继位之后欺负他。真的只是这么简单吗？

中国皇帝驭人之术中很重要的一条，靠的就是天威难测，就是让臣工包括皇子们都不知道自己想的是什么，如果让别人知道了自己的想法，那还有什么天威难测一说呢？臣工皇子们很重要的一项工作，也就是揣测圣意。从野史中记载的那些有趣的故事来看，皇四子奕詝的师傅杜受田是很擅于此道的。

表面上看，宣宗皇帝公布了他的两个选项，是让旁人知道了他的想法，但这从未有过先例的做法却又更加让人迷惑不解，这么说起来我这位天祖真的是"天威难测"了呢。

很多人在从一匣双谕"揣测圣意"时，都读出了宣宗对六子奕訢的舐犊深情。甚至从朱谕之一中皇六子在左、皇四子在右，居然就能看出宣宗是在提醒奕詝：虽立汝为太子，朕对奕訢之看重，犹在汝之上矣。这种说辞未免有些荒唐可笑了。

家国天下——宣宗皇帝的喜与忧

高祖奕䜣降生的时候，无论于国于家，都是一个特殊的时期。

道光十二年十一月二十一日（公元 1833 年 1 月 11 日）丑时，宣宗成皇帝的第六个皇子降临人世。这位一生勤俭克己的皇帝已经到了知天命的年纪，此时也一定忍不住感涕上天眷顾，而且无法克制自己的兴奋之情：䜣，喜也。

宣宗皇帝的欣喜是大有缘由的。宣宗皇帝的长子奕纬出生于嘉庆十三年（公元 1808 年）。过了整整 16 年后，奕䜣的生母博尔济吉特氏才相继诞下了皇二子奕纲和皇三子奕继，但两位皇子都早早地夭折了。更让宣宗难过的是，皇长子竟然也于道光十一年（公元 1831 年）暴病身亡。

几个月之后，皇四子的诞生让宣宗皇帝稍感安慰。也许是前面三个儿子的早夭病亡让宣宗皇帝心有余悸，于是在给第四个儿子命名的时候，他把名字中的"纟"旁改作了"言"旁，皇四子取名为奕詝。几天之后，皇五子奕誴也紧跟着出生了。"誴"是快乐的意思，宣宗的心情可想而知。一年多以后，奕䜣降生，更是让宣宗皇帝大喜过望了。

给宣宗皇帝带来乐与喜的皇五子和皇六子，后来的人生轨迹完全不同。奕誴被宣宗皇帝过继给了自己的兄弟惇恪亲王绵恺，等于早早地被取消了竞争太子的资格。不过，若干年后，这两兄弟的儿子们倒是在一起干了一件惊天动地的大事。此乃后话，先按下不表。

皇六子奕訢受到宣宗皇帝的偏爱似乎已经成为史家共识。经常被人提及的有这样一些事实：宣宗皇帝连奕訢乳母安排这样的小事都要亲笔批示，这是爱子心切；奕訢生母的位份晋升得很快，这是爱屋及乌；给奕訢安排的老师的水平比奕詝的老师高，这是望子成龙；给奕訢安排的亲家的门第比奕詝的亲家高，这是情深意重。凡此种种。

清宣宗道光帝

我并不是历史研究的专家。我不知道专家们在研究历史的过程中会不会遇到和我一样的问题：我们应该如何判断历史上一个事件的真实性？一件确定发生过的事，我们又应该如何来解释、评价呢？如果我们要给这件事一个结论，又应该如何证明这个结论是正确的呢？

真实性问题也许是相对简单的，我们可以通过考据甚至考古来获取相应的证据。即使如此，我想提醒各位，历史归根结底是人的历史，是由人记录的。不幸的是，历史的记录者只是历史的参与者中的一部分，有时候是极个别者；更不幸的是，我们看到的历史又只是被记录的那一部分，并非其全貌；更更不幸的是，我们看到的那一部分还是经过人为筛选的。还有比这更糟糕的吗？当然。

如果说历史事件本身存在客观性的话，历史事件的解释和评价则是彻头彻尾的主观了。在此慎重声明，无论我如何标榜自己用了多么客观的标准、多么理性的思想、多么科学的方法、多么严密的逻辑，我对历史事件的任何解读评说都只能代表我自己的意见，它与我的家庭背景和个人经历密不可分，也与我所处的历史时代和生长环境息息相关。

历史结论同样如此，不管它看上去是否客观理性、科学严密。可以确定的是，如果它被记录下来，那它也会成为历史的一部分。确切地说，它将成为历史资料，由后人解读，得出他们的结论。我还想说，对一个历史事件而言，同一个历史时期的人们很容易得出不同甚至完全相左的结论，同一个人在不同的时间也很有可能得到不同的结论。所以，本书中所有的内容，如果有些部分算得上一个结论的话，它只是我此时的看法。

如此说来，同一件事人们有不同的看法就一点都不奇怪了。比如，奕䜣的岳丈桂良，身居要职、家世显赫，是奕詝岳父富泰所不能比的。有人说孰轻孰重一眼便知，这自然是由于宣宗偏爱奕䜣的缘故；也有人说正是因为宣宗打算立奕詝为储，所以给他选的外家不那么强势，免得外戚影响内政。您看，这是不是都合乎逻辑呢？也许，以后有人还可以得出宣宗太爱奕䜣了，舍不得让他国事缠身，所以只封为亲王，不立为太子的结论呢。

皇嗣确实算得上关乎国运的大事。但我在前面说的"于国于家"，其实并非专指此事。皇六子奕䜣出生的那一年，公元 1833 年，一个涌动的暗流即将深刻地改变大清国的命运。

中国向来称作天朝上国。我华夏礼仪之邦之外，皆属不服教化之地，它们还有各自的专属称谓：东曰夷、西曰戎、南曰蛮、北曰狄。而且"中国戎夷，五方之民，皆有性也，不可推移"。然而，随着时间的推移，原本的"戎夷"，它们那"不可推移"的本性，也被极具包容性和吸引力的华夏文明给吸收同化了。那时的华夏子民，想来是很有文化自信的。

说起来，我的先祖们也曾经是"东夷"之一。这种带贬义的称呼，其内涵并不确定，也不确定是某一个族群。正如原本的"西戎"之一秦，后来成了华夏的一部分，自然就不再属于戎狄之列了。

由秦至清，"中国"和"戎夷"相爱相杀，分分合合，"中国"的土地和文化散发着致命的诱惑，让"戎夷"们无法自拔，无论是主动还是被动，他们沉迷其中，接下来，等待他们的就是被同化、被消解的宿命。

我的先祖们也无法逃脱这个宿命。无论建立起多么强的满汉之防，最终保留下来的除了八旗制度和服饰之外，其余从文字到思想几乎全部被中国传统文化所占据。

于是，大清国成了中国历史上又一个天朝上国，四海之外，仍以蛮夷称之。在"天朝"看来，蛮夷素来仰慕我上国风采，或朝贡，或通商，好一番大同景象。

朝贡是最受欢迎的，即使这是一个赔本的买卖。至于通商，我泱泱中华地大物博，与尔等蛮夷根本无此必要；如若尔等非要与我上邦通商不可，我倒可以恩准，不过一切得按我的规矩来。条约自然是没有的，遵守我大清律法即可。

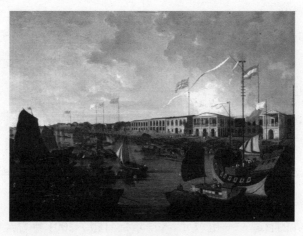

广州十三行

开始仅仅是作为对外邦朝贡使者及其随行人员的恩赐，清朝政府允许他们在限定的区域进行有限的贸易。通商口岸包括漳州、福州、厦门、宁波等地。后来，政府执行"一口通商制度"，即只准外商在广州一地开展贸易，并且将外商圈于固定区域，不得随意进出；同时外商只能与指定的十三家商行进行交易，即所谓的广州十三行是也。

广州十三行也成为这个贸易区的代名词。被称作十三行的这个狭长区域位于广州岸边，仓库、办公室和住房杂处其间。拥有英国海外市场垄断权的东印度公司，是这里最主要的常驻者。当然，在这里他们不可能拥有他们在其他地方享有的特权，事实上，别说特权，英国商人们想要的平等通商的权利都不可能得到。相反，他们在十三行必须忍受诸多限制，包括人身限制和行政限制。

能让他们留下来的，当然是利益。逐利是商业的本质，也是商人的本性。一味地、没有限制地追逐利益，是会让人陷入疯狂境地的。如果说对"权"的追求还有一个皇位作为终点的话，那么，对"利"的追逐是永无止境的。至于陷入疯狂，对个人而言是如此，对团体而言也是如此，对国家而言何尝不是如此？

但无论如何，即使改朝换代，"重农抑商"早已成为中国延续了两千多年的基本国策。

和这样的中国通商，自然是一件痛苦的事情。能让英国商人痛并快乐着地待在十三行的是，这里的商品在英国本土市场上非常受欢迎。这些商品最开始是迎合英国上流社会的瓷器、丝绸，还有名贵药材，它们让东印度公司获利颇丰。到后来，出现了一种受到整个英国社会追捧的商品，它是如此符合英国人的胃口，需求量是如此之大，以至于一个普通伦敦工人家庭也会用收入的 5% 来购买它。它就是茶叶。

茶叶造就了巨大的中英贸易顺差，大到广州十三行诞生了当时中国的同时也是世界的首富——伍敦元。《华尔街日报》2001 年曾经统计出上一个千年世界上最富有的 50 个人，中国有六个人上榜。能和千年大帝成吉思汗、千年大贪和珅等人一起挤上榜单的伍敦元，是唯一一个商人出身的中国人。据估算，1833年左右，他的身家为白银1700多万两，而整个大清国的年收入不过4000万两。鼎盛时期，伍敦元的财产高达2800万两，而在同期，在商业发达的美国，其首富的家产仅为伍家的四分之一。

世界首富出现在这样一个抑商轻商的国度，不能不说是一个奇迹。这个奇迹的造就者便是"广州贸易体系"。伍敦元的怡和行正是十三行之一，同时也是英国东印度公司的总代理。让伍敦元发家致富的，最初就是茶叶。

远在北京的宣宗皇帝也许知道广州有位叫伍敦元的富商捐了个三品顶戴，但他应该不知道自己的这个子民居然成了世界首富，也不知道通商竟然会带来如此丰厚的利润。如果知道的话，生性节俭甚至到了抠门程度的宣宗皇帝会不会突然觉得，开源比节流来得更重要呢？当然，茶叶贸易的巨大好处皇帝也是看得见的，虽然这些好处经过各层各级大大小小官员的手以后，已经不那么巨大了。至少有一项收入内务府是有保证的，那就是每年数十万两的税收。

在远之又远的伦敦，那里的国王就有些坐不住了。茶叶，这真是个让人又爱又恨的玩意儿。让人爱的，除了它的味道，更重要的是它带来的收益：英国政府对东印度公司进口茶叶征收的税额高达100%。让人恨的，是它让大量白花花的银圆流出了自己的银库。也许，这还不是唯一的原因。

为了保有自己对茶叶的垄断经营权，东印度公司不得不通过买断的方式提前与中国的茶商签订合约，来避免其他散商或走私者的竞争。但其副作用是，可能造成茶叶供大于求。1773年，东印度公司就遭遇了一次严重的茶叶积压，于是它请求政府把茶叶的垄断经营权扩大到美洲。而这，成了波士顿倾茶案的前因，其后更成为美国独立战争导火索。美利坚合众国的建立，让英国丢失的不仅仅是一块殖民地而已。

伍敦元（1769—1843）

与茶叶类似，中国也是一个让英国又爱又恨的国家。与工业革命形成的巨大生产能力相比，英国本土市场太小了。而中国呢？"只要中国人衣服下摆增加一寸，就够曼彻斯特所有工厂忙乎几十年。"如此庞大的市场，哪个商人不爱呢？然而，中国农家几乎家家都有的织布机让他们捶胸顿足，非但如此，除了少数官宦巨富，中国大众似乎对英国的其他工业品也毫无兴趣。事实上，由于对通商的严格管控，普通人也没什么机会接触到这些商品。

恨归恨，茶叶生意还得继续做。但是，英国人从世界各地挣来的银圆都花在了中国，实在让他们心有不甘。于是，便有了此后的疯狂行为：以国家为后盾的贩毒集团产生了。

鸦片贸易的肇始远早于 1833 年。只是在这一年，英国政府以自由贸易之名，决定取消东印度公司的鸦片垄断经营权。这个决定让更多的英国商人有机会投资这个一本万利的生意，导致鸦片贸易量激增。

终于，英国人以这种方式得到了他们想要的贸易平衡。

　　我想，不只是宣宗皇帝，也不只是清朝一代，鸦片应该是每个中国人胸口永远的痛。

　　鸦片这种植物最早于 4000 多年前在两河流域由苏美尔人发现并使用。到公元 8 世纪被阿拉伯人带入中国大唐之前，早已经在地中海一带流行。鸦片最初一直是作为药物使用的。后来，它在阿拉伯被当作茶一样的饮品或者是酒的代替品，在欧洲更成为很多作家的必需品，包括狄更斯和拜伦在内的大文豪都用鸦片来提神。

　　直到 19 世纪初，鸦片都并未被当作毒品。欧洲一些国家先后出台过禁酒令，却并没有禁止鸦片，它甚至被作为婴儿药物的合法添加剂。世界上第一个认识到鸦片有害的国家，恰恰是受其毒害最深的国家——中国。

　　1729 年，即雍正七年，清世宗颁布了中国历史上，同时也是世界历史上第一个鸦片禁令，比英美等国早了一个多世纪。英国直到 1868 年才制定《毒品药店法案》，而该法案只是对国内鸦片交易进行限制，真正禁止鸦片是 1914 年的事。美国则迟至 1885 年才立法禁止本土鸦片贸易。

　　雍正年间，葡萄牙人将鸦片从印度港口偷运到中国，数量还不算多。鸦片走私真正成规模是在 1773 年，即乾隆三十八年，这一年，英国东印度公司建立起鸦片垄断组织，这标志着英国人终于下定决心，以鸦片来对抗茶叶贸易造成的巨额逆差。同样是这一年，在地球另一边的美洲大陆，发生了同样是由东印度公司导演的波士顿倾茶事件。

1773 年，英国，这个世界上最老牌的资本主义国家，一手炮制了两场大戏，一场改变了世界上最古老大国的命运，一场导致了世界上最现代大国的诞生。这只是历史的巧合吗？

乾隆后期，进入中国的鸦片数量维持在每年 400 箱（每箱 140 磅，约 120 斤）左右。嘉庆年间，东印度公司通过澳门进行对中国的鸦片贸易，每年走私数量达到了近 4000 箱。

道光初期，澳门鸦片贸易被取缔，鸦片走私批发中心转移到了虎门附近水域的伶仃岛周边的浮动趸船上，一种被称作"快蟹"的小船将鸦片转运到沿岸的批发站。这种走私方式更难于打击，鸦片输入量逐渐增长到了每年 18000 箱以上。

宣宗皇帝于 1820 年即位之初，便被鸦片走私之猖獗所震惊。道光元年（公元 1821 年）元月发布谕令，着令严查："将贩卖之人拿获，按律惩治。勿令渐染成风，有害民俗。"

清末吸食鸦片的人

同年，他又下旨摘去伍敦元顶戴："鸦片流传内地，最为人心风俗之害。夷船私贩偷销，例有明禁。该洋商伍敦元，并不随时禀办。与众商通同徇隐，情弊显然。着将伍敦元所得议叙三品顶戴即行摘去，以示惩儆。仍责令率同众洋商实力稽查。如果经理得宜，鸦片渐次杜绝，再行奏请赏还顶戴。倘仍前疲玩，或通同舞弊，即分别从重治罪。"

很显然，宣宗皇帝是有禁绝鸦片的决心的。但是，让"众洋商"也就是与外商打交道的十三行来承担"实力稽查"的责任，就是所托非人了。让利益相关者同时担任监察者，其结果可想而知。当然，这只是关于禁烟诸多旨意中的一道而已，更多的谕令则是下达给两广总督、各通商口岸及内地政府大员的。

对此，《道光朝实录》有大量记载。从这些官员上奏的折片和朝廷发出的谕旨来看，宣宗皇帝对鸦片流毒的严重程度是有清醒的认识的。他深知很多外国人以通商为名，行贩毒之实："夷船诡名不一。阳以求市为名，实则图贩鸦片。"通商口岸虽然能带来丰厚的税收，但当务之急必须以禁烟为先："然查禁鸦片，尤是洋口要务。"

宣宗皇帝连鸦片入境的方式都是清楚的："趸船之盘踞不归，快蟹之飞行递送，灌输内地。"他知道鸦片已经威胁到自己的军队："沿海各营兵丁多有吸食鸦片烟，庸懦不堪。"也知道鸦片交易带来的重大经济隐患："以致每年出洋纹银不下数百万两之多。"

宣宗皇帝很了解大清朝的官员："沿海文武衙门并海关人等，多索使费。"对吸食鸦片的官员，则加以重处："况官员私吸鸦片例应杖徒。如不将卖烟人供出，即应加等拟流。岂予以革职所能完结。"因此，他查禁鸦片要求自上而下："惟思查禁鸦片烟，必先清查官吏。俾免包纵徇隐情弊。"对各级官吏有明确的要求："务当实力实心，认真查禁，以期根株净尽。不可日久生懈，视为具文。"

朝廷对贩烟的"夷商奸民"的处罚也是非常严厉的："至外洋夷商，夹带烟泥进口；及内地奸民，私贩销售，尤当设法查拿，从严惩究。"对开设窑口的鸦片批发商更是处以极刑："此等匪徒，胆敢于海疆重地勾串外夷，开设窑口，引鸦片烟泥诱人买食。着即处绞。"

禁绝鸦片的一道道旨意源源不断地从紫禁城发出，宣宗皇帝"务使弊端永绝"的愿望却终究没有实现，他自己也不得不承认鸦片"愈禁愈多"，美好的梦想终被冰冷的现实击得粉碎。

道光十八年（公元 1838 年），鸿胪寺卿黄爵滋的奏折中说：

> 盖自鸦片烟土流入中国，粤省奸商勾通巡海兵弁，运银出洋，运烟入口。查道光三年以前，每岁漏银数百万两；三年至十一年，岁漏银一千七八百万两；十一年至十四年，岁漏银二千余万两；十四年至今，渐漏至三千万两。此外福建江苏浙江山东天津各海口，合之亦数千万两。日甚一日，年复一年，诚不知伊于胡底。

这里提到的每年"漏银"的数目是有所夸大的。但是我们需要知道的是，在 19 世纪前叶，也就是道光之前，大清绝无运银出洋一说。有人统计，主要得益于茶叶贸易，当时全世界三分之一的白银都流入了中国。

大英帝国借助鸦片远不止实现了贸易平衡，更是将巨额贸易逆差扭转为巨额顺差，大清帝国则帮助鸦片成为全世界最巨额的单宗商品贸易，而这一切是在短短一二十年时间内发生的。这一切，究竟是怎么发生的？

记得最初学习这段历史是从初中的课本中，那时的我才刚刚得知自己是爱新觉罗这个家族的成员。面对书本上迎面而来的"腐朽没落""丧权辱国"这些词语，我真的恨不得钻进书桌里去。同时也打心底里对这位"道光皇帝"的懦弱行为感到羞愧，但又觉得作为后代子孙对祖先如此心诽腹谤，终归是不妥的。心里又隐隐有些疑惑，不是说人民大众才是历史的创造者吗？为什么责任又由少数人来承担呢？种种纠结，不足为外人道也。

现在重新梳理家族史与近代史，我倒真希望宣宗皇帝能一人背负起全部的历史责任，那样的话确实是简单多了。

让我先尝试着回答上面那个并不简单的问题：为什么中国会在道光年间成为全世界最大的鸦片消费国？

这个结果的外因应该是比较清楚的。正在经历工业革命的英国，其迅速增长的生产能力，对市场的渴望是没有止境的。乾隆五十八年（公元1793年），马戛尔尼率领700人的庞大使团觐见高宗皇帝，他们最重要的任务正是和大清签订通商条约。马戛尔尼并没有完成自己的使命，但是他窥探到了这个古老帝国盛世背后的空虚。

大路不通，英国人选择了小道。他们娴熟地运用市场技巧，控制鸦片的供应和价格，将这种原本只有少数贵族大户才能享用的"奢侈品"变成了贩夫走卒也能染指的"日用品"。无比充足的供应和逐渐走低的价格，完美地适配着不断增长的需求。英国人的每一次调控都成功地刺激了鸦片的消费，到道光十八年，也就是黄爵滋痛陈鸦片之患的那一年，鸦片输入量创纪录地达到了40000箱。实现这一点，英国政府1833年开放对华鸦片自由贸易的政策"功不可没"。

内因的分析则要麻烦得多。我想说说三个方面的原因。

首先，"愈禁愈多"暴露了大清体制自身的问题。大清建国之初，皇太极逐步独揽大权，并未遵循努尔哈赤"八王共政"的想法，这在当时算是最好的选择。到雍正年设置军机处凌驾于内阁之上，权力集中到达顶峰。

高度集权，必然显露弊端。国家的命运决定于某个人的道德水准，而这个人周围还有大量依附于他而生存的其他人。国家机器的运转系于一人，这台机器自身的能动性可想而知，大小官员人浮于事也成为必然。所以，当时宣宗皇帝即使了解所有的问题，甚至也明白解决问题的关键，但偏偏就是无法解决这些问题，"不可视为具文"的禁令最终还是被当作了

"具文"。

所有人都知道什么是可以做的，什么是不可以做的，所有人同时都做着明知是不可以做的事。一个当时生活在广州十三行的外国商人写了一篇《旧中国的"斯芬克斯"之谜》，文章中说：

> 中国人还一而再再而三地威胁说，如果我们再把鸦片卖给他们的话，就会受到严厉的惩处。这些鸦片不仅伤害人体健康，使人们整日萎靡不振，同时也让中国的资金大量外流，这自然是让人无法忍受的事情。然而奇怪的是，实际上我们仍然继续向中国人兜售鸦片。

第二个内因，我想提到当时全世界独一无二的鸦片禁令。从雍正年间开始，嗣后的乾隆、嘉庆、道光年间都不断有新的禁令出台，这些禁烟令很可能在某种程度上吸引了更多人成为瘾君子，而这在心理学上用"禁果效应"是解释得通的，越是禁止的，越是想去碰，好奇和逆反本来就是人类的天性。如果说，开始是因为鸦片价格高昂而使得很多人望而却步，随着其价格的降低，越来越多的人有机会满足他们心中潜伏的渴望。从某种意义上来说，这证明了无法执行的禁令比没有禁令更糟。

从经济学的角度来看，禁令也确实存在适得其反的可能性。禁令的初衷之一是净化社会，但由于禁令使得鸦片的成本增加价格增长，而鸦片吸食者的需求曲线是缺乏弹性的，当他们无钱购买鸦片时，经常不惜铤而走险，加剧社会环境的恶化。直到当今时代，以诺贝尔经济学奖得主加里·贝克尔为代表的学者仍然以这一观点来推动毒品合法化。

我本人是坚决反对毒品合法化的，因为这种论点忽视了毒品交易和毒品使用中一个最不应该忽视的问题，那就是人性本身的问题。这也是我想探讨的近代中国鸦片泛滥的第三个内在因素。

毫无疑问，人性是极为复杂的。魔鬼，人们用这个词语来称呼潜藏在内心深处的隐秘且黑暗的欲望。其实，人们早就明白，引诱亚当和夏娃吃下那个苹果的，并不是撒旦，而是他们自己。

简单来说，鸦片就是让瘾君子把身与心都交付与魔鬼的一种东西，其动因无外乎逃避现实和追求刺激。鸦片在中国泛滥成灾，究其原因，是彼时中国人内心世界的全面崩溃。

当时社会本就面临诸多问题。其时正是盛世过后，而盛世本身就暗藏隐忧。在中国，从不缺少花样百出的各种歌功颂德之辞，最令帝王龙心大悦的莫过于盛世二字。盛世自然要有配得上的模样，于是必定大兴土木以改天换地，必定歌舞升平以粉饰太平。当盛世成为过去，华丽的肥皂泡一个个破灭，为它透支国力付出代价的，还是黎民百姓，以致民众的生计更为艰难。什么东西可以让他们暂时忘却现实的痛苦？

底层民众本就陷在越吸越穷、越穷越吸的恶性循环中。至于鸦片贸易导致白银外流继而引发通货膨胀，则更是雪上加霜。当时以铜钱为流通货币，而政府税赋则是以白银计算。因白银缺失而产生了劣币驱逐良币的现象，流通白银愈加减少，原本一千个铜钱兑一两白银，变成了一千五六百个才能兑换，这相当于民众头上平白增加了百分之五六十的税率。这就是另一个恶性循环。

道德至上——弛禁与严禁的选择

道光十八年闰四月初十日，黄爵滋呈交了那本著名的奏折。

《请严塞漏卮以培国本折》中陈述了道光年间严重的白银外流，还恳请宣宗皇帝对吸食鸦片者加以死罪：嗣后内地有吸食鸦片者，限一年内务各断绝烟瘾。如一年后仍然吸食，是即不奉法之乱民，俱罪以死论。

黄爵滋之所以要求如此处置鸦片吸食者，是因为他听说"红毛夷人"是这样对付吸食者的："系其人竿上，以炮击之入海"，因此英吉利等国"只有造烟之人，无一食烟之人"。

此说法由何处而来，我们不得而知。不过，当时的大英帝国，刑罚确实偏于"蛮夷"，对偷盗一先令以上的扒手都要处以死刑的。相对而言，当时的大清律法确实要人道得多。

面对黄爵滋的提议，即使是掌握天下百姓生杀大权的皇上，也不敢贸然下达如此严苛的律令。宣宗皇帝要求督抚大员们"各抒所见"，由此展开了又一轮关于鸦片的大讨论。

这种讨论似乎一直就没有真正停止过。当时的朝堂上对于鸦片的态度分成两派，一是解禁派，二是严禁派。解禁派可以算作是加里·贝克尔的祖师，他们认为禁令并不能使吸食鸦片者戒烟，只会加重他们的经济支出，而这种支出并不能流入国库；与其如此，不如将鸦片的进口、销售乃至种植都由国家控制，则可以大大增加税收，并有效阻止白银外流。太常寺少卿许乃济是主张弛禁的，他于道光十六年四月提交奏折，恳请对禁烟实行变通办理，否则"鸦片例禁愈严，流弊愈大"。

与之相对的，是严禁派，他们也被称为道德派。这一派的代表人物是鸿胪寺卿黄爵滋和湖广总督林则徐，他们坚持，即使有众多的违法者，也不能成为废除禁令的理由，如果吸毒者无法自律，严格的禁令才是重建道德规范的手段。这颇有些法家的味道了。

此时的奕訢正在跟随他的第二任师傅学习着正统的儒家思想。就在黄爵滋上奏的第二天，宣宗皇帝下旨：命翰林院侍讲贾桢授皇六子奕訢读。

比起历史上任何一个朝代，清朝的皇子教育是最为严格的，甚至说得上苛刻。皇子六岁（虚岁）入学，每天学文时间从早上5点到下午3点，中间除了午餐外没有额外休息时间，这10个小时主要学习四书五经等儒家经典。下午则学习骑射武功，直到日落方罢。每年只有元旦、端午、中秋、皇帝生日、皇子自己生日这5天可以放假，也就是说，皇子们每年有360天都要过着这种"日未出而习"的日子。

道光十七年（公元1837年），宣宗皇帝命"六阿哥于二月十七日入学读书"，并安排翁心存在上书房行走，授六阿哥读。奕訢出生于道光十二年年尾，入学时又是年初，所以这时他的实际年龄才4岁多一点。奕訢的第一任老师翁心存是道光二年的进士，曾任国子监祭酒。国子监是当时最高学府兼最高教育行政管理机构，祭酒则是其最高职位。翁同龢就是翁心存三个儿子中最出名那一位，我们在后面还会看到他。

奕訢的第二任老师贾桢，道光六年中一甲二名进士，即榜眼。从为奕訢选的这两位授业师傅来看，宣宗皇帝是对他寄予厚望的。事实上，皇六子也没有让他的父亲失望，虽然年龄小，而且入学也比四哥奕詝和五哥奕誴晚近一年，但他很快赶上了他们。

皇子们读书的上书房就在内廷门口，这种安排便于皇帝亲自检查督促他们的学习情况。此时，整日因为鸦片而忧心忡忡的宣宗皇帝，也许只有来到上书房，听到皇子们的琅琅书声，才会稍解烦恼。他会不会让儿子们知道自己面临的两难选择呢？

我是有选择困难症的，说实话，我觉得我的天祖、宣宗皇帝也有着同样的问题。其实，很多时候选择的困难并不在于选择本身，而在于选择可能导致的结果。在还未做出选择的时候，我们大可以设想一切的可能，特别是那些好的可能；而一旦做出选择，我们就可能不得不面对那些不好的结果。在我们推迟抉择的时候，实际上心底里是在推迟那未知的后果到来的时间。

所以，宣宗皇帝将鸦片弛禁或严禁的问题交由臣工讨论，多多少少也有推迟决断的意思。这确实是一个两难的抉择。推出更为严酷的法令来禁止鸦片，针对的是计以千万、上至王公大臣下至黎民百姓的烟民，而且禁令如果再次成为一纸具文，将更加损害朝廷的威望。另外，从以前的禁令执行情况来看，腐败成风的大小官员很可能借此再大发一笔横财，其执行效果当然不言而喻。

对这一点，宣宗皇帝应该是清楚的，而且他也是有心无力的。先皇曾在嘉庆初年开展过轰轰烈烈的反腐运动。事实证明，无论是运动式惩贪，还是教育式反腐，在制度造成的系统性腐败面前，都是无能为力的。当然，那是三个甲子前的又一个戊戌年，我们无法要求那时的宣宗皇帝了解这一点。话说回来，就算是了解，作为制度的缔造者，他又怎么来革自己的命呢？

既然禁烟如此困难，那就选择放松禁令？显然，受儒家思想影响深远的大清政府和社会都不可能承受如此巨大的道德风险。和其他朝代相比，清朝对儒家的尊崇可以说是有过之而无不及。一方面，大清统治者的少数民族身份，其统治地位的合理性亟须通过树立儒家思想的正统地位来证明；另一方面，统治者选择何种思想治国，主要还是看这种思想是否有利于统治。

因此，即便摇摆不定如宣宗皇帝，最终也必然倾向于严禁派。道光十八年九月十一日，主张弛禁的许乃济由正四品被降为六品，并要求他"即行休致"，罪名是"不得政体，冒昧渎陈"。许乃济因为两年多前说了不得体的话，这时才被要求下课，可见宣宗皇帝的这个抉择有多么艰难。

十二天后，也就是九月二十三日，宣宗皇帝命禁烟效果卓然的湖广总督林则徐进京。进京后，林则徐得到了频繁召见。显然，宣宗皇帝对林则徐的应对非常满意，赐给他"在紫禁城内骑马"的大恩赏。

十一月十五日，宣宗皇帝任命林则徐为钦差大臣，赴广东禁烟，并为其行事方便，将该省水军交其节制。

第二天，深谙治下官场习性的宣宗皇帝再度下旨，要求各级官员全力配合林则徐，"应分办者各尽己责，应商办者会同奏闻"。勉励他们："趁此可乘之机，力救前此之失。"

应该说，在禁烟这件事上，宣宗皇帝这次选对了人。此时，他已经登上皇位18年了，这18年，他颁布过无数禁绝鸦片的旨意，也经历过无数次理想在现实跟前的破灭。这一次，他希望能一劳永逸地解决问题。也许林则徐在与他的密谈中给了他足够的信心，他觉得终于有机会能够实现期望，有机会能够君臣一心，禁绝烟患："想卿等必能体朕之心，为中国祛此一大患也。"

在禁烟这件事上，林则徐也确实没有辜负宣宗皇帝的重托。到了广州后，他将鸦片成瘾者圈禁起来实施强制戒烟，并大力抓捕中国烟贩，随后，他将矛头对准了外国烟贩。

林则徐非常清楚，只有打击这些外国烟贩，才能彻底掐断鸦片供应的源头。他派兵包围了广州十三行，要求他们交出全部鸦片烟土，并且具结保证永不贩卖鸦片，否则将被处死。

林则徐做出这个决定，并非一时冲动，事实上，他是经过谨慎思考的。首先，作为钦差大臣，他得到了皇上的充分授权，背后有整个大清国作坚强后盾；其次，他的行为是合乎天道的，自己的行为是以德服人；最后，十三行一旦被包围，里面的外国人根本无路可退，除了听命之外别无他法。

身为儒家思想的忠实信徒，林则徐深知它的威力。汉代以降，中国大地上经历过大大小小的思想碰撞不计其数，儒家思想总是那个最终的胜出者，而华夏文明在野蛮民族强大的军事力量下，也总能延续下来，蛮夷也终将归化于儒家思想的旗帜之下。即便是大清，不也是如此吗？所以小小的英夷又能掀起多大的风浪呢？难不成他们还敢兵戎相见？

所以，战争并不在林则徐的考虑之列。他对禁烟有明确的方针：鸦片必须清源，而边衅亦不容轻启。基于道德的原因，他不相信英吉利会为了鸦片发动一场战争。当然，他也并不害怕战争。禁烟行动关系国之根本，就算为之一战也在所不惜，何况还有必胜的把握：

其一，英国距我国六七万里之遥，他们的军队无从补给，只能依赖从中国补充所需，只要我们封锁海疆，就可不战而胜；

其二，英国人所仰仗的无非船坚炮利，其余战术格斗无一可取，而且他们的膝盖不能弯曲，一旦倒地，便只能束手就擒；

其三，英国人体质异于我辈，不靠大黄和茶叶帮助消化，他们就无法生存，我们只需禁止它们的出口，英国便会灭亡。

如果说林则徐包围十三行的理由尚属充分，他对战争的判断就不得不说是彻头彻尾的臆想了。但是，我觉得这并不能成为我们讥讽他的笑柄。任何历史人物和历史事件，都必须放到历史环境中来看待，这一点应该是毫无疑问的。

我们常说性格决定命运，对个人来说是如此，对一个民族、一个国家而言，又何尝不是如此？个人的性格由遗传基因和成长环境来塑造，民族的性格同样如此。一个民族的成长当然无法脱离环境的影响，而它的遗传密码就是它拥有的历史基因。

我们还说江山易改，本性难移。而要转变一个民族的性格，比起一个人性格的改变，那就相当于用须弥比芥子了。

那时候的媒体和通信如果像如今这般发达，一定会特别热闹。

"小小英夷岂敢犯我大清，泱泱华夏何惧跳梁小丑！"

"揭秘！奸夷一旦仆地，即成瓮中之鳖！"

"惊爆！若天朝禁运此物，则逆夷不战而亡！"

这是标题党们的作品。大大小小的朋友圈也一定会非常忙碌，动动手指头，又不用动脑筋，复制粘贴就可以转发正能量了：

"世界首富伍敦元说：大清人民真有意思！英吉利夷人已经快打到家门口了，我们还有人向他们出口大黄和茶叶。支持禁运，从我做起！即日起，凡是抵制出口，将大黄和茶叶售与我伍敦元的，均奖励大英皇室御用烟枪一杆、御制烟土八两。不用点赞，快转发你所有的群，我的朋友已经领到了。"

"大清人民怒了！英夷大班义律对钦差大臣林则徐说，大清人民是一盘散沙，根本不齐心，没有人在乎他们是否交出鸦片。义律和林大人打赌，只要有一百个人转发这条消息，他就交出一箱鸦片。林大人当场就怒骂义律：尔等蛮夷敢欺我大清无人！林大人同意和义律打赌！林大人相信我们！我们必须转起来！让英夷交出鸦片！不转不是大清人！"

最终，英国驻华商务总监督查理·义律一共交出 20283 箱鸦片。

打开国门——以鸦片为名的战争

消息传到紫禁城，宣宗皇帝自是龙心大悦。

宣宗皇帝指示林则徐，不必将收缴的鸦片押运至京，就地销毁即可，并且同意林则徐的请示，上缴鸦片的外国商人给予茶叶作为赏赐，大黄、茶叶的禁运令也暂缓执行，以示优待。

林则徐被任命为钦差大臣至此不过半年时间，就能完成虎门销烟这样的壮举，自然是信心大增。他在给宣宗皇帝的奏折上说："若鸦片一日未绝，本大臣一日不回。"皇上对他的赞赏也是溢于言表，回复林则徐的时候说："批览及此，朕心深为感动。卿之忠君爱国，皎然于域中化外矣。"

"历史具有必然性"这个命题是易于证实难于证伪的。把一件发生过的事说成是历史的必然当然是一件很轻巧的事。我们知道，即使是一个纯粹的随机数序列，也可以凑出一个公式来，至于这个式子是否美观、是否具有意义则是另外一回事了。

其实在这个问题上，我的看法是有些矛盾的。一方面，我并不喜欢把必然性这个词用在历史身上，尽管很多时候这样做可以帮我们厘清历史事件的内在逻辑。我更无法接受把历史必然性当作一个筐，让它装下所有的事情，而且这会让我们忽略掉很多本不应该忽略的东西。另一方面，我又不得不承认，在中国从古至今的历史上，实在有太多的例子证明着"历史具有必然性"为真。有些时候，我们后知后觉；有些时候，我们就眼睁睁地看着它们发生。

宣宗皇帝和林则徐们在期待域中安宁、化外顺服的时候，也一定相信着历史的必然性，并用它来完成预测：无论外来民族有多么野蛮，中华文明终能使其得到开化。

以现在的目光来看，很多人还会说起另外一个必然性。

他们说中英之间必然有一战，这场战争一方是蓬勃发展的资本主义国家，一方是腐朽没落的封建王朝，所以后者挨打也是必然的。

这种看法的确比大清君臣们要高明多了，而且这种看法被证明是完全正确的，因为中英之间的确爆发了鸦片战争，打赢的正是先进生产力的代表——大英帝国。

不管是不是必然，这是中英两个国家都不想打的一仗。两个国家之间的冲突，除了战争这一最高形式外，其实还有很多途径可以解决。中英一开始并没有把战争作为解决冲突的选项。

随后，鸦片几乎将中国带入无御敌之兵、无充饷之银的境地，而给英国带去的却是全国财政六分之一的收入，说中英此时为了鸦片均不惜一战应该是说得通的。但不惜一战并非意味着愿意一战。中国这边一直把"不轻启边衅"作为一个原则，英国这边则以逐利为根本目的，如果说此时战争已经进入两国选择范围的话，它也还不是优先选项。

如果说大清对英国毫无认识的话，英国对大清的认识就要清醒得多，他们的需求也很明确。从一个半世纪前开始，他们就想要得到平等通商的权利，或者说打开中国的市场。此时他们仍然是同样的诉求。就这个市场而言，平静的中国更符合英国的利益。

他们也清楚，把中国纳入殖民版图，像他们在北美、南亚、非洲所做的那样，是不可能完成的任务。那些被殖民的国家或地区，要么是土著，要么是小国，要么是这个国家本身存在严重的宗教或种族矛盾，而中国本身是一个大一统的国家，贸然对其发动战争并非明智之举，何况中国出口的商品在满足英国国内市场的同时，也给政府带来丰厚的税收。

林则徐广东禁烟的时候，冲突还并没有上升到国家层面。他准备包围广州十三行的时候，有资格代表英国政府的商务总监督义律其实住在澳门。义律本人是反对鸦片贸易的，但是他却看重大英帝国的国家利益，为了这个他什么都可以做。所以，他刚到广州上任的时候，就按照中国的规矩递上了表示恭谨的"禀帖"，被当时的英国外务大臣后来的首相巴麦尊大加斥责，认为他伤了大英政府的脸面。

义律从澳门赶到广州，试图拯救他的同胞时，他的自作主张再次使巴麦尊恼怒。为了脱困，义律要求十三行的商人们交出手中的鸦片，并向他们保证，他们可以得到大英政府的赔偿。自从林则徐到广州，严厉的禁烟令已经使这些商人们好几个月没生意做了，义律的承诺简直是雪中送炭，他们中有的人甚至专门从印度运来鸦片，用于上缴。

缴出鸦片，只是遵守了林则徐的一半要求。巴麦尊尽管反对由政府来赔偿鸦片商的损失，但也坚持他们必须受到政府的保护，保护他们不受外国法律的粗暴对待，当然是否粗暴由英国政府说了算。所以英国鸦片走私商们有足够的底气，敢于不签署林则徐要求的具结。

但是他们也不敢继续留在广州，随着义律逃到了澳门。林则徐随后要求葡萄牙政府不得收留他们，迫使他们上船后，命令驻军控制海岸线，使英国人的船无法补给。

在走投无路的义律的指挥下，英国人的船队与大清船队发生了几次冲突。冲突中，大清守军没有任何优势，损失了几艘船。在林则徐的奏折中，这些冲突均以全胜告终。结果是，大清上下一致认为形势一片大好，有危机意识的反倒是义律，在他给政府的报告中，请求采取"紧急有力措施"。

这样一来，在义律的推波助澜之下，中国境内打击外国烟贩的禁烟行动演变成了两个政府之间的冲突。

发生战争的概率增加了。不过，林则徐仍然愿意相信，战争是可以避免的，英吉利会遵从于道德，进而接受天朝的教化。他亲自给维多利亚女王写了一封对方拒绝接收而内容广为流传的信。

这封信洋洋洒洒 1500 余字。信中首先称颂"我大皇帝抚绥中外，以天地之心为心"，继而指出历代英国国王的恭顺和深明大义也是值得称道的，"是以天朝柔远绥怀，倍加优礼"，准许你们前来通商，才有了你们今日之富庶。

接下来，林则徐向英国女王通报了义律"禀请缴收"20283 箱鸦片并得到宽大处理的情况，相信她能"谕令众夷，兢兢奉法"，因为她应该明白"天朝法度，断不可以不懔遵也"。

信中还说，英国是中英贸易的最大受益者。英国商品对中国人来说可有可无，而中国商品对英国来说则是必不可少，特别是茶叶大黄，要是我们不卖给你们，"则夷人何以为生"？

信中指责部分夷商一边享受着天朝的重重恩典，一边却大肆种植贩卖鸦片。希望女王本着己所不欲、勿施于人的精神，命人将种植的鸦片拔除，改种五谷。只要这样做了，就可以得到天佑神福，"延年寿，长子孙，必在此举矣"。

这封信还反复重申中国禁止夷商贩卖鸦片的严厉法令，并给出了宽限期。告诫英国，如果想长久贸易，必当懔遵宪典，切勿以身试法。最后林则徐点明了写这封信的目的："我天朝君临万国，尽有不测神威，然不忍不教而诛。"

从今天的观点来看，这封信自然是荒唐可笑。但如果去掉当中的一些常识性错误，它还是称得上有理有据有节的。当然，从外交的角度来说，如果把自居天朝上邦的口吻修改一下就更好了。

林则徐在信中诱之以利、晓之以理，合理地运用了"胡萝卜加大棒"的策略。但这里有一个问题是他所不清楚的：当"胡萝卜"有足够的吸引力，但"大棒"却没有任何威慑力的时候，会出现什么样的局面？

对于拥有数千年农耕文明自给自足的中国来说，"重农抑商"是很自然的选择，从宋朝开始，还多了一个"海禁"的政策。清朝从明朝沿袭了这两个政策。在刚踏入工业文明的英国看来，这个从未开发过的巨大市场散发着致命的诱惑。这一点林则徐是看不到的，他抛出的"胡萝卜"是茶叶、丝绸和瓷器。这些当然是英国商人需要的，但他们更需要的是市场，为了市场，他们可以在全世界挥舞着"大棒"。资本具有天生的狼性，"胡萝卜"怎么能够喂饱它们呢？

如此说来，战争就必然该发生了吧？事实并非如此。如果说要不要开打中国皇帝一句话就可以决定，在英国的维多利亚女王就没有这个权力了。无论是义律还是巴麦尊都想让她发动一场战争，打不打都必须交由议会投票决定。

从某种程度上来说，林则徐关于英国人会受到道德的感召的判断是没有什么问题的。人类本身是存在着很多共同点的，包括基于良知和理性的价值观念，这在任何国家、任何时代都是如此。英国国内本来早就存在不少禁止鸦片出口贸易的呼声，现在居然要用国家力量来打一场由鸦片走私商人引起的战争，这个遭到反对就是很自然的事情了。

英国反对党托利党向议会提交了反战决议。一名托利党人在会议上说："我不知道而且也没有读到过，在起因上还有比这场战争更加不义的战争，还有比这场战争更加想使我国蒙受永久耻辱的战争。"

但巴麦尊等人狡辩说，政府并不是支持不法的鸦片战争，战争的目的是保护自由贸易和英国公民的安全。与此同时，富有的商人们也不断地展开游说。最后，反对党没有抓住把疯狂的资本关进笼子里的机会，他们的反战决议以 262 票对 271 票被否决，也就是说，只要再减少 5 个被鸦片暴利或是自由贸易至上所蛊惑的好战分子，这场战争就不再是必然了。

并不是所有的中国人都对英国人的战斗能力一无所知，至少我们这位世界首富伍敦元就是十分了然的。靠茶叶起家、靠鸦片大发横财的伍敦元被摘去顶戴后显然不会乖乖听话、金盆洗手的。林则徐初到广州时，他曾想献出大把银子来摆平，被拒绝后，又自掏腰包筹办了 1000 多箱鸦片交出来，企图搪塞过关。在虎门的销烟池里，属于伍首富的财产肯定不是一个小数目。

战争爆发前，他的英国朋友，宝顺洋行的英格里斯去拜访他，他们用地道的广东英语聊着英国派出的舰队。英格里斯说："考虑到之前还没有外国人能够去北京见皇上，因此这回他们不仅要去北京，而且一定要见到天子才罢休。"英国主子的军队打过来，伍敦元的心里想必是很痛快的，平时不苟言笑的伍老先生居然说起了冷笑话："英国人如果去北京，皇帝就会躲到山西去。"

最终，这两位都没有说对。中国皇帝没有躲起来，英国人也没有要求在北京见天子，因为英国人在南京得到了他们想要的东西。

英国当局发动的这场战争，用来"打"开中国的国门，当然他们并不以鸦片为名，而以"英中通商战争"名之。倒是一个有良知的英国记者，为了嘲弄当权者，将其命名为"鸦片战争"。

条约签订——但计利害不顾是非

道光二十二年（公元 1842 年）8 月，《南京条约》签订前，负责和英国谈判的钦差大臣耆英递上了一份"亲往夷船妥为招抚"的奏折。他在奏折中说道："此次酌办夷务，势出万难，策居最下。但计事之利害，不顾理之是非。"

即使是在闭关锁国的年代，天朝上国的态度也是这样的：我家大门常打开，开放怀抱等你。不过，那时的大门只对朝贡者打开，他们在怀抱里享受的待遇是"羁縻"，这是对听话的外夷实行的抚绥政策。如果外夷不听话呢？明犯强汉者，虽远必诛。等待他们的将是发兵剿办。

有意思的是，最讲究中庸之道的中国人同时又似乎是很爱走极端的一个民族。我们要么逆来顺受，要么揭竿而起。在逆来顺受之余、揭竿而起之前，好像从来没有时间去思考一条不偏不倚的中庸路线。

亚里士多德说人是政治动物。然而，普通的中国民众向来对政治是不感兴趣的，即使有感兴趣的人，留给他们的选择机会也并不多。统治者对它很感兴趣，但一个国家的政治趋向并不是统治阶级说了算的。政治其实深受这个国家文化传统的影响。

文化传统的影响有多厉害？前不久霍金离世，在网上掀起了一波怀念他的狂潮。很多人只是听说过"黑洞"，对"霍金辐射"一无所知，但这并不妨碍他们对霍金的膜拜。他们津津乐道的是霍金的两次婚姻生活，他以色情杂志作为与同行打赌的赌注，他对玛丽莲·梦露的毫不掩饰的迷恋，他用电动轮椅碾压查尔斯王子的脚背，而这些都显示了他可爱的真性情。

可以这么说，霍金影响了我们很多人的世界观，他也是一位令我尊敬和佩服的科学家，尤其是他那漫游在无垠宇宙的思想，尽管被禁锢在一副无法动弹的躯体之内，仍然不可阻挡地散发出耀眼的光芒。但是，一定要把他说成爱因斯坦之后最伟大的理论物理学家，则是言过其实了。

其实，在我们身边，就有这样一位堪称伟大的物理学家，他的名字是杨振宁。2000 年的时候，《Nature》评选过去 1000 年影响世界的物理学家，能和伽利略、牛顿、爱因斯坦这些我们无比熟悉的伟大名字放在一起的，就是杨振宁，他也是这些评选出的物理学家中唯一仍然健在的一位。

很多人都知道杨振宁曾经获得过诺贝尔奖，但并不知道他获奖的原因是与李政道共同提出的宇称不守恒理论，更不知道这并非他的最高理论成就。以至于有人说，他后来的研究成果足以再得诺贝尔奖三次。他提出的规范场论，和相对论、量子力学一起被誉为 20 世纪物理学的三大里程碑，有 7 位物理学家因为找到了这一理论预测的粒子而获得了诺贝尔奖。所以有人这么说：可以不夸张地讲，并非诺奖给杨振宁以荣耀，而是他给诺奖以荣光。

可惜，在我们这个有着悠久文化传统的国度，绝大部分记住杨振宁的，并不是他的成就，而是他在 82 岁高龄的时候娶了一位 28 岁的娇妻。这足以使得我们将道德的大棒高高举起，再重重落下，我们的双眼被飞扬的尘土遮蔽，无力视及其他。

历史上的中国是极有文化优越感的，我们是上国，外邦皆称为夷，书写它们的国名时，每字加口字旁以表蔑视。我们对外夷的态度完全可以用"顺我者昌，逆我者亡"来形容。如此一来，朝廷也只有两条路可以选，那就是"抚夷"或者"剿夷",平等往来根本就不会出现在选项当中,当然也更不会考虑外夷还有把我们打趴下的可能。

在耆英那封奏折前两个月,朝廷仍是剿夷呼声更为高涨的。那时候,两江总督牛鉴想走抚夷的路子,他请皇上效仿乾隆年间征伐缅甸,后来罢兵,仍准许他们朝贡的先例,准予和英国通商以示安抚。

对此,宣宗皇帝表示痛心疾首。首先,他认为这个类比极不恰当,征讨缅甸和打上门来的英吉利怎么能同日而语?其次,他还是有必胜的把握的。因为从两年前两国冲突伊始,他在林则徐等相关官员的奏折里,全是胜利的捷报。

所以,宣宗皇帝的态度仍然是"专意剿办,无稍游移"。没过多久,英国人的炮舰就威胁到了前朝故都南京。这个时候看到耆英说的"但计事之利害,不顾理之是非",宣宗皇帝已经无可奈何了。朱子曾曰"论事只当言其理之是非,不当计其事之利害"。他应该很清楚,耆英居然胆敢将这种话宣之于口,一定是到了无计可施的境地。如果他老人家知道当今世道,人人将耆英逆改之言奉为圭臬,不知会做何感想?

此时,大学士穆彰阿也出来说话了:糜饷劳师无效,剿与抚费相等。最终影响宣宗皇帝做出"抚夷"决断的,也许还是耆英的保证。耆英通过和英国人打交道的过程,认为英国人本身并没有在政治上要求更多的权利,如果因为贸易权而丢失了大清帝国才是最可怕的。这个论调是很有说服力的,对一个皇帝来说,最怕的当然是失掉自己的权力。

迫于情势的宣宗皇帝同意了耆英全权办理"招抚",但他仍充满了自责,在朱谕里说:览奏忿懑之至,朕惟自恨自愧。何至事机一至于此?于无可奈何之中,一切不能不勉允所请者。

道光二十二年七月二十四日即公元纪年之 1842 年 8 月 29 日,在江宁,即现在的南京,中英双方全权代表耆英和璞鼎查在英军的舰船上签订了《南京条约》。在资讯发达的今天,我们很容易看到条约的全文,你会发现,它并不只是我们曾经背诵过的,历史教科书上所写的割地、赔款、五口通商和协定关税，也不像英国人所鼓吹的那样，是保护自由贸易的平等条约。

即使《南京条约》并非全然丧权辱国，但它于敌军炮口下签订，总是有委曲求全的意思，不平等是必然的。宣宗皇帝当然能意识到这一点，心中的愤懑可想而知。

尽管如此，后世还是有人认为，宣宗皇帝开启了晚清卖国之路，他和继任者们不惜牺牲主权只求保住满族人统治之位。当朝者当然是不愿放弃统治权的，古今中外，概莫能外，岂独大清统治者如是？

1842 年 8 月 29 日，中英双方代表在英舰"皋华丽"号上签订《南京条约》

至于说牺牲主权而不足惜，则纯属无端臆测了。敝帚尚且自珍，何况"普天之下，莫非王土"，有哪位帝王舍得将土地拱手相让？难道入主中原近 200 年后，努尔哈赤的子孙们还惦记着退守关外吗？您不会真以为鹿鼎山下埋着用不完的宝藏吧？

时至今日，我觉得自己已经能够理解天祖做出这个决定时的自恨自愧，也大致能够明白何以事机一至于此，但我想他老人家当时是不太明白的。中国的大变局由此发端，但我们无法要求变局中的人们意识到这一点，所谓当局者迷是也。

如果只用两个字形容当时的朝局，我会选"无知"二字。当时的中国，对世界大势一无所知，对自己面对的潜在敌人一无所知，对自己在世界上所处的位置一无所知，对自身的了解不算一无所知，但也是极为片面的，君不知臣亦不知将，臣不知敌亦不知民，将不知战亦不知兵。

林则徐曾经命人翻译西方的新闻报道，试图从中发现敌人的意图，这种做法为当时的士大夫所不耻，认为他背叛了正统的中国文化。而我们前面也看到了，被誉为睁眼看世界第一人的林则徐本人，是如何与这个世界打交道的。

林则徐还在鸦片战争爆发前，给过要求赔偿的英国人一个答复，和后来给维多利亚女王的信相比，这个答复的措辞要严厉得多：本大臣威震三江五湖，计取九州四海，兵精粮足。如尔小国不守臣节，即申奏天朝，请提神兵猛将，杀尽尔国片甲无存。

举国上下都处在这种既不知己、亦不知彼的状态之下，事机一至于此的缘由就略知一二了。我们可以说这场战争并非必然，然而一旦开战，它的结果却是早已注定。

　　鸦片战争期间，除了在耆英的奏折中，宣宗皇帝还有两次通过朱谕让世人知道了他自恨自愧。第一次就是因为接到两江总督牛鉴请求"抚夷"的折子，他恨的是无知人之明，臣子不能和自己一心，专意剿办。

　　第二次则是"剿夷"失利之时。他自恨的仍然是不能知人，以致派出的将士"不但无尺寸之功，翻致贼势益张"。如若再换帅，"无非又添一层愤恨于国计民生，有何补救"？

　　说到自愧，当是愧于面对先祖吧。宣宗皇帝恪守祖制、因循旧规，为人更是克勤克俭，自忖难以望圣祖仁皇帝文治武功之项背，但求持盈守成，不负皇考社稷之重托。也许他愧疚之余，心中还充满了疑惑：面对外夷，为什么先祖们行之有效的羁縻之策到此就完全失灵了呢？

　　问题恰恰就出在"因循"之上。在古代，中国即天下，天下即中国。而中国之所以能建立起自居中心、"内中华、外夷狄"的天下秩序模式，则是基于文化认同。

　　如果没有夷狄对中华文化的仰慕，那么唐高祖李渊"怀柔远人，义在羁縻，无取臣属"的对外政策就很难实现。羁縻重在怀柔，非以武力为迫。所以唐太宗李世民说："偃武修文，中国既安，四夷自服。"

最初，中国周边地区的文化与经济发展本就落后，国家与民族意识也不强烈，因此，外夷稽首、称蕃中国的天下秩序得以稳固延续。后来，中国周边的这些小国在中华文化基础上发展出自己独有的文化，政治、经济也逐渐进步，随之而来的是独立意识的增强。

到了明朝，日本开始挑战中国的天朝上国和明太祖的天下共主地位。日本怀良亲王曾致书朱元璋："盖天下者，乃天下之天下，非一人之天下也。"还说"顺之未必其生，逆之未必其死"。

然而，即使日本并未正式纳入中国的朝贡体系，它也有了"惟中华之有主，岂夷狄而无君"这种要与中华平起平坐的想法，这些都不影响他们在实际与中国打交道的时候放低姿态。因为，中国所谓的朝贡体系本来一直就是有名无实，只要名不要利的。倘若要利，要的也是政治利益而非经济利益。所以一直以来，我们都将"厚往薄来"作为朝贡体系的基本原则。

这样一来，周边小国大可以通过朝贡获取好处。中国本就物产丰富，他们更可以借朝贡之名，行通商之实，大赚其利，何乐而不为呢？聪明如日本人，怎会不明白这个道理，又怎会纠结于是否称臣朝贡这个名头呢？

这个道理英国人也应该明白，为何他们就不能接受了呢？这便是东西方巨大的文化差异了。1648 年，欧洲各国在结束了持续 30 年的一场大混战后，订立了被称为《威斯特伐利亚和约》的一系列条约，它们建立了近代国家关系的基础。这个基础便是，以国家主权和平等为前提，以条约形式规定各自权利义务并遵照执行。

反过来，我们对英国人从乾隆年间开始，就不远万里来到中国请求平等通商的权利，并希望用条约的方式加以保证，同样是感到不可理喻。通商于我们而言，是在朝贡制度下，给予朝贡属国的一种便利和恩典，也是要名不要利的。因为这些贸易对朝贡国可能是举足轻重的，而对中国经济的影响则是微乎其微。

如果说中国人要名，日本人要利，还可以在表面上相安无事的话，英国人既要名又要利就一定会引发冲突了。

就名而言，英国在击败西班牙、荷兰和法国之后，确立了海上霸主的地位。堪称"大航海朝代"领航者的郑和，七下西洋的根本目的不过在示中国富强、引万邦来朝，而英国则是通过制霸海洋开疆拓土，成就"日不落帝国"的辉煌。这样一个国家，怎么可能以朝贡者自居，而我们的"天下秩序"在他们看来，本身就是一个笑话。所以，难怪当大英帝国特使马戛尔尼在1793年来到中国时，会因为拒绝行三跪九叩之礼，最终和大清朝廷闹得不欢而散了。

就利而言，英国人当然很想挣钱，而且是想站着把钱挣了。他们对利益的看法是：没有永恒的朋友，也没有永恒的敌人，只有永恒的利益。这和我们中国人说的"天下熙熙皆为利来，天下攘攘皆为利往"形成完美的互补。唯利永恒，为利来往，一者在时间上，一者在空间上，为利益留下了至高无上的位置。英国人求利本身没问题，问题在于他们求利的途径并不想只通过小小的十三行，而是要打破"海禁"，从而得到中国的市场，这是中国不可接受的。

所以中英之间冲突的根源，更多是文化上的。以往中国周边的四夷边患，说到底，其实是在一个文化圈子里打转。天下大势，无论是合是分，大一统的中华帝国却是人人心向往之。人人均以中华文化为傲，分裂时期也均以中华正统自居，口中互称对方为蛮夷。若有外族入侵，也只是不断上演"罗马以武力征服希腊，希腊以文化征服罗马"的戏码，其结果是中国文化得以延续和发展，版图也在不断扩大。

"中国"二字，在不同时期不同场合表达着不同的意义。鸦片战争之后，才开始拿"中国"两个字来表示我们国家的主权所达到的范围，而其领土范围，除了100年以后外蒙古独立，在那个时候也基本确定了。

从这个意义上讲，中国真正受到外夷的侵扰，是从1840年开始的。此时的天下，已经是天下的天下，此外夷也远非彼外夷可比，其虽有侵扰之心，却并无征服之意；若视其为藩属，又难以招抚，若视其为边患，又无力剿办。即使宣宗皇帝熟读《史记》与《资治通鉴》，却奈何他面对的局势根本无史可鉴，只得徒叹"何至事机一至于此"。

道光二十四年（公元 1844 年），说是总结经验也好，说是吸取教训也罢，又或者是搞清了这些外夷不讲政治、只讲利益的真实企图，当美国和法国先后要求获得同英国同等权利的时候，同样还是耆英出面，很快就把和这两国的合约搞定了，于是便有了《中美望厦条约》和《中法黄埔条约》。

此时，宣宗皇帝的心态比起《中英南京条约》时已平和许多，至少表面上看来是如此。他就像看透世事的宽厚长者看着晚辈争强好胜，拿出好处来让他们共沐天恩，雨露均沾，以免去争端。他说："至外夷互相争胜，是其常情。此次办理夷务，给予条约，准其在各省通商，已属格外施恩。该夷等惟当恪守章程，共享升平之福。国家抚驭外夷，一视同仁，断不使彼此稍分厚薄，致启争端。"

我不得不说，宣宗皇帝的心态实在是太过于平和了。战无不胜的中国文化传统似乎具备一种魔力，它赋予了我们极为强大的精神力量，这使我们在心理上永远处于高高在上的有利位置。

不管是否承认，我们每个人其实都有着和未庄的阿 Q 一样的基因，这种基因别说赵太爷，就连皇上都不能免除。我没学习过心理学，但我觉得精神胜利法应该是一种属于人类的创伤应激机制，很可能是全人类所共有的特点，只不过我们表现得更为显著罢了。

不过，身处逆境的人未必就一定会奋进，适当的心理安慰固然可以协助我们以更好的心态走出多难的逆境，而一旦过度就成了麻木健忘和自欺欺人了。

显而易见，当时的大清国就过度地使用了自我安慰。鸦片战争及其后的一系列条约，几乎没有让政府在对外交往和对内政治经济政策上，做出任何实质性的变革。

作为对比，我们可以来看一看我们的好学生日本。可以这么说，鸦片战争对日本朝野的震动要远远超过中国本身。

到 1853 年，美国海军准将佩里率领的舰队到达日本时，当时的日本与大清一样，执行着闭关锁国的"海禁"政策。从鸦片战争得到教训的日本并未等美国开战，就与其签订了《神奈川条约》（又称《日美亲善条约》），也是一样被迫开放了通商口岸。不过，和中国的反应大相径庭的是，日本的革新势力开始由此走上历史舞台，并直接导致了后来明治维新，推动日本走向强国之路。

1840 年，天下大势已然大变。如果我们不是等到 20 年后被枪炮再次震醒的话，就有机会用这 20 年走上另外一条完全不同的道路。如果说当时的宣宗皇帝根本不可能预测到这一点的话，他也还有机会在 1850 年做出另一种选择。

可惜的是，宣宗皇帝直到 1850 年驾崩前都未能看透天下大势。这位守成之君，坚守的是仁孝治国的基本理念，而皇四子奕詝"正好"以仁孝深得其心。

我们必须要记住的是，在紫禁城的高墙内，江山社稷是远远高于父子亲情的。无论宣宗皇帝多么爱护和看重他的皇六子，掌握江山社稷的权力终归是要交到让自己放心的人手里的。

如果说奕詝的循规蹈矩让宣宗皇帝觉得放心的话，那奕訢的趋新应时可能是有些让他担心的。他本人是极为谨慎小心的一个人，这样的人是厌恶变革的。

不过，在宣宗皇帝密立储君的时候，无论在表面上如何回避，鸦片战争带来的耻辱其实并没有消退，他也会考虑到，他的继任者接下来还需要继续与这些蛮横的外夷打交道，国内的形势也不能说是一片大好。要应对如此局面，如果说他此时对奕訢的能力有所怀疑，应该是有一定道理的。继而他会想到，在这种情况下，用奕訢的机变之才对新君加以辅佐，在处理棘手问题时会有所帮助。

无论如何思前想后，作为一名选择困难症患者，宣宗皇帝这一次面临的选择更为艰难。一般来说，有得选总比没得挑要好。然而，选择的同时意味着舍弃，对此时的决策者而言，舍弃所带来的痛苦要远远超过可以挑选所带来的快乐。

也许，让世人迷惑且深感"天威难测"的一匣双谕，就是因为这样的缘由而产生的。现在再看到它，已经没有那种愤愤不平的感觉了。此时此刻，我更愿意去感受它背后传达出来的爱，一个父亲对儿子最深沉的爱。

说到揣摩圣意的高手，清朝这位三朝重臣、为官五十二载的曹振镛就不能不提。道光元年，宣宗皇帝颁布了《御制声色货利谕》，力倡节俭。宣宗皇帝本人也是身体力行，他自己的裤子上就打着补丁。有道是楚王好细腰，宫中多饿死。投君所好是为臣者的天职，曹振镛当然比别的大臣更为尽职，他身上的补丁就比谁都明显。他的另一个诀窍便是多磕头，少说话。

这个诀窍杜受田显然也掌握了。宣宗皇帝对奕詝和奕訢进行最后一次考察，召他们入对时，已是久卧病榻。面对父皇问政，奕訢自是知无不言、言无不尽，成竹在胸所以对答如流，奕詝则采用师傅杜受田示孝藏拙的对策，一言不发、十分难过，以头抢地外加痛哭流涕。这次表演，应该是奕詝、奕訢二人平起平坐，不分主角配角的最后一次，对他们来说，自己的水准都是相当高的。

当尘埃落定，大幕再次拉开，以这兄弟俩为男一号、男二号的演出就要正式开始了。

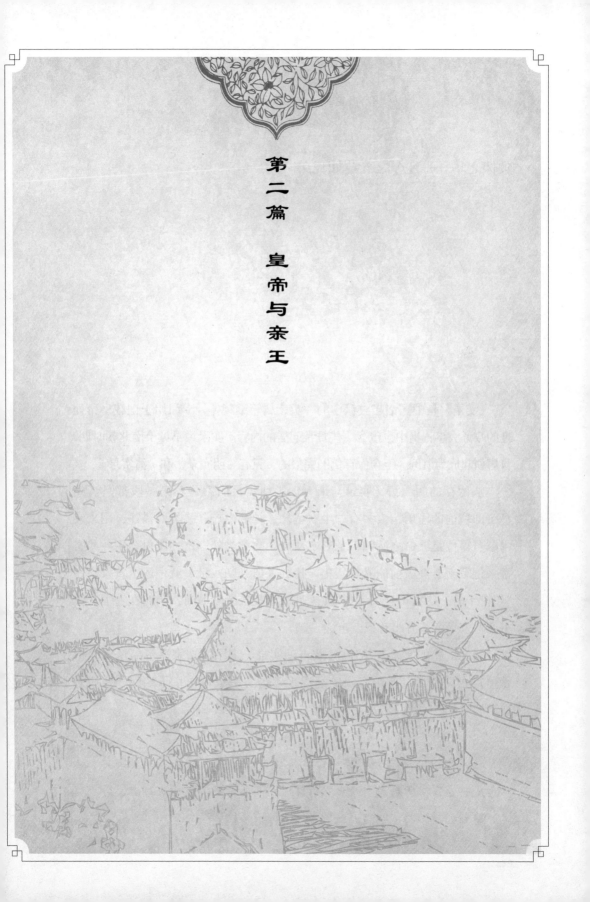

第二篇　皇帝与亲王

棠棣之华——凡今之人莫如兄弟

《实录》是中国诸多史籍中的一类，属于编年体，专门用于记载皇帝处理的政务大事，当中也包含一些日常起居的内容。实录最早见于南北朝时期，自唐朝起成为惯例。至今保存仍旧完整的，只有《明实录》和《清实录》。

从留存的明、清《实录》来看，各朝实录的第一卷第一段都是当朝皇帝即位前的简历，大多有"生有圣德，神智内充"一类的描述，用来表示嗣君得位是天命之所归，圣心之所属。除此之外，这一段也会用一些文字来记载新君登极前的光辉历史。比如《道光朝实录》就记述了宣宗皇帝"年甫十龄，初猎得鹿"，以及在天理教众攻入紫禁城时，当时在上书房读书的宣宗皇帝"有胆有识，击毙二贼"。

与《道光朝实录》相比，《咸丰朝实录》记录的文宗皇帝的这段简历就显得太简单了。在用有限的笔墨来颂扬文宗皇帝作皇子期间"乃武乃文"的时候，始终没有办法摆脱他的六弟奕訢的影子：

> 常制枪法二十八势，曰棣华协力；刀法十八势，曰宝锷宣威，皆宣宗所赐名。而上在潜邸时，与恭亲王奕訢所讲肄者，博慈颜之愉悦。

宣宗皇帝给兄弟俩共同研创的枪法赐名"棣华协力"，当是取自《诗经》中歌颂兄弟情谊的《棠棣》一诗。很显然，宣宗皇帝是借诗中的"棠棣之华，鄂不韡韡；凡今之人，莫如兄弟"来勉励兄弟二人相亲相爱，同心协力。不过，若干年后，如果宣宗皇帝泉下有知，看到兄弟二人生动演绎了这首诗中的另外一句"兄弟阋于墙，外御其侮"时，是应该感到欣慰还是悲哀呢？

　　道光三十年正月十四日，宣宗皇帝宾天。此时，大行皇帝的丧礼，新立君王的大典，这是要大费周章来筹办的两件大事。即便如此，还未登基的文宗在正月十七日，也就是宣宗皇帝驾崩三天后，就给了奕訢恭亲王的封号，同时受封为郡王的是他们的另外三个兄弟：

　　朕弟奕訢著封为恭亲王，奕譞著封为醇郡王，奕詥著封为钟郡王，奕譓著封为孚郡王。百日释服后，俱加恩准其戴用红绒结顶冠；朝服蟒袍，俱准用金黄色。

　　就在几天之前，红绒结顶冠与金黄色袍服只是奕訢和其他皇子们的标配而已，而现在，要使用它们必须得到皇帝兄长的额外加恩，因为此时，他们的身份已经由皇子变成了亲王、郡王。

　　从迅速加封和朝服升格这两件事可以看出，文宗在很小心地维护着自己"仁孝"的形象。不过，既然已经当上了皇帝，他也一定会找机会体现皇帝的意志和威权。这一点，在他给予奕訢的"恭"这个封号上就表现出来了。

　　奕訢10岁的时候，生母全皇后突然离世。宣宗皇帝命奕訢生母静贵妃将奕訢接到自己宫中，和奕訢一同抚养。随后的几年里，兄弟俩一同起居，一同习文练武，度过了他们真正相亲相爱的一段时光。

　　随着年龄的增长，一个非常现实的问题摆在了兄弟俩面前：皇位的归属。宣宗在世的几个皇子中，七子奕譞、八子奕詥、九子奕譓年纪尚幼；皇五子奕誴过继给惇亲王绵恺，承袭郡王之爵，虽说他是所有兄弟中最早封王的一位（奕詝于道光二十六年袭封惇郡王），不过跟皇位是早无关系了。所以，真正的竞争只会在四子奕詝和六子奕訢之间展开。

成为最终的胜出者，奕詝心中应该很清楚，他仗以赢得父皇青睐的，究竟是师傅杜受田的应对之策，还是自身的出众之才。如果我们不是那么清楚，只需看看杜受田死后如何极尽哀荣就能明白一二了。文宗亲至其灵前痛哭，并遣皇弟亲王为其扶灵回乡，史称"饰终之典，一时无比"。而且，文宗还为杜受田追授太师名号，并赐予"文正"的最高谥号，其老父庶子皆得到封赏提拔。

送帝师杜受田灵柩归籍的皇弟，正是"恭"亲王奕訢。此时的文宗登上皇位已有三年之久了，而此时的高祖到底会作何感想呢？

有位朋友曾对我说，恭亲王并非觊觎皇位之人，对此说法我完全赞同。但我同意的，是不能把"觊觎"这个词用在高祖身上，因为这是"非分之想"的意思，我并不认同高祖从未想当皇帝的说法。对高祖来讲，龙椅本就远非遥不可及之物，更何况，他本身就有重振社稷之志。既然如此，皇位有什么理由不出现在高祖的梦想清单当中呢？

说起来，宣宗皇帝为奕訢先后拣选的翁心存、贾桢、卓秉恬三位师傅都是深得圣心的。奕訢本就天资过人，在师傅们的调教下，他的文才武功更是远在其余皇子之上，加之他的母亲又总摄六宫，以这样的条件，奕訢被立为太子似乎是一件顺理成章的事情。

但饱读史书的奕訢不应该忘记另外一件事情，那就是在皇宫内院，比起才情，心机似乎才是更为重要的。可惜的是，他的三位师傅都不是擅弄权术之人。

虽然没有确凿的证据表明，宣宗皇帝的病中问政是皇储之争的决胜局，但在两位参与角逐的选手心中，这确实是他们争夺皇位的最后一战。事实上，这之后宣宗皇帝再也没有对他们进行过任何实质性的考察。指导这一战的，于奕詝是杜受田，于奕訢则是他的第三任师傅卓秉恬。

与奕詝对杜受田的感恩戴德相反，奕訢对卓秉恬则是很少提及，也许正是因为对他的最后一课不满意吧。这也从侧面证明了高祖对失去皇位并非心无芥蒂。我想这再正常不过了，世上哪个儿子不想赢得父亲的最终赏识呢？何况还是如此优秀的一个儿子。

一个优秀的孩子当然更容易得到父亲更多的关注和赞许，但同时也很容易遭到他的兄弟的妒忌。如果这个优秀的孩子还争强好胜、锋芒毕露，如果他还曾经有机会得到父亲的江山社稷，那他的兄弟就不仅仅是妒忌了。而再如果，由于造化弄人，这个孩子与王座失之交臂，反而是他的兄弟承继大统，那这位登上帝位的兄弟该是如何地忌惮于他？这个孩子又该如何收敛锋芒来面对旧日的兄弟今日的新君呢？

这就是宣宗皇帝西去之后，奕詝、奕訢兄弟俩面临的情形。他们都在审视自己的新位置，寻找新的相处之道。当然，这一切是由奕詝来主导的，他用一个"恭"字表达了自己的想法。

恭忠亲王奕訢

亲王之位由皇考所封，文宗当然只能恭孝领命，但封号他是可以做主的。像大多数人理解的那样，恭王之号是文宗在提醒奕訢要恭顺为臣、恭谨行事。但我觉得文宗的心思还不尽于此。

　　说文宗即位前一直生活在六弟奕訢的阴影之下也不算太过分，无论是文才武功，他都是不如奕訢的。后来，他受静贵妃抚育，无论静贵妃如何视他如同己出，但她终究是奕訢的生母，少年心性敏感，更添些许寄人篱下之意。当奕訢一朝为帝，面对以前事事胜他一筹的竞争对手，自然不会放过这个挫杀其锐气的机会。

　　清朝由于封王不裂土，所以亲王并不像其他朝代那样大多以地名为号。清朝的亲王封号一般来说只是一个礼节性的称呼，由皇上从几个好意头的字里圈选一个。清代一共用了大约 40 个封号，重复使用的我只找出来三个。

　　第一个是成王。这个封号最初出现在崇德元年（公元 1636 年），是太宗皇太极赐给开国名将岳托的。后来，乾隆五十四年（公元 1789 年），也许高宗实在是喜欢这个字，才把皇子永瑆封为成亲王。

　　第二个是惠王，这个封号在嘉庆年间仁宗使用了两次，先是给了十七弟永璘，一天之后又被收了回来，然后在封存了二十年后又再度赐给了五子绵愉。

　　第三个就是恭王这个封号了。很显然，文宗并不是因为喜欢这个字才把它赐给奕訢的。康熙十年（公元 1671 年），圣祖封自己的五弟常宁为和硕恭亲王。常宁生前不受圣祖赏识，死后也不受世宗待见。《雍正朝实录》中，世宗对他的五叔的评价是这样的：

　　　　朕叔恭亲王常宁，昔年受皇考友爱深恩。不知感激报效，而因循懒惰，悠忽终身。此中外所共知者。

　　如此不堪的一位亲王，且是中外共知，可以想见，如果是内务府选好几个字让文宗圈定，是绝对不会出现"恭"这个选项的。所以毫无疑问，奕訢的恭王封号，是文宗"圣心独裁"的结果。

凡今之人，莫如兄弟。不过，奕訢心中明白，从此之后，相亲相爱自是不必再提，君臣之义是远远大于兄弟之情的。与此同时，在天高皇帝远的广西，有一个叫洪秀全的落魄文人，以耶稣兄弟之名，正准备掀起一场席卷大半个中国的狂暴飓风，那是怎样的一场腥风血雨啊！

天上人间——究竟何处才是天国

孔子说：敬鬼神而远之。世人答：举头三尺有神明。无论是远是近，总之，中国是一个各路神仙满天飞的地方。

世界上的宗教，多是以关照或拯救人的灵魂为宗旨的。然而，我们中国人似乎对灵魂问题并不关注，反而，我们中的大部分人都希望神灵（不管是何方神圣）能解决自己的现实问题。

宁信其有，不信其无。这几个字也许能代表我们中国人对鬼神最基本的态度。然而，在这个普遍"敬鬼神"的国度，真正抱有虔诚宗教信仰的人却并不多。

我们对待宗教的方式都是"平时不烧香，临时抱佛脚"。也就是说宗教之于我们并非目的，而是工具，我们大多数时候只会在需要的时候才想起它，或者说，他们。

这也很好理解。一个人的需求和欲望是如此之多，如果只是求救于某一宗教的某一尊神，于人于神好像都不是特别方便，所以满天诸佛和各路神仙以至土地城隍都有机会享受人间供奉，而人间的每一种请求，无论是求官求财，还是求子求学、求风求雨，都可以落实到每一位具体的神佛的身上。

道光十六年（公元 1836 年），一名来自广东花县、名叫洪火秀的年轻人到广州应试。他从家乡出发前，是否曾烧香求得哪位神仙圣人的保佑，我们无从得知。但在他任教的私塾里，是一定供奉着至圣先师孔子的牌位的。这位年轻人就是后来得到了很多中外革命领袖关注的洪秀全。

据说，领袖人物在出生时或成人后都会有预兆发生，以此向世人宣示他们的不同凡响。

1836 年广州的大雪也应该可以归到异兆之列。广州地处珠江三角洲地带，这里的狂风暴雨倒是很常见，深度达到近两寸的积雪就极为罕见了。不知道洪秀全有没有赶上这场大雪？如果赶上了的话，那他倒是很有可能在厚厚的积雪上留下自己深深的脚印。

无论这个兆头后来如何解读，对当时的洪秀全来说，他一定会将其归到凶兆一类，因为这年他并没有考中。更糟糕的是，这已经是他第二次名落孙山了。

与此同时，洪秀全也得到了上天让他掩埋旧世界、重建新秩序的"启示"。这个启示是几本名为《劝世良言》的小册子，其作者是一位名叫梁发的基督徒。

需要特别说明的是，梁发在信耶稣之前是信佛祖的，也就是说，他最初其实是一名佛教徒。梁发当时以刻字版为生，正好遇到一名新教传教士需要雇用一些刻字工。很大可能是为了得到这份相对稳定的工作，梁发改宗信了新教。我们完全有理由推断，梁发是经历了一番内心的挣扎，才做出了这个决定。

与世界上的其他民族相比，我们这种对待宗教的方式显然是更为功利化的，这也许是我们这个民族未能产生真正宗教的一个原因。从另一方面来看，这种功利性又为外来宗教提供了极为便利的条件，使其有很大的机会被这个民族所接受。

基督教与佛教都是外来宗教，但显然佛教在中国的影响要深远得多。究其原因，除了佛教有先入为主的优势以外，与中国对待外来文化的态度也有关系。华夏文明对外来文明，向来不只是简单的"拿来主义"的。

清末广州圣心教堂

　　外来的一切，不管是拿来的还是送来的，都必须经过我们的一番裁剪增添，把它变成能够适应我们的东西，这样一来，它才有机会生存下来，并成为我们自身的一部分。不经过这样一番功夫，外来的文明也好，宗教也罢，总是没有办法被我们接受的，故而难免会水土不服。

　　只是这一剪一添下来，如果能去芜存菁，当然是好事一桩。但是有时候被搞成了反向操作，导致该去的没去，当存的没存。这其中，当然很多是文化本身的原因，而有时候，则是各种人，出于各种目的，有选择地造成了这种结果。

　　基督教比起佛教来，在面对我们的裁剪功夫时，其容忍度是大大逊于后者的。部分原因是基督教有着佛教所没有的强权人物——教宗以及强势机构——宗教裁判所。然而对于更为强势的天朝上国来说，这种强权显然没有任何作用，只能导致基督教的生存环境更为恶劣。

　　有意思的是，中国人第一次接触到的基督教，就是被宗教裁判所判定为异端的景教。更有意思的是，基督教本身在最初的时候就是不折不扣的异端。

　　基督教发端于犹太教。犹太教把耶和华奉为"独一真神"，而犹太人则是耶和华的"特选子民"，将得到"基督"（弥赛亚）的拯救。在犹太人看来，他们等待的弥赛亚还并没有到来，基督教的《新约圣经》将耶稣视为基督，那当然就是邪说了；而在当时的统治者罗马人看来，基督教与他们信奉的多神教相冲突，自然属于异端了。

事实证明，基督教将耶和华奉为全人类的神而不只是犹太人的神，这一做法的影响是极其深远的。最终，基督教被罗马帝国接纳并定为国教，在世界范围内广为传播，并在唐代的贞观九年（公元 635 年）来到中国。

严格说来，传到中国的景教只是基督教的一个小分支，而且是被东罗马教会视为异端的一个分支——聂斯脱里派，聂斯脱里因为支持耶稣基督具有人、神二性的学说而被东罗马教会公元 431 年绝罚出教会。几百年后，东罗马教会自身也和罗马教会来了一次相互绝罚，基督教自此分裂为东正教和天主教两宗。再过几百年，马丁·路德发起宗教改革对抗天主教罗马教廷，"抗罗宗"又从天主教分裂出来，即后来所称的新教或耶稣教。

在中国一般习惯性地将新教（耶稣教）称为基督教，将其与天主教与东正教并称。所以确切地说，梁发是新教教徒，他也是中国第一位新教传教士。梁发最初在广州城散发的小册子，是他皈依基督新教之后不久编写并印刷的《济世经注读本》。

这本小册子显然没有产生太大的影响，因为梁发在刚开始散发它们的时候就被官府抓捕收监，并处以鞭刑，印刷设备和剩余的书册被付之一炬。作为一个虔诚的基督徒，梁发当然不会被这点考验所难倒，反之，这只会更坚定自己的信念。

1832 年，梁发的《劝世良言》问世了。在这套分为 9 卷的小册子里，梁发倾注了很多的心血，还有极大的热忱。《劝世良言》也引用了很多《圣经》的内容，包括亚当和夏娃因不听上帝的劝告偷吃禁果，最终被逐出伊甸园的故事，以及耶和华动雷霆之怒，以大洪水毁天灭地、用硫黄与火灭绝索多玛与蛾摩拉的故事。在讲述这些故事的同时，梁发也加入了很多自己关于基督教的思想，并分享了自己性灵追求的历程。

《劝世良言》

《劝世良言》中也存在很多杂乱无序甚至前后错乱的情况。例如，书中一会儿把《圣经》中的"天国"说成是有福者死后的归宿，一会儿又把它解释成信徒在世间的聚会之所。当然，作为基督新教第一本中文布道书，存在一些问题也是可以被接受的。而且这本书也确有它的独到之处，因为梁发很聪明地在阐发基本教义时借用人们熟知的儒家言论，并结合了中国国情来传播福音，书中一再暗示，由于长期的道德衰退，整个中国社会已经处在崩溃的边缘。

比起《济世经注读本》，梁发对于《劝世良言》寄托了更大的希望。然而，后来当它来到洪秀全的手中，居然会产生了如此巨大的影响，应该是出乎梁发的预料之外的。实际上，把这本书交到洪秀全手上的，并不是梁发，而是美国人史蒂芬。

史蒂芬牧师是在1832年来到广州的。他平时住在十三行里的美国馆中，偶尔到广州城中散发传单或《圣经》，当然得小心翼翼地避开官府的盘查。一到周六他就坐船沿珠江而下，到黄埔讲经布道。史蒂芬布道的对象是那些来自大英帝国或美利坚的水手，这些水手经过几个月的航行来到广州，对烈酒和女人的兴趣自然远远超过他这个牧师。他在日记中也承认："我有相当的挥洒空间，听众听得入神，但我看不出他们有丝毫认罪或悔过的迹象。"

对于散发的宣传品的效果，史蒂芬开始时寄予了很高的希望。他激动地写道："谁能相信，在这三年来流传的数千册书籍会在神的面前无人问津，会徒然返回呢？此刻，那些小册子或许正在启迪一些中国草民，或许正在把来自天国的真正曙光照进失落在异教黑暗中的某些心灵，难道我们不应该做这样的冀望吗？"

后来史蒂芬才渐渐明白过来，他的冀望确实有些过高了。那些小册子没有徒然返回的真正原因，并非因为它们正在启迪中国草民或是照进黑暗中的心灵，而是被这些草民们挪作他用，甚至是一些亵渎上帝的用途。但是，这种挫败只是被史蒂芬当作试炼，他坚定地相信这些印刷品终有一天会发挥它们的巨大作用："留下《圣经》和书籍，让一两千万人接而触之，说不定没有讲道也能宣教，这和完全接触不到是很不相同的。是的，绝不一样！"

功夫不负有心人，史蒂芬终于在主历1836年等到了一个他在天父面前祈祷了千万遍才得来的"绝不一样"的机会。史蒂芬把《劝世良言》塞进洪秀全手里的那一刻，是具有极其重大历史意义的一刻，因为从这一刻起，大清国和基督教的历史同时被改写！

在那一刻，一定有什么惊心动魄的大事发生吧？

然而，并没有，什么都没有。没有从云缝里射出一道金光，没有天使齐唱"哈利路亚"，没有人群的热烈欢呼，没有两人的默默对视，没有360度全景，没有手递手的特写，没有推拉摇移，没有升格，没有定格，没有浑厚的男中音深情地念出解说词，也没有背景音乐。

被我们当作具有重大意义的历史时刻，在当时的当事人看来其实并没有什么值得记忆的东西，其意义大都是事后赋予甚至强加上去的。洪秀全当时的心情和我们走在大街上被人塞到手里一张宣传单的心情不会有什么两样，就算他没有感觉到被冒犯，也一定不会感到很愉悦。事实上，此刻他的内心只有一种情绪，那就是沮丧。

第一次参加府试是在七年前，如果那时的失利还可以归咎于年纪太轻的话（当年的洪秀全才15岁），此番再试不中就不能不说是个打击了。这会儿洪秀全想得最多的是如何面对家人，再度落榜会不会影响他的私塾招生，明年要不要再来一次。

至于那本小册子，洪秀全倒也没有随手扔掉。作为一个即使不算成功的读书人，敬惜字纸的道理他还是懂得的。不过此时《劝世良言》之于洪秀全的意义，最多也只算得上蝴蝶扇动的那一下翅膀而已，它带来的那一场飓风，要在15年后才会出现。

道光十七年（公元1837年），洪秀全第三次府试失利。这次的打击显然超出了洪秀全的心理承受能力，他几乎当场晕厥在地，连走路回家的力气都没有了。洪秀全不得已咬牙雇了两个轿夫抬他回到花县，到家后就一头栽到床上。他自觉这是必死之兆，让两个哥哥扶他坐起来，与家人诀别："我的命不久了。父亲母亲啊，我不能报答大恩了。我不能一举成名以显扬父母了。"

然而，洪秀全的大限并未到来。他进入了某种梦幻状态。在这个幻境中的天国里，他见到了他在天上的父亲。这位父亲身材高大，金须黑袍，给了他一枚金印和一柄宝剑。

据洪秀全后来的描述，父亲见到他之后，很悲愤地说了一大段不中不西不文不白的话："尔升来么？朕说尔知，甚矣凡间人多无本心也！凡间人谁非朕所生所养？谁非食朕食，衣朕衣？谁非享朕福？耗费朕所赐之物，以之敬妖魔，好似妖魔生他养他，殊不知妖魔害死他，缠捉他，他反不知，朕甚恨焉悯焉。"和另外一段描写幻境的话结合来看，他的父亲似乎是在斥责孔子为妖魔。想到洪秀全屡试不中的痛苦经历，就不难理解在他心底对孔子的怨憎。

洪秀全的家人日夜守护在他身旁。他在这种时而沉睡，时而癫狂的状态中持续了一个多月。其间，他用朱笔书写了自己的新头衔"天王大道君王全"贴在房间的门框上，如果有人以此称呼他，他便欣喜于色。

据说，亚里士多德曾说过"伟大的天才总有点癫狂"，还有个说法是"天才与疯子只有一线之隔"。有过精神分裂经历的洪秀全，也会向世人展现他天才的一面。正如我们所知道的那样，他的天才并非指在治学方面的造诣，从他遗留下来的无数大作来看，洪秀全考不上秀才，真的是科举制度公正公平的最好反证。

清醒之后，洪秀全与孔子达成了和解。他继续到私塾教书，也继续供奉着孔圣人的牌位，继续钻研苦读儒家典籍。道光二十三年（公元1843年），洪秀全第四次到广州参加府试。不出意外地，洪秀全又落榜了，不过，这也是他最后一次落榜。

这一次，洪秀全的反应很平静。也许他终于想明白了，孔子永远不会站在自己这一边，孔子并不是自己的真神。

我们经常说"心诚则灵"。所以这是一种有条件的虔诚，其根本目的是为着自己所求能被神佛接纳，继而能够灵验。如果不灵呢？有的人会怀疑是自己不够诚，这有可能会导致他们真正踏上宗教信仰的道路；有的人则会将其归咎于神，从此与神分道扬镳；还有的人也许会换一位神，重新求过。

洪秀全回到家中，发现他想寻找的真神原来一直就在身边。七年前，他从广州带回来的那本小册子《劝世良言》，解答了他心中所有的疑惑。他觉得很多发生在自己身上和周围的事，都能在这里找到解释，自己在幻境中的经历也能在书上得到印证。

《劝世良言》说儒教偏向虚妄，读书人把孔子当神，"何故不保佑他高中呵？"佛教道教乱拜偶像，教人向邪，当然也一无是处，只有信奉耶稣才可到达幸福的天国。上帝是爱人的，派他的儿子到世间拯救苍生；上帝也是可怕的，如果世人不遵从他的戒条，将会遭到严厉的报复，比如洪水与烈火。

洪秀全认为，上帝的这两件武器与洪火秀这个名字之间的联系绝不是巧合，而是上帝给予的一种暗示。不过，"火"字今后不能再用了，因为要回避上帝的名讳（《劝世良言》把上帝的名字译作"爷火华"）。于是，洪火秀改名为洪秀全。

洪秀全发现上帝的儿子耶稣从 30 岁开始传教，自己正好也是 30 岁；而书中所说的上帝，就是自己在幻境中遇到的父亲。所以，洪秀全认为书中有一处很显然的错误，就是它说耶稣是上帝的独生子，因为自己也是上帝的儿子，上帝在中国的儿子，耶稣在中国的兄弟。上帝派他到中国来斩妖除魔，建立新的"天国"。

　　道光三十年（公元 1850 年），被自己的兄长封为"恭"亲王的奕訢刚刚满 17 岁。用现在的标准来看，当时的高祖可以算作是一个少年，日子应该是充满阳光和无忧无虑的。生在紫禁城，长在帝王家，高祖从出世到现在，一定也有许多快乐欣喜的记忆。但是，无忧无虑的阳光少年？那是绝少可能出现在皇宫内院的。

　　历史上倒有那么一个追风少年，虽然他并不是皇子，却可以在宫城里纵情放飞自我，毫不掩饰地挥洒自己的快乐。他才情出众，武艺过人，万千宠爱集于一身。

　　难道他就是"琅琊榜首，麒麟才子，得之可得天下"的赤焰军少帅林殊？不过可惜的是，江左梅郎并不是历史上的真实人物。但是你把少年林殊的形象安到他的身上，应该也是合适的。这个追风少年就是曹植，也就是"天下才共一石，曹子建独占八斗"所说的那个曹子建。

　　《三国志》中记载："植尝乘车行驰道中，开司马门出。"他在皇宫里乘着天子的马车，擅开天子才能出入的司马门，在只有天子才能行走的禁道上纵情驰骋。不知道这是他一生中最快乐的还是最悲伤的记忆，曹植的这次"任性而行"，让他彻底丢掉了被曹操立为王嗣的机会。

曹植与高祖倒是有一些可比之处的，他们都不是长子，都在众兄弟中脱颖而出，都得到父亲的偏爱，都有被立嗣的可能，却都失去了最后的机会。至于其他，虽然高祖可以欣赏曹植的才高八斗，但曹植的"任性而行"，是高祖绝不会效仿的，因为他绝不会想要曹植那样的结局。

不过，高祖是不是有时候也会想起曹子建的诗，然后默念一句："夫子言之，于我心有戚戚焉"？又或者，在这种时候，他会不会觉得，自己突然明白了父皇的一片苦心呢？我想，如果他能明白宣宗的这种安排，当然就会知道接下来自己的路应该怎么走。

说到底，天祖宣宗的心思只有他自己清楚，高祖要怎么做，也只有他自己才能决定。祖宗的江山绝非事不关己，即使不能坐江山，帮着守江山又如何呢？当前最紧要的，是要用行动告诉四哥，自己绝对不会对他的皇位有任何威胁。因此，即便需要委曲求全，才能等到兄弟协力的时机，又有何妨呢？既然文宗需要高祖的恭顺恭谨，给他就是了。把自己低到尘埃里，照样能重新开出花来。

过了最难熬的一段时间，就可以比较容易说服自己接受命运的安排了。何况这种难熬更多的也只是在内心，兄弟俩面儿上的一团和气还是存在的。放下手足之情不说，奕䜣的生母于文宗有养育之恩，宣宗的遗诏双谕有皇考之威，更不用说文宗即位本就是以仁孝之名。

因此，飓风到来之前的紫禁城里，倒也是一片祥和。奕䜣在上书房读书之余，文宗也会给他安排一些工作，这些事儿在哥俩儿还是皇子的时候就做得不少，这些本来也是皇子亲王们的日常差使之一。《咸丰朝实录》中有这样的记载：

> 道光三十年。庚戌。五月。己未。命恭亲王带领侍卫十员，往奠故瑞郡王奕志茶酒。谥曰敏。
>
> 道光三十年。庚戌。秋七月。辛卯朔。享太庙。遣恭亲王奕䜣恭代行礼。

道光三十年。庚戌。十二月。辛酉。谕内阁，嗣后除朝祭大典外，内廷行走班次，及各衙门请派差使单内，惇郡王奕誴著在恭亲王奕訢之前。

新皇即位大多会改用新年号纪元。即位当年，一般则沿用皇考年号，于次年使用新年号。所以，《咸丰朝实录》虽然记载的是文宗登基之后的内容，但前面若干卷（庚戌，即公元1850年）的年号仍然使用的是道光三十年。

我们平时习惯用年号称呼清朝的皇帝，如康熙皇帝、道光皇帝、咸丰皇帝，在正式场合，如正史一类的史籍中，则会使用他们的庙号：圣祖、宣宗、文宗。我写的这些东西当然算不得正史，用庙号只是表达自己作为后辈的尊崇之意，不过很多时候为了方便阅读，对于先辈们甚至会直呼名讳，这种无状之举也是不得已而为之。而在当时，提到各位先帝时，还会加上谥号，比如圣祖仁皇帝、宣宗成皇帝、文宗显皇帝。高祖的谥号为"忠"，封号为"恭"，说起来这两个字真的是他这一生最真实的写照。

话说道光三十年，文宗显皇帝与御弟恭忠亲王一个是"旰宵勤政"，一个是"午风展卷"，不时赋诗唱和，好一番手足情深、其乐融融的景象。虽则文宗偶尔会显露一下天子之威，比如插手礼部的工作，把惇郡王之位排到恭亲王之前，但总的来说没有影响到他们之间的君臣相谐。对于奕訢的生母、自己的养母，文宗也是敬重有加，在登基后的第一时间，就尊封她为康慈皇贵太妃，并安排在一般由太皇太后或皇太后居住的寿康宫，每日行礼问安。

对于兄弟始有君臣之分的那一段时光，高祖曾如此回忆："追庚戌以后，文宗显皇帝推恩同气，训迪有加，御制诗成，辄蒙特旨宣示，或命和韵以进。"

道光三十年十一月，文宗把恭亲王分府出宫提上了议事日程。内务府领旨后的第一件事，就是找房子。清朝皇子分府，也要排队等指标的，要是没有合适的宅子，就在阿哥所先住下去。在我看来，高祖应该是诸皇子中最不愿意留在宫中的那一个。高祖的运气不错，没过多久，就在他18岁生日的前一天，内务府复旨了：遵旨查得辅国将军奕劻，现居三转桥府第，原系庆僖亲王旧居之府，共房581间。

这里说的"三转桥府第"坐落于京城前海西岸，这是一块被"蟠龙水"环抱着的风水宝地。早在宋徽宗时期，此处便是皇家园林之所在。至清代，这里成为正黄旗的属地，建有多所王公宅第。乾隆四十年前后，高宗宠臣和珅相中了这里，遂以高价购买或以大换小的方式，拿下了这里的多处房产，建造成自己的府邸。

嘉庆四年正月初三，太上皇帝高宗驾崩。正月初八，仁宗将和珅革职并下狱治罪，家财地产充公后，将和珅之宅赏给自己的同母弟弟、高宗十七子永璘居住。永璘生性散淡，对权位毫无兴趣，平生最大愿望，就是能住进这所超豪华宅院。仁宗查抄和珅后，第一时间遂了他这位小弟的心愿。

不知是有意还是巧合，也是在正月初八这天，仁宗将永璘的封号改为庆郡王，让人捉摸不透的是，就在前一天正月初七，仁宗刚刚决定封永璘为惠郡王。难道这是想庆祝自己隐忍多年以后，终于除掉了和珅这个心头大患？总不会是庆祝永璘终于得偿所愿吧？

不过说起来，永璘的心愿还不能算是完全得到满足。高宗的爱女固伦和孝公主下嫁给和珅的儿子丰绅殷德后，这里也是她的居所。因此，永璘得到的庆王府只是宅子的一半，另一半由他的姐姐和孝公主继续居住。一直到道光三年（公元1823年），和孝公主去世，这所宅子才完整地归庆王所有。

遗憾的是，此时庆王府的主人已经不是永璘了，他终究还是没等到拥有整座宅邸的那一天。嘉庆十五年（公元1810年）三月，永璘离世，临终前晋封为庆亲王，谥号为僖。永璘的儿子绵慜在永璘死后承袭庆郡王爵位，成为第二代庆王。

根据清朝的爵位制度，除世袭罔替王爵即俗称的铁帽子王以外，王公子孙在承继爵位时，要按照亲王、郡王、贝勒、贝子、镇国公、辅国公等爵位的顺序，依代递降。当然，爵位是升是降很多时候还是当朝皇上说了算。几十年之后，庆僖亲王这一系经过几次升爵、革爵、降爵之后，到他孙子奕劻手上的时候，已经由第一等的亲王变成了第十等的辅国将军。奕劻以辅国将军衔住在王府内，显然不合规制。

因此，内务府查册后奏请将此宅作为恭亲王分府之用，并提出了在原庆郡王府的基础上进行整修，以便更符合亲王规制的方案。因此，高祖要成为这里的主人，还得再等上一等。这期间，文宗也给他安排了第一个正式岗位：十五善射管理大臣。十五善射处是八旗都统衙门所属的机构之一，掌八旗官兵练习射箭。

说实话，文宗为了他六弟分府的事也没少操心，除了经常会收到内务府关于恭王府整修的奏报，还要过问有关分府赏赉金银、庄园、什物等的筹办情况，连铸造王府金宝的蜡模图样都要亲自过目，最后在钦天监选择的吉期中，朱笔圈出分府吉日。

看得出来，在兄弟初定君臣之分的这段时间里，并不只是奕䜣单方面努力去适应他的新位置，文宗也是在尽力维持兄弟之间哪怕是表面上的和谐。奕䜣不是曹子建，奕詝亦非魏文帝。于国于家，这都是一件值得庆幸的事。

而且，文宗也实在是需要这个六弟的帮助。道光三十年（公元1850年）十二月，远离王畿的广西，在那里的桂平县金田村，洪秀全的拜上帝会开始与官兵发生正面冲突，并在两个月后扯起了以"太平天国"为国号的大旗。不过在当时，京城里却丝毫没有感受到风暴的气息。

广西本就是一个匪患横行、帮会林立的地方，因当地大员剿办不力，文宗于道光三十年九月，诏命回乡养病的林则徐为钦差大臣，赶赴广西督理剿匪军务。林则徐领命之后，拖着病体上了特制的卧轿，由福建急奔广西。行至广东普宁时，病重不治，与世长辞。文宗"殊深悼惜"之余，为林则徐加恩晋加太子太傅衔，谥文忠。比起帝师杜受田"加太师衔，谥文正",是各少了一级,但再想想杜受田的位置和作用,林则徐死后得到的也算是极高的评价了。

文宗准备重新起用三朝老臣林则徐,说明他已经意识到广西匪患的严重性,只是那时候他还根本不知道洪秀全的存在,即使后来知道了,也仅仅把洪秀全当成一个屡试不第、铤而走险的穷酸书生,匪众中的一股罢了。

可惜的是,林则徐失掉了与洪秀全正面交锋的机会,也失掉了一个彻底改写历史的机会。

替代林则徐的钦差大臣李星沅日夜兼程赶赴广西。他在给文宗的奏报中说:桂平之金田村及附近平南、郁林等处,贼踪出没,人数甚多。臣现驻柳州策应,与劳崇光、向荣互为声援,计周天爵亦将驰抵军营。厚集兵力,分路兜捕,当不难迅扫槐枪。

李星沅同样也低估了洪秀全的能量,也把他当成了一股普通的盗匪,很容易就可以清扫一净。这个错误是致命的,它让大清国从朝廷到黎民百姓都付出了极其沉重的代价。

咸丰二年(公元 1852 年)四月二十二日,恭亲王奕訢分府出宫,正式搬进恭王府。就在几天之前,文宗除了让奕訢仍在上书房读书外,还安排他在内廷行走。就是说,文宗已经开始考虑让六弟奕訢为自己分忧。因此,入主恭王府的奕訢根本没有工夫去领略这园中胜景,而且很快,全州被太平军攻陷,满城居民尽遭杀戮的消息就会传到京城。

所谓天国——迅速崛起的乌托邦

　　道光二十三年（公元 1843 年），洪秀全完成了从疯子到天才的跨越。他的天才体现在，不仅仅是换一位神，而是干脆把自己变成神。

　　洪秀全请匠人铸了重九斤、长三尺的两柄宝剑，剑身刻有"斩妖剑"三字，并吟诗咏志。诗中说"手持三尺定山河，四海为家共饮和"，还说"虎啸龙吟光世界，太平一统乐如何"。

　　洪秀全还四处宣讲他新学来的教义，大家以为他又发疯了。不过他的两个远房亲戚洪仁玕、冯云山却对他的话信之不疑，成为了他的第一批信徒。这两人也和洪秀全一样：读过些书、科举不中、设馆为生。上帝要人不拜偶像，他们三人就从孔子牌位下手，结果这一举动让私塾的学生纷纷退学。他们丢了饭碗，但并不气馁，决心效仿耶稣和他的门徒，出游天下，四处布道。

　　三人出师不利。洪仁玕的父兄痛打了他一顿，还罚他跪在孔子牌位前悔过，并严禁出门。洪秀全和冯云山在广州的传教也很不顺利，不过在其周边地区还是发展了一些信徒。他们一路宣讲，最后来到了广西。不管是歪打正着还是命中注定，洪秀全找到了最适合他的那一片土壤。

　　19 世纪的广西鱼龙混杂、匪盗纵横。特别是鸦片战争之后的五口通商取代了"广州贸易体系",给广州的商业带来巨大冲击。那些原本在广州讨生计的游民涌入广西,落草为寇的不在少数。而占据香港的英国人大力肃清周边海域,盘踞多年的海盗也窜入广西变身为河匪。此外,历史上由于广西地区民族众多,各族之间在日常交往中难免产生摩擦与冲突,为了有所依靠,很多人会加入天地会一类的秘密会社,也有人自行组织被称为团练的地方武装,而这往往只是加剧了械斗的惨烈程度,而无法真正解决问题。

洪秀全在给信众宣道时往往少不了鬼神附体般的表演,满场游走,口中喃喃自语……心理暗示加上从众心理,这些手段在历代封建王朝更替时屡见不鲜,但是它顽强的生命力却让人不得不提。

道光二十八年(公元 1848 年),拜上帝教中的两个教徒把这场表演推到了一个前所未有的高度,因为附体在他们身上的是非一般的神灵。杨秀清本是一名烧炭工,萧朝贵是一名矿工,这两人也都是客家人。他们出身贫苦,大字不识,都是在两年前加入的拜上帝会。杨秀清和萧朝贵还把洪秀全推到了一个十分尴尬的境地,如果承认二人的表演,就等于认可了他们是自己这个上帝之子、耶稣之弟的父亲和兄长,这是否会威胁到自己的地位呢?如果不承认,又如何证明自己的身份是真,而杨、萧二人就是托伪呢?如果强行否定二人,又是否会引起教众反弹,以至于产生无法预料的后果呢?

天才毕竟是天才。洪秀全很快想明白了一件事,自己是天父上帝的正牌儿子,天兄耶稣的正牌幼弟,杨秀清和萧朝贵只不过是天父天兄附体,充当他们的代言人,并不会影响到自己的正牌地位,他们本身还是受辖制的教徒,如果能恰当地利用他们的才能,自己还可以从中受益。

于是他向众信徒宣布,当杨秀清和萧朝贵代表天父天兄传达旨意时,所有人必须听众,连自己也不例外。洪秀全不仅这样说了,也这样行了。有一次,天兄耶稣通过萧朝贵公开责备他不遵从天父的指令,我们并不清楚这个指令是上帝本人发出的还是由杨秀清代言的,总之,洪秀全表示接受天兄的指责，并公开认错。

不过，这种关系始终叫人头疼。特别是在萧朝贵娶了洪秀全的妹妹之后，这个关系就更复杂了，二人即是教徒与教主，又是天兄与二弟，还是妹夫与舅子。但不管怎样，史上最强天团三人组就这样诞生了。随着时局愈发动荡，越来越多人的加入了拜上帝会。这么多人在一起，吃饭是个大问题。好在拜上帝会人多势众，可以通过打击土豪劣绅来填饱肚子。当地还有两个大户自愿成为他们的粮仓。这两大富户都是客家人，时被官府、土著、异族和土匪骚扰。这两家一个姓石，一个姓韦，他们不仅提供了银两、粮食和房屋，还为拜上帝会贡献了两员得力干将：石达开，韦昌辉。

道光三十年十二月，拜上帝教的教众与围捕的官兵在金田村展开了一场大混战。

这场大混战以拜上帝会的胜利而告终，他们击毙了包括清军副将在内的官兵300余名。这场战役极大地鼓舞了洪秀全，如果说这之前他宣讲教义、广收信徒还带着些许宗教色彩的话，这一战之后，他看到了另外一种可能，这让他有了建立属于自己的"天国"的雄心。宗教，可以成为最有力的武器。

两个月后，在一系列大大小小的战役间隙，洪秀全宣布成立"太平天国"并自称"天王"。天父、天兄适时下凡，通过杨秀清和萧朝贵提醒教众要敬畏天王，因为他是受天父差遣来统治天下的，否则会受天条惩戒。

这一年是咸丰元年，洪秀全也把这一年定为"太平天国"元年。至于两个月前那一场在金田村的战事，太平军倒没有觉得它有特别的纪念意义，只是在很久以后，他们把它追封为"恭祝万寿起义"，因为战事发生在十二月初十前后，而这一天是洪秀全的生日。

咸丰元年八月，洪秀全准备效仿摩西，率领信徒前往上帝的"应许之地"。然而，和以色列人不同的是，太平军并不知道他们的应许之地在哪里，同样，他们的天王也不知道。不过，天王给予的许诺是极为美好的，那里是"人间天堂",而且有功之臣到那儿以后,就能"累代世袭,龙袍角带在天朝"。

从金田突围之后的太平军攻占的第一座城池是永安。到永安之后,洪秀全就大封王爵。洪秀全自己是万岁之主,其两岁的儿子洪天贵封为幼主,称万岁;杨秀清为东王,称九千岁;萧朝贵为西王,称八千岁;冯云山为南王,称七千岁;韦昌辉为北王,称六千岁;石达开为翼王,称五千岁。东王杨秀清拥有节制其余诸王的权利。

在永安,太平军完善了洪秀全早先设想的圣库制度。这一制度要求信徒上交全部私人财产到圣库,所有衣食物品由圣库统一分配。洪秀全还仿摩西,为太平军制定了远比十诫更为严厉的天条。在没有外力介入的时候,太平军的这一套严格的管理组织方式还是很有效的。但是随着后来包围永安的官兵越来越多,人心浮动终是难以避免的。

咸丰二年春,被围数月之后的太平军决定撤离永安。突出重围的太平军北上桂林,夺城不得,转头占领了毫无防备的兴安,而后弃城继续往北。兴安北面的全州守备严密,用火炮击伤了南王冯云山,结果招致太平军连续数日轮番猛攻。据简又文《全州血史》记载:"城既破,胜军纵火焚烧,下令屠城,无论官民兵勇,老幼男女,一概不留,亦可见其仇恨之深矣。大杀三天,始下令封刀。金城兵民被屠杀者,或被焚毙者无数。"

今不同昔——情虽一体分为君臣

　　究竟是何种原因，使得太平天国具有如此巨大的毁灭性？或者说从另外一个角度说，是何种原因使得大清国的国力与战力如此衰败？

　　在中国的历代王朝，变乱大都肇始于盛世。当其盛世之时，或大兴土木，或穷兵黩武，几成惯例，凡此种种，都会对国库产生庞大的消耗，接踵而至的必然是加赋加税，而后是引发底层民众的强烈反弹。

　　清朝中叶，经济获得了相对长期的发展，而且，乾隆朝高宗的"十全武功"也还没到造成国库空虚的地步。但清朝面临着另外一个巨大的挑战。

　　康乾之际，虽然"重农轻商"的基本政策并未发生变化，但在这个相对安定的时期，商业还是得到了很大发展。在城市，商业行会无论是数量还是规模都日益增长，出现了影响广泛的钱庄和票号。欧洲市场对茶叶、丝绸、瓷器等商品的需求对商业贸易也起到了推动作用。

　　而在农村，虽然集市贸易也开始发展，与商业重镇和交通要道相连的地区，出现了基于商业和经济目的的种植，但总体说来，在更为广大的偏远地带，土地和粮食仍然是农民的根本。

　　社会相对稳定，经济持续增长，荒地开垦和精耕细作提高粮食产量，这些因素的合力使得人口加速增长。康乾时期中国人口翻了一番，从 1.5

亿增加到了3亿，至道光末年，宣宗在选择接班人的时候，人口更是增加到4亿多。

这就难怪宣宗此时会把稳定当作头等大事，可惜他不明白的是，当社会剧烈变化时，当政者需要的不是维持稳定，而是适应变化的能力。而且一个系统如果过于稳定，那它不仅无法适应内部的变化，更可怕的是，它对外来刺激的反应也会随之丧失。

从部落时代开始，人口就是首领最可炫耀的资本。因为人口越多，意味着有利的地位，越有在族群生存竞争中获得胜出的机会。一般而言，人口的增长会促使经济和政治出现变革来与之适应，反之，在僵化的经济制度和政治制度下，人口的增长将会成为一个严重的问题。

商业发展显然还没到能消化如此巨量人口的程度，人们维持生计的主要手段还是土地。因此，人口对于土地的压力可想而知。中国历史上经历过几次由北向南的大迁徙。在早期，人口对土地的争夺并没有那么剧烈，所以移民与土著的争斗虽时有发生，但严重程度远不足以与清朝中晚期相比。

人口增长的影响不只体现在农村社会，也反映在政治生活。无论是科举名额还是政府官职，都远远不能匹配人口数量。清朝通过捐纳获取功名的人数大幅增加，这与官职数目的相对不足形成更为巨大的矛盾。无数人在等待合适的职位和升迁，这使本就贪弊成风的官场更加腐败不堪。

官场内部的行贿受贿日益加剧，下层官员在装满上司的腰包之时也不会空了自己的，层层盘剥之下，底层民众本就生活在艰苦动荡之中，如此一来更是难以为继。如果再考虑到道光年间因鸦片贸易造成的巨额白银外流而引发的通货膨胀，还有鸦片战争使普通民众逐步丧失对政府的信心，所谓民心思乱就是无法避免的了。

这些问题确实不可忽视，但仔细探究起来，它们还并不是大清国所独有的问题，在各代鼎革之际都能看到它们。清朝的衰落还有一个"大清特色"的原因值得我们注意。

大清的兴起，以旗统兵、以旗治民的八旗制度功不可没。太祖努尔哈赤削平满洲诸部后，设黄、白、红、蓝四旗统兵。后以初设四旗为正黄、正白、正红、正蓝，并增设镶黄、镶白、镶红、镶蓝四种（黄、白、蓝均镶以红，红镶以白），定八旗之制，以辖满洲、蒙古、汉军之众。八旗各有其主，各置官属，各有人民，旗下人丁唯旗主之命是从。在立制之初的征战杀伐之时，八旗兵的战斗力之强，素有"旗兵不满万，满万不可战"之说。

然而任何制度都有与之匹配的政治环境和文化环境，在合适的环境之中，制度的优越性可以得到最大程度的体现，反之亦然。纵观中国历代兵制，莫不如此。战国时期天下人皆戍边三日，因各诸侯国地方有限，这一制度尚可行。而秦统一六国之后，以帝国疆域之广，仍沿用原制，则令平民苦不堪言。为赴边三日之差，在路途之中往往奔波数月之久，而行旅的资费还全由自己负担，导致民不聊生，生业尽废。

宋朝的募兵制比起其他朝代的府兵制，算是在军人职业化道路上迈出了一大步，而清朝的八旗制度更是有过之而无不及。旗人唯一正当职业就是当兵，其余农、工、商均在禁止之列，用现在的眼光来看，算是彻底的职业军人。

无论是府兵制还是募兵制，在战争年代都起到了它们应有的作用，然而，随着和平时期的到来，这些军队都面临训练无方、战力下降的问题。入关之后的旗兵也未能逃出这个怪圈，其腐败程度和速度比起其他朝代来是有过之而无不及。至康熙年间，旗兵已不堪大用，以致对三藩用兵之际不得不借重绿营。

绿营又称绿旗兵，是清朝在定都北京后，在统一全国的过程中将收编的明军及其他汉兵以营为基本单位进行组建，以绿旗为其标志，故得其名。随着时间的推移，绿营的作战能力也大不如昔，至乾隆末年白莲教作乱时，绿营兵已经是无能为力了。

嘉庆年间，仁宗对此深表忧虑。他回忆起当年随父皇高宗南巡时检阅部队的情形："朕于甲辰年随驾南巡至杭。营伍骑射，皆所目睹。射箭箭虚发，驰马人堕地。当时以为笑谈，此数年来果能精练乎？"

仁宗的担忧，宣宗、文宗并未稍减。咸丰初年，除了极少数精锐部队，八旗和绿营构成的大清军队可以说毫无斗志，以致在接到全州的求援血书时，附近官兵因惧怕太平军声势，居然无人敢于增援，致全州终有屠城之祸。

文宗震惊之余，安排邻近省份官兵驰援广西，下旨厚葬厚恤阵亡将士及家属，将缉盗不力的官员革职查办，还将自己的亲信、继李星沅之后的钦差大臣赛尚阿下部议处。

身边没有一个值得信任而且办事得力的助手，文宗很自然地想到了六弟奕訢。咸丰二年（公元 1852 年）八月，奕訢分府四个月之后，他的生母康慈皇贵太妃曾到恭王府小住，而文宗也亲至恭王府向皇贵太妃请安。在恭王府内，母子三人同处一室，虽然难免也会叙君臣之礼，但不经意间流露的母子之情、兄弟之谊还是会让人心生愉悦的。

又过了四个月，咸丰三年（公元 1853 年）元月，文宗让奕訢管理中正殿、武英殿事务。此时距奕詝登极、奕訢封王已三年时间，很显然，这段时间里，文宗对奕訢的表现是很满意的，他已经做好给奕訢更重要岗位的准备，毕竟，长江一线各城各镇相继陷落的消息已陆续传到京城。

太平军血洗全州之后，进入湖南攻打长沙未克，转而攻下了湖北重镇武昌，随后沿长江一路攻城略地。咸丰三年二月，太平军的先头部队便抵达南京城下。

恭亲王奕訢与惠亲王绵愉、惇郡王奕誴一同上奏文宗。文宗对所陈时务的看法是："储备铅药、安抚难民、筹裕仓库各条，均不为无见。"然而在这位天子的心目中，太平军在南方的所为显然还算不上"切时急务"，眼下最重要的是"严门禁、整器械、训练近京驻防官兵"。

远在北京千里之外的江宁（此时已被太平军改名为天京），洪秀全已经乘着他的雕龙宝船，志得意满地进入了他的都城。据沈梓的《养拙轩笔记》描述，以东王为首的各王各将"带兵十数万，簇拥跪迎"，而洪秀全则完全照搬了《长生殿》中唐明皇的扮相，坐在 16 人抬着的黄色大轿中，在前引路的是数百对旗帜兵，然后是锣鼓手和吹鼓手，轿后拥兵者不计其数。

此情此景，不知是否会让洪秀全想起当年，那时他三番落第，几欲晕倒，坐着小轿被抬回家乡。如今黄袍披身，锣鼓齐喧，别说区区秀才，就是金榜状元，那排场又哪及今日之万一呢？就算考不上秀才是一个痛，和自己亲笔圈出状元的快乐相比，又算得了什么呢？

后来，在钦点状元这件事上，洪秀全真是过足了瘾。在短短几年时间内，太平天国出了22名状元，其中还有一位女状元，这被后世当作太平天国实现男女平等的伟大创举。

太平天国每年举行四次科考，分别是在天王、东王、北王和翼王的生日，因此也被称为天试、东试、北试和翼试。当然，南王萧朝贵和西王冯云山如果没有战死的话，加上南试和西试，一年就应该有六场科举考试。

如此一来，学子们再也没了应试的痛苦，因为中个举人考个进士易如反掌，反倒是洪秀全又体会了一种新的痛，那就是应考人数严重不足。于是，南京城里上演了一场从未有人见过的大戏，既然号称六朝古都，这里的人也算是见多识广，官兵捕盗匪、拉民夫、抓壮丁肯定是看到过的，但是押着一群书生强迫他们进考场参加科考，真是闻所未闻。

如果说《劝世良言》给了洪秀全关于天父和天兄的想象，那么他关于皇上做派的灵感则是来自戏台和演义，只不过他不只学个十足，还把它放大了千百倍植入于现实之中。当然，做戏做全套，皇上的三宫六院嫔妃成群更是不可不学、不学不可的。

进入南京之后，洪秀全算是一头扎进了温柔乡，虽说太平天国生杀予夺的大权名义上由他掌握，但他平日几乎足不出府。杨秀清花在床上的时间比起洪秀全要少一些，不过他的欲望在权力方面得到了充分满足。南京城内的政务治理、军事部署实际上尽皆操于杨秀清之手，更何况"天父"还会时不时附体在他身上，公开指责甚至是羞辱包括洪秀全在内的所有诸王。

杨秀清把太平军分为三路。一路护卫天京；一路西征，沿太平军到天京前的路线回溯，攻城略地；一路北伐，意图进攻华北，直指京畿。

咸丰三年九月初十，文宗下旨，命恭亲王奕訢署正白旗领侍卫内大臣，办理巡防事宜。侍卫处主要负责管理皇帝侍卫亲军、守卫皇宫、保卫皇帝，以及在皇帝出巡时随扈保驾，其首领为领侍卫内大臣，一共6名，镶黄旗、正黄旗、正白旗（即上三旗）各有两名。

此时的文宗是要把紫禁城的防卫交到他最信得过的人手上才会安心的。第二天，文宗又下了一道旨意。当年宣宗见兄弟俩共习刀法，颇有进益，曾赐奕詝锐捷刀，赐奕訢白虹刀，俱为金桃皮鞘，并下谕准其佩用。奕詝即位后，奕訢在得到新天子谕令前，当然不能再佩非特赏不可用的金桃皮鞘。文宗的这道特旨便是准许奕訢重佩金桃皮鞘白虹刀。

后来，文宗更是将与奕訢当年共同研制的枪法棣华协力和刀法宝锷宣威合编，亲自作序，令奕訢作跋。文宗写道："分虽君臣，情原一体，惟期交劝交儆，莫负深恩。"言语之中还是颇有兄弟情分的。不过，文宗话锋一转，又加上一句："今日之协力非昔日之协力也。"

奕訢在跋语里写道："圣意谆谆，亲爱与箴规兼至。臣蒙皇上友谊之笃，期望之殷，回忆向岁枪法刀法，幸得随大圣人及时讲肄，常聆训言，而神武之莫能名，非臣所得窥于万一也。"

其实文宗的叮嘱大可不必，奕訢比他期望的更明白自己的位置。当然，奕訢也不可能会辜负文宗的信任，也不会辜负他自己。他等待一个为家为国为天下出力的机会，已经等了三年多的时间了。

　　太平军北上的消息让文宗寝食难安。如果说这之前文宗对奕訢的感情里有两分亲情、五分忌惮，还有三分作秀给宗室和天下人看的话，现在的情形之下则是全心全意指望奕訢能够护他周全，因为他能指望的人确实不多。

　　咸丰三年正月十四，是宣宗三周年忌辰。文宗颁朱笔，训臣工戒因循。谕曰："试思今日国计未丰，民遭涂炭。朕虽自恨自责，竭力筹维，亦终无成效。岂不有负高深，为天下一罪人乎。"自责之余，文宗斥责内外文武诸臣因循不振、念重禄位而"置国事于不问"，并警告他们"仍有不改积习，置此谕于不顾者，朕必执法从严惩办，断不姑容"，也提醒他们要珍惜名节。不过，文宗也深知"以言感人，其感甚浅"，无奈之下，只能寄望苍天能代替他监督这些大小臣工："一人在上，欺之固易；翘首上苍，昭昭明鉴。吁，可畏也！"

　　一个泱泱大国的最高权力拥有者，居然指望名节、道德和上苍来解答自己国家存在的问题，他的心中感受会是多么的无奈和无力！上苍的虚无自不必说，名节和道德也只能作为自律的工具，不可能靠它们来完成政治和律法才能完成的任务。文宗的愿望注定是会落空的，不用过多久，他就会收到这样的奏折：

> 逆匪自粤窜楚。所过郡县望风溃破，地方文武除蒲圻县知县周和祥外，从未闻一人婴城固守，以待援兵。而军营带兵，及防堵各员，亦皆闻警先遁，赴援不前，以致岳州、武昌相继失守。
>
> 九江失守后，寿春营都司海升先行逃避，兵亦随散。守备左德映先搬家属出城，并私派兵丁护送，置城池于不顾。

武将如此，文官又如何呢？这一年的清明，文宗又大光其火。清朝的会议制度，是指有关王大臣会同商议皇上特旨交办的重要事件。这一制度要求"凡与议之王大臣，俱限一二日齐集公所，当面公同商办。不准令司员章京往来传禀，互相推卸"。让文宗光火的是，连自己特旨交议之事，居然也有很多人敢于"或托故不到，或推诿不言，或且藉端闲谈，置公事于不问"。

盛怒之下，文宗手里的板子高高举起，又轻轻落下。他要求："嗣后诸王大臣等，如遇特旨会议事件，务须遵照旧章，公同面商，虚心筹酌，迅速定议具奏。毋得推诿耽延，仍蹈积习。"最后，他还命令"此旨著各衙门恭录悬挂。俾触目警心，遵守无忽"。

我们几乎可以断定，从中央到地方各大小衙门，"恭录悬挂"这件事都一定做得极好的，他们会让书法最为老到的笔帖式，用上好的笔墨纸砚恭恭敬敬地誊写出来，再经手法最为娴熟的师傅装裱，然后让技法最为精湛的木匠用上等材料制作木框，最后是沐浴更衣净手焚香，把这道圣旨高悬在衙门里最为醒目的位置。

我们还可以断定，这些在各地各方各部各署的御旨，它们的使命在悬挂起来那一刻起，就已经终结了。它们让我们想起，在很多地方都能看到的各种规章，各种制度，各种提倡，各种禁令。当然，时代总是在进步的，它们不再需要被誊写，而是可以很方便地打印出来，木框也大多换成了铝合金。

不过，无论形式怎么变换，它们的命运却是如出一辙。高高挂起，然后就是万事大吉，百无禁忌。每日"触目"却根本无法"警心"，"遵守无忽"则更是无从谈起。

面对这些食君之禄却不忠君之事也不畏上苍之鉴的文武诸臣们，文宗也应该会清楚，大清国官场上下的积弊并非几道旨令就能根除的。眼下，北上的太平军打到了天津附近，已经对畿辅重地造成了严重威胁。为了紫禁城的安危，他煞费苦心，即使违背祖制也在所不惜。

咸丰三年十月初七，文宗命恭亲王奕訢在军机大臣上行走。他还谕示内阁："恭亲王奕訢现在军机大臣上行走，事务殷繁。所有领侍卫内大臣班，及王公班均毋庸进。"这是为了让奕訢心无旁骛，专意筹划京畿防御。

自秦汉以降，中国的皇权到清朝时达到了顶峰。以往各朝，皇帝和政府基本上算是分离的，但政治权力也有逐步向皇帝集中的趋势，明朝废除政府的最高长官宰相，由皇上一人身兼皇权和政权的双重领袖，代表政府的内阁还是有一定实权的，到清朝设立军机处，这一架空内阁只对皇上负责的机构的出现，几乎将全部权力集中于皇帝身上。

按《清史稿》：军机处名不师古，而丝纶出纳，职居密勿。初只秉庙谟商戎略而已，厥后军国大计，罔不总揽。自雍、乾后百八十年，威命所寄，不于内阁而于军机处，盖隐然执政之府矣。

康熙十六年，圣祖在内阁外另设立南书房，直接起草谕旨与处理机密奏议，这可被视为军机处的前身。雍正四年，世宗筹划用兵西北，密旨安排大学士张廷玉等于内廷密筹办军需。之后二年余，各行省尚不知出师西北之事。这一为求保密而临时设置机构事实上极大削弱了内阁和议政王大臣会议权力。

雍正七年，清军大举征伐西北两路。世宗正式设立军需房，公布密办军需人选，选内阁中谨慎缜密者入值，以处理紧急军务。雍正十年，正式定名办理军机处，简称军机处。

军机处自诞生之日起就摆脱了官僚体系中的壅滞与烦琐，非常适合皇帝加强皇权的意愿。在准噶尔战事平定之后，按理应裁撤此临时机构，但结果非但未撤销，反而进一步扩大其权力，使军机处超越议政王大臣会议、内阁，成为最主要的政治核心。

由于军机处职掌要政，为避免大权旁落，雍、乾两朝从未出现亲王担任军机大臣的情形。嘉庆四年正月，高宗驾崩后五天，和珅下狱，就在同一天，仁宗命成亲王永瑆在军机处行走，开了亲王任军机大臣的先河。但这一任命只维持了短短几个月，同年十月，仁宗就谕示内阁：

> 本朝自设立军机处以来，向无诸王在军机处行走。正月初间，因军机处事务较繁，是以暂令成亲王永瑆入直办事。但究与国家定制未符，成亲王永瑆著不必在军机处行走。

临危受命的军机大臣奕訢要处理的第一件大事，就是协调胜保和僧格林沁两支大军拱卫京城。

胜保为道光二十年举人，在顺天府任职。太平军进犯武昌时，胜保呈报办贼方略受到赏识，后领命率兵支援湖北、安徽。到南京时城已被攻陷，胜保驻兵江浦，以候补四品京堂擢升为内阁学士，兼礼部侍郎衔，帮办江北军务。胜保在浦口、扬州连克敌军后，带兵追剿由林凤祥、李开芳率领的太平军北伐部队。

咸丰三年七月，胜保会诸军大破太平军，解怀庆之围，加都统衔，赐黄马褂。太平军窜至山西，连陷数县，诸军迁延，唯胜保率兵四千一路尾追，在平阳重挫敌军，授钦差大臣，并被赐神雀刀，此刀堪比尚方宝剑，凡贻误军情者，副将以下立斩。

这年九月，胜保因在直隶境内追贼不力，被降二级。文宗命皇五叔惠亲王绵愉为奉命大将军，坐镇京师，科尔沁郡王僧格林沁为参赞大臣，驻军涿州，直隶军务仍交由胜保负责。胜保原本以为消灭北伐军已是胜券在握，现在僧格林沁参与进来，那自己的军功将大打折扣。僧格林沁亦非甘为人后的等闲之辈，在道光朝就手握大权，历任御前大臣、八旗都统、领侍卫内大臣等职，还是宣宗所授的顾命大臣之一。如此一来，这两人之间相互掣肘就在所难免了。

面对这样一个棘手的局面，20岁的奕訢甫一到任，便显示出了与他年龄不相符的成熟老到。奕訢深知，京畿安危系于胜保、僧格林沁两军之上，而胜负关键又在于两将是否能通力配合。

事实上，太平军目前能得以盘踞静海、独流二地直指天津，进而压迫京城，与两军配合不力大有干系。奕訢却对此只字不提，只要求二人"必须及早并力合围，悉数殄灭此股贼匪。若任其乘虚他窜，剿办更难得手。著僧格林沁即行严督官兵，扼要截剿，与胜保等四面兜击。此时事势吃紧，不可有一处稍松"。

奕訢清楚太平军"分踞静海独流二处，意欲分我兵力"的意图，安排胜保前路进剿，僧格林沁后路防守，以求四面合攻，一鼓歼除。为保证进攻效果，他把僧格林沁所属近二千官兵划归胜保调拨。

奕訢不可能不清楚二将各怀心事，接下来他要处理的就是这二人之间的矛盾。胜保见划拨的兵将迟迟未到大营，便上奏催促，其间免不了编派僧格林沁的不是，"军营宜和衷共济"云云。奕訢先是肯定胜保"所见极是"，然后给胜保施以全权，让他放手去分拨催调，"倘有不遵调度，致失期会者，该大臣一面奏闻，一面即以军法从事"。

而对僧格林沁，奕訢表示明白他"专为屏障京师、酌留兵将"的良苦用心，继而告诫他"此时自以速殄逆匪为要，若前路进剿得手，则后路防守自可无虞"，并且说"汝必能见到及此"，希望他"总以国事为重，断不致稍有龃龉"。最后安慰他说朝廷素知其忠忱，胜保虽有言"不能与伊和衷"，但朝廷"知汝之心无他也"。

在奕訢的尽力调和之下，二将在围剿战中即使不能同声共气，但也不至于延误军机、影响大局，尽管如此，奕訢还是会时时提醒他们，要随时知照，相机接应。在重要的战事中，奕訢更会给出明确的指示，以免有失。如胜保拟攻静海之时，他因担心两军声息不通，以致独流之贼乘虚窜出，便明令僧格林沁所部移营前进。

胜保和僧格林沁两军一进剿一防守，自然是胜保军更有机会立功受赏，其士气也更为高涨。因此，对僧格林沁，奕訢更会适时请旨加以褒奖，而且时时照顾到其所统官兵的情绪："现值天气严寒，念该大臣在军营中辛劳备至。且闻其抚循士卒，尤能甘苦与共。殊堪嘉尚。"并发去御用貂冠、黑狐马褂等物，以昭恩眷。

为保合围功成，高祖可谓想尽百计千方，而且他对人心揣摩之透彻，更是令人望尘莫及。想我在 20 岁的时候，根本不明白别人心里想的是什么，所谓的弦外之音一概不懂。等我多活了 20 多年，终于能大概明白别人想要表达的真实意图了，但要清楚他们心中所思所想，对我来说还是一件很费力的差使。您说作为后人，我和他老人家的差别怎么就那么大呢？

"这样大族人家，若从外头杀来，一时是杀不死的，这是古人曾说的'百足之虫，死而不僵'，必须先从家里自杀自灭起来，才能一败涂地！"

这是《红楼梦》里，凤姐儿带人抄检大观园时，探春说过的一段话。读历史经常会让人产生无奈的感觉，有时甚至会觉得无趣。小说中的描写就有意味得多，三姑娘在说这段话时，"不觉流下泪来"，因为她从大观园的现在，已经看到了它的将来。

探春如此说法，并非她有着预言家的本领，而是因为有"历史"这个东西的存在，她对人性有着如此"深刻"的认识，只不过因为自诩为宇宙中最复杂最高等生物的人类，其本性实际上简单得可怕，也正因如此，人类这几千年的历史才会再三再四不断重复，让我们既感无奈，复感无趣。

这么看来，咸丰六年（公元 1856 年）八月，发生在天京的"王杀王"就一点也不让人感到诧异了。先是北王韦昌辉，或由天王指使，或是不甘居下，率兵攻入东王杨秀清府邸，把东王及其五十几个姬妾、两千余名属下斩尽杀绝。

随后天王洪秀全颁布诏书怒斥北王，将其锁拿后施以酷刑，并请东王一党来到现场，目睹正义得张，等他们到天王府外院，却成了瓮中之鳖，被天王、北王设下的伏兵一网打尽。

等翼王石达开从西征战地湖北赶回，针对东王余孽的杀戮已经持续了好几个月，而他对北王的当面斥责使他也成为被清洗的对象。得到消息的翼王匆忙逃离天京，但他的妻子随从却无一逃出生天，尽数命赴黄泉。怒不可遏的石达开召集军队重返天京，刚刚兵临城下的翼王就收到了天王派人送来的北王人头。几个月后，翼王石达开返而复去，从此再未踏足天京。

石达开只说他想继续西征，从未道出他出走天京的真正原因。天京变乱后，忠王李秀成成为翼王离去后帮天王力撑危局的主要首领之一。李秀成在同治三年（公元 1864 年）收复天京的战役中被俘，后自书供词 4 万余字，据他所述："翼王回京，合朝同举翼王机理政务，众人欢悦，主有不乐之心，专用安福两王。安王即是王长兄洪仁发，福王即次兄洪仁达，主用二人，朝中之人，甚不欢悦。"

在这之后，洪秀全还撑了 8 年之久，他的太平天国的旗号从咸丰元年一直打到同治三年，他的王座比起文宗的皇位来还多坐了三年。个中缘由，除了此时大清国力衰败、叛乱频起以及外敌环伺之外，紫禁城里的兄弟阋墙也可以算上一个，这里的"自杀自灭"虽然是毫无血光，也不至于就此"一败涂地"，但它的影响却是不可忽视的。

咸丰五年四月十八日，太平天国北伐军在冯官屯被全数歼灭。解除京城危机后，文宗激赏奕訢"赞襄军务，夙夜勤劳，著交宗人府从优议叙"。三个月又三天之后，七月二十一日，另一道突如其来的朱谕砸在了奕訢身上：

> 恭亲王奕訢于一切礼仪，多有疏略之处。著毋庸在军机大臣上行走。宗人府宗令、正黄旗满洲都统，均著开缺。并毋庸恭理丧仪事务，管理三库事务。仍在内廷行走，上书房读书，管理中正殿等处事务。俾自知敬慎，勿再蹈愆尤，以副朕成全之至意。

究竟奕訢于何种"礼仪"、怎么"疏略"，又如何不知"敬慎"、铸下何等"愆尤"，才会让文宗如此"成全"呢？

太平军与清军水上作战

七月初一，文宗为康慈皇贵太妃上尊号为康慈皇太后，并亲诣寿康宫行礼。朱谕中说："朕维礼缘于义，首重慈闱之尊养。孝本乎诚，宜崇母范之鸿称。钦惟康慈皇贵太妃，侍奉皇考廿余年，徽柔素著，抚育朕躬十五载，恩恤优加。虽懿德撝谦，而孝忱难罄。今谨上尊号为康慈皇太后。福履无疆，长承爱日之暄，寿考有征，永协亿龄之庆。"

七月初九，康慈皇太后崩，文宗"哀恸号呼，摘冠缨易素服，诣灵驾前奠酒"，举哀时更是"哀恸深至，哭无停声"。皇太后梓宫停灵慈宁宫期间，文宗每日三次诣大行皇太后几筵前，卯刻，行朝奠礼；午刻，行午奠礼；申刻，行夕奠礼。而且"每值供奠行礼，哭必尽哀"。二十一日后，奉移大行皇太后梓宫于绮春园，文宗也居住圆明园办事，"以便恭奠几筵，用伸哀慕"。读到这里，很难让人不为文宗的至礼至义、至孝至诚所感动。

礼孝是文宗得大位的终极武器，自然也成为他为君的醒目标志。所以，他以疏略礼仪作为将奕䜣逐出军机的理由，倒也无可厚非。当然，这还是会给人小题大做、本末倒置的感觉，毕竟目前仅仅解除了京畿之危，太平军的主力仍在南京和长江一线，除此之外，捻军等各地叛乱此起彼伏，朝廷面临多线作战的极大压力，国家财政由于庞大的军费开支与高企的通货膨胀等诸多因素也到了崩溃的边缘。与此同时，英、法、美提出了重新修约的要求，为了提高自己的音量，他们的战舰已经在上海一带虎视眈眈。

面对如此情势，如有奕訢坐镇军机，辅佐文宗治理乱局，除了"众人欢悦"，恐怕这更是宣宗一匣双谕的苦心之所在。历史从不接受假设，但读历史的人总忍不住要在脑海中畅想一番。我们不必假想奕訢当上皇帝大清是什么样，只需从他领任军机这不到两年时间里，指挥歼灭太平军北伐部队、重用汉臣曾国藩出湘平叛、力图重振国家币制等作为中，可以合理推论，如果文宗能继续给予奕訢机会，让他勾画出完整的宏图并加以实施，整个国家以及文宗自己的命运都会变得完全不同，关于这一点，在这几百个君臣兄弟俩几乎可以说是朝夕相处的日子里，文宗也应该能看出来的。那么，"众人欢悦"之下，文宗的"不乐之心"是不是让人不可理喻呢？

说了这么多，我们再回到刚才的问题，就会觉得更不可思议的是，奕訢"于一切礼仪，多有疏略之处"竟是发生在他恭理亲生母亲康慈皇太后丧仪之时！您确定不是开玩笑？君无戏言啊！

这就是历史有趣的那一部分了。很多偏偏发生过的事情，还是会让人产生一种"这绝不可能发生"的奇异感受。这件绝不可能发生却偏偏发生过的事究竟是怎么发生的呢？让我们回到文宗那道为康慈皇太后谨上尊号的情真意切的朱谕上来，按现在通行的说法，它是导致奕訢被贬出军机的根本原因。我们先来读一个故事：

一天，文宗前往皇太妃寝宫问安，碰上刚探病出来的奕訢。文宗问道："额娘病势如何？"奕訢忙跪下抽泣着答道："已笃！意似等待晋封号方能瞑目。""哦！哦！"文宗边答应着边走进室内。奕訢听罢，立即赶至军机处，传达咸丰帝"旨意"。礼部依礼制具奏请尊封皇贵太妃为康慈皇太后。咸丰帝发觉自己随意"哦"的两声，竟被奕訢当作允准之意了，但又不好驳回，只好批准。

这个故事还有其他版本，不过都大同小异，因为它们都脱胎于王闿运的《祺祥故事》中的一段内容：又一日，上问安入，遇恭王自内而出，上问病如何？王跪泣言："已笃！"意待封号以瞑。上但曰："哦！哦！"王至军机，遂传旨令具册礼。所司以礼请，上不肯却奏，依而上尊号。

比起正史来，野史中的故事自然要生动许多。特别是"哦哦"二字颇为传神，"王顾左右而言他"的形象跃然纸上。不过按照这个说法，这道朱谕就是不折不扣的矫旨了。《祺祥故事》中这个故事的结尾是这样的：遂愠王，令出军机，入上书房，而减杀太后丧仪，皆称遗诏减损之。自此远王同诸王矣！

所以这就是野史被称为"野"史的原因。假传圣旨是何等大逆不道之罪，怎么可能轻飘飘地夺去几个职位就能了事？

"减杀丧仪"云云倒确是实情，但联想到咸丰朝国库早已入不敷出，当年奕訢分府时，连铸造金宝的黄金都要文宗亲自协调解决，所以丧仪减损还真可能是无奈之举，并非假托皇太后遗诏而故意为之。至于"远王同诸王"一说，是否真实可信呢？

另外有一个关于文宗和五弟奕誴的记载，同样也是不可能见于正史的："尝论事御前，语杂市井。帝以茶盂掷之，伤其颧。"很多人把它当成"惇郡王奕誴，著降为贝勒、革去一切差使"的原因。这个原因同样很市井，我们可以不予采信，但奕誴"屡以失礼获谴"却是实情，并有多次"交宗人府议处"的记录。

文宗因为"失礼"之罪，对奕誴是降其爵、革其职，而对奕訢只是以罢去军机作为最大惩戒，足见他并未将奕訢与诸王一视同仁。文宗最终手下留情，还是不得不念及宣宗遗诏，更重要的是，大清国当此多事之秋，正是用人之际，文宗还是要给自己留有余地。

其实，我们好像也不能苛责小说家的故事太过离奇（《祺祥故事》中还有一则"皇贵太妃病中错认奕訢为奕訢，奕訢心生芥蒂怀愤恨"的故事），实在是因为文宗给出的理由太过离奇，让他们只能敷衍出更为离奇的故事。既然野史不可置信，正史又不予记述，我只能自己来猜测一下文宗罢黜高祖的真实原因。

文宗无论是出于维护自身仁孝形象，还是确实心怀感佩，给奕訢的生母、自己的养母上一个皇太后的尊号，应该都是出于文宗自己的主观意愿。换言之，我并不认可所谓"矫旨"的说法。有些人说高祖是"性情中人，蔑视礼制"，确实，故老相传高祖在很多场合为人随和，不摆王爷架子，但这并不等同于对礼制的蔑视，相反，礼法是渗入他骨髓中的东西，也渗入了我们整个家族的血液。性情中人的说法也许不假，但我更觉得高祖是属于"大胆做事，小心做人"的那一类，很多时候我认为他小心得都过了头，不然不会留下"一生为奴"这个让我一想起就心痛的称呼。这样的人会去逾制、去矫旨吗？

或许我也可以尝试一下用反证法。假设高祖真是矫旨为母上尊号，那么根据文宗处置结果我们可以得出结论，他对高祖是知人善任、用人不疑的，也就是说文宗对高祖的矫旨都能容忍，那么对他的信任一定是到了无以复加的地步，而这与文宗后来的言行存在明显的矛盾。因此，高祖矫旨的假设是不成立的。证毕。

我猜测原因只有两个字：忌惮。

写到这里，儿子到电脑前张望，我让他念出前面的这些字。他能认出这句话前十个字，读到对他来说很陌生的这两个汉字时，他停了下来，我告诉他它们的发音，他若有所思地点点头说："我好像知道它们的意思。"我看着他，有些不相信，因为我很确认7岁的他并没有机会看到或听到这个词。他并没有理会我，自顾自地跑开了。

然后就听到他大喊："给天祖敬的烟灭啦！"我们家每天会给高祖上三炷香，有时候还会给他老人家敬上一支香烟，因为知道您好这一口，我看过有紫禁城的侍卫回忆说，您去值房的时候还会把洋烟分给他们抽。以前敬的烟您都会享用完毕的，所以儿子说完我还不信，跑过去一看，真的只抽了一半，已经灭了。

我自认并非无欲无求之人，也不敢说有宗教信仰，但对于有信仰的人，是一向持敬畏态度的，对超出人类现有认知的说法，也和很多人一样通常怀有"宁信其有，不信其无"的想法。香烟熄灭当然存在很多可能的原因，现在的我把其视为是高祖吩咐我"不可说"！

这本书翻到这里，您也许会发现我其实是非常感性的一个人。听一个感性的人说历史，一般有两种可能，一种是觉得还有些意味，一种是觉得充斥着主观臆断。我当然希望您的感觉是前者，不过也不否认其中判断的主观（臆断还是我想要避免的），如果您在我的公众号、微博或其他媒体上看到过与此书里不同的看法，就会知道，这些主观意见也会随着自己经验或经历的变化而改变。

言归正传。既然"兄弟阋于墙"的事不必多讲，那就该说到"外御其侮"了。奕訢重回上书房读书，先是借吟诗作赋排遣心中郁郁，编得诗集数本，后又撰写大量经史论文，把自己修身、治国的理念注入其中，后以《乐道堂文钞》为名集结刊印。他的诗赋论文得到翰林学士们的高度赞赏，有人以"建安才不数陈思，卓尔河间今见之"将其比作陈思王曹植、河间相张衡，更有人将其喻为辅佐成王的周公。

可以想见，奕訢被遣回上书房，这些昔日的师傅、今时的僚友们以曹植、周公比之，其中暗托的同情与寄予的期冀当是不言自明的。当然，奕訢与他们在一起时，远不止于赋诗作论，复杂混乱的朝政时局必在讨论之列。

在奕訢心中，英、法、美等夷仍是最大的威胁。咸丰四年，他尚在军机处时，拒绝了三国"变通成约"的要求。虽然彼时与列强未兵戎相见，但其真实原因并非三国知难而退，而是英、法两国与俄国在欧洲的克里米亚战争牵扯了他们的主要精力。

咸丰八年（公元1858年）的形势早已大变，奕詝、奕訢兄弟显然都能清楚地认识到这一点，之前的不愉快必须放到一边。两个新生命的到来加速缝合了曾有的嫌隙。两年前，文宗的懿嫔叶赫那拉氏为他生下了皇子载淳，大喜之下他也希望自己的兄弟后继有人（高祖的第一个孩子是个女孩），为奕訢请了神卦，并以卦象为其赐字"祥开朱邸庆多男"。这一年八月初四（公元1858年9月10日），25岁的高祖再为人父，喜获麟儿，文宗赐名载澂。

新生命的诞生兴许能稍稍冲淡兄弟俩心中的愁云。无论为国为家，都需要他们再次协力，再次共御外侮。

又见条约——列强环伺俄收渔利

　　咸丰八年，环伺的列强，除了英、法、美三国不远万里而来，想继续打开贸易通路之外，中国在北方的恶邻，那头狡猾且凶残的北极熊，早已按捺不住地想伸出它的利爪。

　　英法联军在欧洲战场取得对俄战争的胜利后，把他们的注意力放回到中国。说起来英国人在中国也有一肚子委屈。自从他们发现没有能力把大一统的中国像印度那样变成自己的殖民地以后，就一门心思只想和中国做生意，因为他们来到中国之前，做梦都没想过这个世界上居然还会有这么大的一个市场，这时候的他们无比兴奋。

　　然而，中英两个国家巨大的文化冲突，使得各自都坚信，对方是天底下最不讲道理的野蛮人。事情到了这一步，也就没有道理可讲了，剩下的就是比力气，于是就有了那场以鸦片为名的战争。英国人赢得了这场角力，也拿到自己想要的条约，心想现在终于可以和中国愉快地玩耍了，但他们又没想到的是，结果是他们被中国耍了。他们发现，以前不让随便进的广州城，被条约明文划定为通商口岸后，反而进不去了。100年后，英国人听到德国人说"所谓条约只不过是一张废纸"的时候，一定会想起来，其实中国人早就给自己上过这一课了。

英国人在当时却很不开心。大清政府经过调查发现，不让英国人进城的是被一小撮别有用心的人煽动的不明真相的群众，只要给一点点时间，比如说两年，政府是一定会摆平这些群众的。不过实际上，大清政府显然尝到了发动群众、利用群众的甜头，激起群众的排外情绪来阻止自己本就不想执行的条约，应该是一波很划算的操作。

咸丰六年底，在香港注册的商船"亚罗号"停泊广州时，官府以缉盗为名抓捕了船上的12名中国水手。这一事件让英国人的"委屈"最终变成了恼怒，他们决定用拳头来保卫用拳头赢来的条约。英国首相巴麦尊以"亚罗号事件"为由寻求再次对中国使用武力，他的决策在上议院以微弱优势通过，但遭到下议院的否决，我们还记得鸦片战争前，反对党的反战提案以微弱劣势被否而未能阻止战争的爆发，而这一次，终于轮到"道德"力量胜出了。

不过，在与政治的对垒中，道德通常是落败的那一方。英国首相巴麦尊应该是《君主论》作者马基雅维里的拥趸之一，更是其名言"只要目的正确，可以不择手段"的践行者之一。他在决策被拒后宣布解散下院，重新选举后使其顺利通过。额尔金（原名为詹姆斯·布鲁斯，额尔金本是一个封号，后被当作其名称之），这个前加拿大总督被巴麦尊任命为英国特使派往中国。

法国人盘算的又是另外一本账。与充满着贸易激情的英国人相比，他们的热忱更多地体现在天主教的传教事业上。法国人的愤怒来自一名叫马赖的神父被广西西林官府处死，这一被称为"西林教案"的事件归根结底也是与条约有关的。

《中法黄埔条约》第二十三款规定，法国人（条约中译作佛兰西人）只被允许在五口地方自由活动，"佛兰西无论何人，如有犯此例禁，或越界，或远入内地，听凭中国官查拿"，所以马赖深入到广西西林，很显然违约在先，理应听凭中国官府处置。

1856 年英国画家绘制的战争宣传画，
标题为"中国官员扯下了亚罗号的英国国旗"

但是法兰西人发现了这一条款后面还有一个"但"："但应解送近口佛兰西领事官收管；中国官民均不得殴打、伤害、虐待所获佛兰西人，以伤两国和好。"

此时的法国由路易·波拿巴（即拿破仑三世）当政，他当选法兰西第二共和国总统后，恢复帝制，当起了法兰西第二帝国的皇帝。路易·波拿巴是拿破仑的侄子，他这一套肯定是跟拿破仑学的。拿破仑也是一个喜欢当皇帝不喜欢当总统的主儿，把第一共和国改成了第一帝国。

不过，路易·波拿巴一定没有听过他伯父的这句话：中国是一头沉睡在东方的狮子。他因"马赖神父事件"交涉未果，决定借此在东方立威，派出舰队和英国联手，用武力要求大清政府重新修约。法国派出的全权代表是葛罗。

美国当然也渴望通过修订条约获得更多的保障，同时扩大在中国的商业机会。但是美国又希望能继续保持在对华战略中的中立政策，因此拒绝了在华全权公使提出的与英、法联合对华作战的建议，并派出列卫廉接替这一职位。列卫廉到任后向大清政府表明，美国对中国没有领土企图，也不准备干涉中国的内政；美国支持英、法修约的请求，但没有军事行动的打算，而且可以在中国和英、法之间进行斡旋。

俄国派出的代表是普提雅廷，在他身上毫无保留地体现出了这个民族贪婪成性的本质。正是这一本质，使得一个地处东欧的小公国，变成了横跨欧洲、亚洲、美洲（后来阿拉斯加被卖给了美国）的世界第一大国。

在16世纪至17世纪，即中国的万历到崇祯年间，俄国用了大约60年时间把超过1000万平方公里的西伯利亚纳入了自己的版图，在此期间，并未与中国发生接触。1644年，正是世祖在北京登基那一年，俄国人把手伸进了黑龙江。从顺治到康熙年前半期，俄国人一直没有停止过对中国的侵扰。

康熙二十八年（公元1689年），圣祖决定彻底解决中俄边境问题。圣祖的根本目的在于划定两国边界，他做了充分军事准备，配合以外交手段，最终与俄国签订了《尼布楚条约》。这一条约既划定了中国希望的边界，又给予了俄国想要的通商便利，双方各取所需，因而得以实行，为中俄边境带来了一个半世纪的安宁。

道光年间，俄国是尼古拉一世在位，他在近东、中亚和东亚三个方向同时展开疯狂的扩张。咸丰初年，在垂涎了100多年后，俄国人开始实施他们早就准备好的侵略黑龙江的计划。因受太平天国牵制，清政府根本无力对俄用兵。加上俄国人近年来多给中国灌输的"英国是中国的大敌，俄国是中国的挚友"，文宗无奈之余，总抱有可以和俄国用外交方式解决问题的幻想。

俄国人也非常重视外交，但是他们的外交称为手段或方式好像都不太合适，我觉得用伎俩更恰当。利用中英之间的矛盾并乘人之危就是外交伎俩的出色运用。

克里米亚战争又被称作第九次俄土战争。尼古拉一世本来想联合英国维多利亚女王瓜分土耳其，因担心俄国对整个欧洲威胁，结果是女王联合了拿破仑三世，成了英法联军对俄国作战。战争还没结束，尼古拉一世就去世了，继位者是他的儿子，即被视为俄国近代化先驱的亚历山大二世。

克里米亚战争期间，俄国已经完成了在黑龙江下游军事力量的布置，战败后更加快了在这里殖民步伐。在英、法加紧准备对华军事行动的时候，俄国开始了它的外交活动。

俄国先是对美国示意，为对抗英国在中国的扩张，俄国必须占有黑龙江流域，不过保证会对美开放；和英国交涉时，俄国表示会和他们合作；然后俄国人修书北京，说英、法将进犯天津，为了中俄友谊，将协助中国商办；后来普提雅廷与英、法、美三使在香港会商时，对美使说他可以调解修约之事，对英法两使则说，必须对中国施加压力，最好是派舰队去天津海口。

俄国人史诗级的外交表演极富成效，咸丰八年四月十六日（公元 1858 年 5 月 28 日），英法联军占领天津大沽口炮台的时候，他们就通过威逼利诱得到了《瑗珲条约》（两年后正式生效），把黑龙江 60 万平方公里的土地收入囊中，这超过了法国版图的大小。

英国政治家寇松说："以如此轻松而狡诈的手段夺取如此多肥沃的土地，实为举世罕见。"中国外交家蒋廷黻也曾说："俄国从中国得着这大的领土不但未费一颗子弹，而从始至终口口声声说'俄国是中国唯一的朋友'，俄国友谊的代价不能不算高了！"

在天津，我们这位举世罕见的好朋友也没有落下他们应得的利益。代表清廷与英、法、美、俄四国谈判的是大学士桂良和尚书花沙纳，他们最先谈定的是与俄国的条约，普提雅廷再一次用最省力的方式轻易达成了愿望，因为他答应一旦签约，可以帮中国向英法说和。便宜占了以后，有没有说和我们就不得而知了，反正在后面的谈判中英国人和法国人没有做出任何的让步。

在炮口下与四国签订的《天津条约》中，除了对英国和法国分别给予了 400 万和 200 万两白银赔款外，其余条款最重要的是互派驻使、长江通商、内地游历、最惠国待遇、领事裁判权、协定关税、保护传教等内容。在文宗看来，前面三条尤其是第一条互派使节是最难接受的。

这一条款规定："英国自主之邦与中国平等，大英钦差大臣作为代国秉权大员，觐大清皇上时，遇有碍于国体之礼，是不可行。惟大英君主每有派员前往泰西各与国拜国主之礼，亦拜大清皇上，以昭划一肃敬。"即是说英国使节觐见大清皇上时，只能用西方国家的方式。因有马戛尔尼前车之鉴，是以英国将此内容写入条约。

而文宗所担心也正在于此，他不能让祖宗坚持的礼法毁在自己手上，这样更会毁了自己的仁孝之名。蒋廷黻先生总结咸丰年间中国败局的三个原因时，说第一是太平天国的内乱，第二就是外交政策的荒谬：争所不必争，而必争者反不争，第三则是中华民族在世界诸民族的竞争中落伍了。

第一和第三条自不必说，至于第二条，当然也十分明显，放下领事裁判权、协定关税这些事关主权的必争之大事不争，赔款数百万两白银也不争，反而争觐见礼仪这等不必争之小节，这种舍本逐末的做法确实让人感到荒谬，但这似乎并不是咸丰年间才特有的现象，也并不是只有文宗才如此守"礼"。

在中国文化中，礼是对社会秩序一种严格的规范，《左传》中说："礼，上下之纪，天地之经纬也，民之所以生也。"礼是天地法则在人类社会的体现，所谓"礼以顺天，天之道也"。礼也是文明与野蛮的界标，古人以礼分夷夏，即"中国有礼仪之大故称夏，有服章之美谓之华"。我们经常听到的礼法，其实是礼与法，而且在"礼法并施"一说中，礼是高于法的，法以礼为原则。从这个意义上来讲，礼是中国古代的根本大法，其地位与现代国家的宪法相若。

连最革命的太平天国，这个极其厌恶儒教的反对者，最后也只能从中汲取营养，其官制兵制皆仿《周礼》而制，实在是因为它对中国文化的影响力太大了。《资治通鉴》中还说："天子之职，莫大于礼。"所以，我们要求文宗不必争"礼"，要求他视之为末节，实现是强人所难了。从另一个角度说，文宗当时除了礼也没有其他东西可守了，守也守不住了。这确实是一个让人悲哀的事实。

如果说中国用"礼"来体现天道、来规范社会秩序的话，那西方是用"约"来定义神和人关系，并进一步约束社会关系。契约精神与商业文明本是相辅相成的，在中国这样一个重农抑商、小农经济占支配地位数千年的社会中，距离高度发达的商业文明还有太长的路要走。

另一方面，从那个让孔子痛心疾首的礼崩乐坏的时代开始，我们对成功就只有一种极为狭隘的理解。成者为王，败者为寇，为了成功可以不择任何手段。要等敌人过河之后才开战的宋襄公被当作蠢猪嘲笑至今，而以下马对上马赢得比赛的田忌则被认为是智慧的象征。

桂良在与英国人的谈判过程中认识到，如若不同意互派使节等各款，对方定不会善罢甘休，少不得兵祸连连，因此他对文宗说，可以先签条约，但是"此时英、法两国和约，万不可作为真凭实据，不过假此数纸，暂且退却海口兵船"，这是缓兵之计；"将来倘欲背盟弃好，只需将奴才等治以办理不善之罪，即可作为废纸"。此乃三十六计之李代桃僵。文宗深以为然。

咸丰八年，不管是《瑷珲条约》还是《天津条约》，它们签订无一不是在救眼前之急，其他则统统顾及不到了。但该来的终究会来。四国《天津条约》中，均规定有一年时间留待各国君主批准条文，并约定一年后到北京交换御笔签章过的条约。

无论中国方面想出什么招数，都未能阻止英、法等国依约前来换约的步伐。文宗是绝对不愿意和他们见面的，指示僧格林沁在大沽口严阵以待。英法联军决定以武力闯过大沽口，也许是上一年他们在这里取得的胜利太过轻松，使他们没把清兵放在眼里，又或者是他们根本没做好再打一仗的准备，这一次大沽口之战，英法联军损失惨重。

大清除了在军事上取得胜利，在外交上也有"重大"收获。美国此时的全权公使是华若翰，他完全遵照中国的要求，包括不得坐轿摆队、不得携带军械、随从不超十名等，在清军的护送下由天津到了北京。最后一段路程，由于实在受不了马车的颠簸，他不得不徒步前行。不过，由于无法在见面礼仪上达成一致，美国公使华若翰终究还是没有能见到中国的皇帝。最让文宗欣慰的一点是，华若翰并没有像无理的英国人那样坚持，中美双方最终在天津完成了换约。

咸丰九年的这两场胜利，暂时解除了文宗心底的担忧，他终于不用和这些外国人面对面了，而且，如果英法也能学习美国公使的换约方式，那就真的一劳永逸地解决了这个天大的问题。

清文宗咸丰帝

孤掌难鸣——兵临城下文宗北狩

《天津条约》诸条款，从文宗到朝臣中的大部分人都对公使驻京怀有最强烈的反感，认为这会极大地损害天朝上国的体面。但奕訢的反对早就抛开了这些空洞的尊严，他考虑得更多的是关税、漕运这些事关实际利益的内容。

不过，此时的奕訢早已不是掌握军政大权的领袖军机了，他现在的职位是内大臣，这只是在领侍卫内大臣之下的一名亲军统领，他的声音也很难再左右到朝局了。现在文宗身边受重用的近臣是怡亲王载垣、郑亲王端华及其兄弟肃顺。奕訢的一首五言律诗以《读屈原传》为名，很能表达他当下的感受。其首颔两联为：

> 牢落天涯客，伤哉志未伸。
> 独醒空感世，直道不容身。

咸丰九年（公元 1859 年）中元节，恭亲王奕訢在去慕陵祭拜宣宗途中，路经涿州张飞庙时下马凭吊，随口吟出七律一首。这首诗的尾联是：

安得将军奋雄武，扫除氛祲奠皇州。

这时的朝堂之上，受到大沽口战役获胜的鼓舞，呈现出一派欢欣的气氛，而奕訢这首诗中流露出的情绪显得很不合时宜。虽然他主张对列强不能一味示弱，最好的战略是以战迫和，但一场战役的胜利是否就能收到迫和的效果呢？现在大清面对的是前所未见的敌人，如果他们卷土重来，以现有的战斗能力，又该如何与之抗衡呢？即便有张翼德这般的神武猛将，能有几分胜算在握？

奕訢的担忧无可避免地成了现实。大沽口意外惨败使英、法两国用武力解决问题的态度更加坚决。咸丰十年（公元 1860 年）夏天，英法联军派出更强大的远征军，这是一支由 200 余艘船只，近两万名士兵组成的部队。虽然遭到守军顽强抵抗，但这一次他们没有费太大力气就攻陷了大沽口炮台。

文宗内心的惊惶自不待言。他派出桂良前往天津展开谈判，在给桂良的指示中，仍一再坚持要英法效仿美国，如果要到北京，必须轻车简从；另外，他命僧格林沁加紧在通州布置兵力，并调胜保予以协助。但是，文宗心里应该非常之清楚，这次敌人来势如此之汹汹，恐怕难以说和；而通州这京城最后一道防线，恐怕也难以守住。事实上，他已经着手准备打着御驾亲征的旗号出走北京了。

在桂良到达天津准备再次谈判之前，这里已经被英法联军占领了。英法两国的特使仍然是额尔金和葛罗二人，额尔金派巴夏礼与桂良谈判。巴夏礼不仅否定了桂良所带来的全部建议，相反，要求桂良答应之前《天津条约》全部条款，以及新添加的增设天津为通商口岸和增添额外赔款等新内容，否则就领兵进京，根本不给他讨价还价的余地。无奈之下，桂良只好通通应承下来，然后上奏文宗。群臣极力反对之下，文宗将桂良的应承又加以全盘否定。巴夏礼见这个全权钦差大臣其实并无全权，拒绝和他继续谈判。

英法联军开始朝北京进兵。文宗安排载垣接替桂良的钦差大臣之职，前往通州与联军代表巴夏礼谈判。已经手足无措的文宗这次是真的给了载垣全权，授意他一切条文都可以答应，而且并没有把这种承诺当成徐图良策的缓兵之计。

然而，那把达摩克利斯之剑还是由一根儿马鬃拴着悬在文宗的头顶上，最让他忧虑的那个坎儿终究还是没能绕过去。尽管载垣在文宗授权下同意了英法要求的所有条款，但巴夏礼在随后提交的照会中，仍旧坚持换约时"须亲呈御览"。

两害相权取其轻。在条约和兵祸这两害之间，文宗选择了避免兵祸，屈从条约，但是接下来的选择又当如何呢？一方面，他谕令载垣，"如果夷酋能遵天朝礼节拜跪、呈递国书，自属可行。否即仍应援照咪夷来京，呈递国书办理"，他仍心存一丝侥幸，"如载垣等再加开导，该夷能悔悟不执前说"，因为英国等已经得到了想要的条约，"自不值因此决裂"；另一方面，文宗密令僧格林沁等严兵以待，也就是说，在兵祸和守住天朝威严之间，文宗的选择是后者。

擒贼先擒王，这是肃顺给文宗出的一条"妙计"。文宗一纸令下，巴夏礼及其随从人等束手就擒。这条计策本身没什么大问题，问题出在他们把巴夏礼这个翻译加谈判代表当成了贼王。

文宗得到通州的消息后，显然觉得已经手握胜券，他的下一道旨意透露出难以掩饰的兴奋："巴酋系该夷谋主，善于用兵。现在就获，夷心必乱，若更以民团截其后路，可望一鼓歼除。"

文宗更诏告天下，对内号召全国人民齐心协力，共抗外敌。这通谕令的开篇是"朕抚驭寰海，一视同仁。外洋诸国，互市通商，原所不禁。英吉利、佛兰西与中华和好有年，久无嫌隙"，当然，这两国的国名均加了口字旁，以表蔑视。接下来，文宗历数逆夷多年来如何包藏祸心，如何不可理喻，誓与敌寇决一死战："朕若再事含容，其何以对天下？现已严饬统兵大臣带领各路马步诸军，与之决战！"文宗要求近畿各州县地方士民，"或率领乡兵，齐心助战；或整饬团练，阻截路途"。

对外方面，文宗谕令各海口"一律闭关，绝其贸易"，其间也不忘安抚进贡国："其余恭顺各国，各安生理，毋相惊扰。"对侵略者也仍然给他们机会："经此次剀切明谕该夷傥能醒悟，悔罪输诚，所有从前通商各口，朕仍准其照常交易，以示宽大之仁。"当然，如果他们不珍惜这个机会，等待他们的只有死路一条："如尚执迷不悟，灭理横行，我将士民团等惟有尽力歼除。誓必全殄丑类，其毋后悔。将此通谕中外知之！"

为了国之尊严不惜一战，这似乎是一件值得称道的事情。犯我中华者，虽远必诛，何况现在已经是欺负到家门口了！但是，如果这是一场不自量力的必败之战，我们又应该如何去评价它呢？

这一幕对我们来说真的是太过熟悉了，它与20年前的场景何其相似，20年的时间，我们依旧停留在原地，打着同样的算盘，说着同样的狠话。这里有一个特别大的矛盾。中国有着世界上最早的记录历史的历史，也有着世界上最完整最连续的历史记录，即使前一个说法存疑，后者当是举世公认的。

然而，与此同时我们又是一个最善于忘却的国度。有时候我会想，善于忘却对我们这样一个文化绵延而又多灾多难的国家和民族来说，未尝不是一件好事。否则，太多的苦难势必会成为一个沉重的包袱。但是，容易忘却也意味着，明明有着无数可以为镜鉴、可以知兴替的丰富历史，偏偏做着的事在不断地重蹈覆辙、不停地老调重弹。

连续不断的中华文明本身就是一把双刃剑，它在我们面临危难的时候是一剂强心针，它提醒我们所有的内忧与外患都终将退却，所有的偏离都将得到纠正；它在我们身处盛世之时又是一服麻醉药，醺醺然忘乎所以，无法对自身有一个清醒的认识，它强大的纠偏能力会使得一切变革都困难重重。

20年时间，足以让一个人成长或者蜕变，但是对于一个拥有巨大惯性的国家而言，要产生彻底的改变似乎是困难了一些。高祖曾经说，要让中国有深刻的变革，需要一个甲子，也就是 60 年。我非常赞同他的这个说法，但这并不意味着这个甲子的前 20 年可以什么都不用做。只可惜 20 年前的枪炮声根本没有震动到紫禁城，反而被埋进了记忆深处，才有了 20 年后的兵临城下。

八里桥是通州到北京的必经之路，这里发生的战役不可谓不悲壮，大清将士用血肉之躯和弓箭长矛阻挡着敌军最新式的线膛枪和线膛炮，保卫着他们身后的北京城，寸步不退。他们的视死如归并不能赢得战争，但他们却赢得了来自对手的尊重："光荣应该属于这些好斗之士，确是应该属于他们！没有恐惧，也不出怨言，他们甘愿为了大家的安全而慷慨地洒下自己的鲜血。这种牺牲精神在所有的民族那里都被看作伟大的、尊贵的和杰出的！"

永通桥（八里桥）

八里桥战役发生在咸丰十年八月初七，而此前通州失利的消息已经传到了紫禁城。几天之前，文宗还充满激情地动员全国军民，当僧格林沁和胜保的军队退守八里桥之后，他只希望他们能多拖住一会儿英法联军，因为现在的他只有一条计策可以用了，那就是"走为上"。文宗在发给僧格林沁的谕令中说，他心知"抚局难成"，不过仍旧要求僧格林沁"严阵以待，堵其北犯。务须阻遏凶锋，以顾大局"。当然，他此时口中所说的大局，自然就是保证自己走得安稳了。

八月初七这一天也是祭祀社稷的日子，文宗遣恭亲王奕訢恭代行礼。同一天，文宗授奕訢为钦差便宜行事全权大臣，督办和局。第二天八月初八，文宗在圆明园召见了绵愉、奕誴、奕訢等一班亲王贵胄之后，就以"秋狝木兰"之名从这里启銮出京了。为了让这场猎打得漂亮，他把原计划赴援通州的吉林、黑龙江兵丁调过来保障圣驾安全。

奕訢在送别文宗之后，并没有意识到，那其实是他们兄弟俩的最后一次见面。这场秋猎，文宗用去了整个四季，他也在"猎场"走完了人生的最后一段路程。

独撑危局——舞台之上聚光灯前

有很多人都说，这次奕訢于危机之中重获起用，于国而言是危难，于己来说则是机遇，这是重新走上政治舞台，是历史的机缘，留守北京独撑大局，对他来说其实是一大幸事，使他终于有机会施展自己的才能和抱负。

这是一个我们大多数人都同意的一个说法。不过，我也相信，高祖在接到任务的时候并不会有太多重见天日的喜悦，更多的是不知所措。令高祖踌躇的是，面对眼下的局面，他满腹经世济国的才学似乎全无用武之地。当然，对文宗撇下自己他应该还是有些想法的，就算不至于心怀不满，心底也会觉得文宗做法欠妥，但无论是从国还是从家的角度来看，他都会尊重文宗的决定。

文宗在"北狩"前一天，曾有一道明旨，其中说："僧格林沁等即宣示夷人，令其停兵待抚。恭亲王奕訢未便与夷人相见，候其派委议抚之人。"读到这些，估计恭亲王会哭笑不得。

"令其停兵待抚"？难道文宗不清楚，如果英夷法夷真的如此听招呼，哪会有如今的局面？至于"未便与夷人相见"，也许是出自于文宗的仔细考量，于公，堂堂天朝皇上御弟亲王自不便抛头露面；于私，己所不欲勿施于人，奕訢再怎么说也是自己兄弟，怎能与蛮横无理的外夷相处。但是如果奕訢也像自己一样对外夷避而不见，他们岂肯善罢甘休？不知道文宗有没有考虑过这一点，如果考虑到了，他应该也不会再坚持了吧。

无论有多少惶恐和不安，恭亲王奕訢都没有卸载他认为自己应该承担的责任。奕訢小心翼翼地收藏起内心的忐忑，以尽量坦然的姿态去面对自己的命运，面对这个国家的命运。就算这是被命运推着前行，也可以让自己走得更为自然一些。

京城的普通民众和奕訢相比，就没有这么丰富的内心戏了。他们早已经习惯了接受命运的安排，城头变换着大王旗，城门口来来往往着各种军队，尽可以当成西洋镜来看，不管谁坐庄，总不会让老百姓不过自己的日子吧。这也怪不到他们头上，底层百姓除非自己举起大王旗，否则他们的声音很难被高居庙堂之人听到。国家是比皇上更为遥远的一个概念，何必要去搞懂它呢？

这一回北京百姓们算是饱了"眼福"了，他们并没有按他们的皇帝设想的那样组建民团，来阻挡这些入侵者，反而是拖家带口有滋有味儿看着热闹，这真是他们从没见过的西洋景儿。一水儿的西洋士兵，身着红色制服，顶着白色头盔，扛着油亮的火器，在手持西洋乐器的军乐队引导下，组成炮兵方阵、步兵方阵、军官方阵，浩浩荡荡地开进安定门。

英军司令格兰特骑着高头大马，英国全权特使额尔金则别出心裁地坐着十六抬大轿，他的这点心思果然没有白费，这为他吸引了最多的目光，《纽约时报》记者报道说，北京民众拥挤在街道两旁，都想看一眼轿中这个"伟大的野蛮人"。

咸丰十年九月十一日（公元 1860 年 10 月 24 日），这是北京城非常热闹的一天，也是奕訢最感凄冷的一天。这之前的一个来月，经历的挣扎与煎熬，只有他自己才清楚。文宗出逃前一天，才把奕訢推到前台，而此时的大清军队已在通州（八里桥）全线溃败，他先前以战迫和的主张显然已经失去了坚持的根基。

奕訢接手京城后，立即发现稳定这里的局势是当务之急。他安排文祥、宝鋆等放粮放银，以安抚已经大乱的军心民心，逐渐恢复京城秩序。另一个让奕訢头疼的问题就是巴夏礼，这个文宗下旨拘拿的敌军"首脑"成了他手上的一个烫手山芋。放不能放，把他当作谈判筹码不仅作用有限，而且只会给英方一个大肆用武的口实，以京城如今的军力，根本毫无抵挡之力。

这时候，圆明园的大火，给了奕訢当头一击，也让他彻底清醒过来，现在自己已经没有了选择的机会，唯有把英法拉回到谈判桌上，无论这个锅有多黑多沉，都只能自己背着，无论外夷有多么凶残可怖，都必须要去面对。如果再犹豫不决，不光是北京城生灵涂炭，祖宗的基业也极可能葬送在自己手中。"苟能以一死而安大局，亦复何所顾惜"，我想，这句话很完全地表明了高祖当时的心迹。

释放巴夏礼等擅自主张，虽然避免了京城陷入更大的浩劫，但也让奕訢心怀惴惴。在礼部衙门等待前来的英方代表时，他面无表情，除了对即将到来的签约心存隐忧之外，也许还在想着事后如何向皇兄请罪。

坐在大轿中的额尔金过足了瘾，他让大轿一直抬进礼部大门才下来，此时已经比双方商定的签约时间晚了几个小时。恭亲王强忍着不耐烦的情绪向额尔金拱手致意，而他只是略微欠身作为还礼，"这一定令可怜的恭亲王怒火中烧"，英军司令格兰特事后这样回忆。法国人的记载则是恭亲王"脸上带着一种厌恶的情绪"。

这应该算是中国领导人在真正意义上的国际政治舞台上，第一次的亮相，尽管是以这样一种屈辱的方式，尽管是被自己的兄弟或是被命运强推上来的，奕訢都在尽力扮演好这个角色。在短暂的慌乱过后，他就找到了应付之道，他尽力隐藏着内心的不安与不满，以平和的心态去履行自己的职责。即使是从未见过的镁光灯爆闪的那一下，捕捉到了恭亲王苍白的面孔掠过的一丝惊惶，他也能很快地恢复镇定。

侵华英军全权公使额尔金

圆明园遗址

这一点，连他的对手都能感受得到。如果说额尔金表面故作的傲慢无视是在表现他作为一个征服者的姿态，是想为自己的国家赢得更多的谈判优势，那么，从他的回忆录就可以看出来，在他的内心还是充满了对这位"中国王子"的敬意，恭亲王在巨大的压力面前，仍然保持了从容不迫的气度，让他印象深刻。

"尴尬的局面愈发衬托出恭亲王的尊贵与镇定"，这是日后成为京师大学堂（北京大学前身）总教习的美国人丁韪良的描述，他说，恭亲王"从未见过外国人，也没有显著的势力支持他，京师的御林军已经溃散，圆明园被洗劫，城市也已失陷"，然而"恭亲王没有表现出丝毫悲伤，毫不示弱，努力争取最有利的条款"。

第二天（10月25日），恭亲王与法国的谈判和签约要顺利得多，这部分得益于前一天的经历，当他从最初的慌乱中走出来之后，应付类似的局面就显得更为得心应手。另外，恭亲王也突然发现，西洋人虽非我族类，但毕竟是人，人心则可测，他之前所学所知并非一无是处，合纵连横、以夷制夷等策略大可派上用场。把经历变成经验，由已知推及未知，善学之人莫不如此，高祖可谓此中高手。

关注《北京条约》的不只是英国人和法国人，我们千万别忘了还有一个"老朋友"。和两年前名为说和、实为拱火的丑陋行径比起来，俄国人这次要收敛得多，但是这个趁火打劫的机会他们一定是不会放弃的。这一回，他们拿来的筹码是说服英法从北京撤军，他们赢得的奖赏是乌苏里江以东40万平方公里的土地。在老奸巨猾的俄国人面前，刚刚登场的恭亲王还是显得太没有经验了。后来，当他得知英法根本没有驻军北京的打算时，只有徒呼负负。经此一事，恭亲王视俄国为中国之大患。

文宗在接到恭亲王办理英法两国换约情形，并自请降罪议处的奏折后，也自喟叹："恭亲王办理抚局，本属不易，朕亦深谅苦衷。自请处分之处，著无庸议。"当然，奕訢办理所谓抚局过程和结果如何，都不是他最关心的问题，英法两国是否仍坚持亲递国书才是他最大的担忧："至换和约以后，夷兵退至津城，回銮后能否不至再有要求？照会中究未提及，亦须得有确据。"

签约 10 天后，额尔金带同巴夏礼等人谒见恭亲王奕訢，再次提出了向中国皇帝面交国书的请求，说这是"该国至诚美意，若不亲觐，难回本国复命"。奕訢虽然在国际外交上还是一个新手，但他已经很快掌握了必要的外交手腕，他用外交辞令委婉地拒绝了额尔金的请求。奕訢回复他说："以前经照会内业已言明，别无他仪并无因此兴兵之意，足见两国美意，原不在此。"在给文宗的奏折中，奕訢汇报说，"该酋亦无他词，或能即作罢论"，并且报告了英军撤出北京的日程安排。

奕訢的奏折显然无法令文宗心安，而文宗的朱批更是让奕訢心寒："二夷虽已换约，难保其明春必不反复。若不能将亲递国书一层消弭，祸将未艾。即或暂时允许作为罢论，回銮后自津至京要挟无已，朕惟汝等是问。此次夷务步步不得手，致令夷酋面见朕弟，已属不成事体。若复任其肆行无忌，我大清尚有人耶？"短短十数天之内，"办理抚局，本属不易""朕亦深谅苦衷"的理解变成了"此次夷务步步不得手""朕惟汝等是问"的训斥！我真想替高祖拟一个回折，内容只有这七个字：

"我大清尚有人耶！"

此时文宗对外夷的害怕已经无法用保守上国礼仪来解释了，在心理学家看来，这种恐惧应该是一种严重的病态反应。越到后来，他越是恐惧得毫无顾忌。十月初一，他接到了恭亲王等又一次吁请回銮的折子。之前他总是以各种理由推迟回京日期，比如就在这一天，他刚刚以天气渐届严寒为由决定暂缓回銮。几个时辰后，在接到恭亲王等人的折子后，他居然直接回复说："亲递国书一节，既未与该夷言明，难保不因朕回銮，再来饶舌。诸事既未妥协，设使朕率尔回銮，夷人又来挟制，朕必将去而复返。"

好一个"朕必将去而复返"！到如今，也不必再提什么御驾亲征，什么秋狝木兰，我怕就是怕，你敢吓我，我就敢逃。不得不说，兄弟就是兄弟，在他们身上总能找到一些类似的地方。奕詝和奕訢这两兄弟就都有着直面恐惧的勇气，只不过面对的方式大相径庭而已。

哪怕这之前奕訢对兄弟协力、同振大清还存有一丝幻想，到这里也该彻底破灭了。按我的理解，奕訢不断吁请文宗回銮，更多的考虑当是打消文宗的猜忌，倒不见得一定要他回来才能主持大局，毕竟自己坐镇京师大权独揽的这段日子，避免不了会触碰到某些人的利益，一些闲言碎语也会传到文宗耳中，所谓众口铄金，不得不防。

作为兄弟，奕訢对奕詝的心思还是明白的。所以这次恳请文宗回京，他也算是思虑周详，先是保证了文宗回来前英法军队已经撤出京城，也拿到了他们对面圣一事"断不勉强"的保证，甚至还确保了来年公使驻京时所带兵丁仅限于安全护卫。正因如此，文宗的反应才更出乎他的意料之外。

指望奕詝重振朝纲的念想彻底落空，对奕訢来说未尝不是一件好事，当然，以他的性格和处世原则，既不会有取而代之的想法（很多人真心希望他有这个想法，这中间也包括我），更不会发出"时也命也"一类的慨叹，他和奕詝之间"义则君臣，情则骨肉"的关系并不会有任何改变，改变的只是他意识到自己必须为国家也为家族承担更多的责任。

一个人的成长需要几年甚至几十年的时间，也有些人用尽一生都难以长成，还有些人的成长却只需要一天。每一个日子对每一个人而言，都是一天，当然，每个人在每一天都有各自不同的经历，所以同一个日子对每个人都有不同的意义。但是，即使一些人有着完全相同的经历，他们也可能有着全然不同的感受，刻骨铭心还是风轻云淡，是因人而异的。

1860年10月24日，就是高祖脱胎换骨的一天。

　　咸丰十一年，公元 1861 年，这是咸丰这个年号存在的最后一年，也是恭亲王提出并实施以自强求振兴的元年。

　　如果说与英、法、俄等国谈判和签订《北京条约》时的恭亲王是被命运推上舞台，被动地承担了这一费力不讨好的职责的话，他在后来提出的全新的外交思想及治国方略，则是他主动地要把国家的命运，当然也包括自己的命运，掌握在手中。

　　咸丰十年十二月初一（公元 1861 年 1 月 11 日），在深思熟虑之后，恭亲王联名桂良、文祥，递上了奏折《通筹夷务全局酌拟章程六条》，在这本奏折中，他先是分析了当前的夷情。他指出，当前面对的四个国家中，以英国为强悍，法、美两国为其附从，而最为居心叵测的则是俄国，要与他们打交道，历代"专意用剿"的对外策略并不适合。眼下的局势，是剿不得，抚不成，"不得不权宜办理，以救目前之急"。

　　这就是恭亲王的过人之处了。他并不只是把和列强订立的条约当成权宜之策、缓兵之计，他的想法是要真正执行这些条约。但是如果直接提出这个想法，未免太过惊世骇俗，势必引发朝堂强烈反弹，因为这等于把天朝上国和外夷放在一个平等的位置上。我们现在看来，这不是太可笑了吗？连皇帝都被吓到逃跑的地步了，还在想着自己的天朝身份，还在要求这些闯进家门的外夷只能当朝贡者？可悲复可叹，事实确实如此。

几十年之后，蒋廷黻先生说："在鸦片战争以前，我们不肯给外国平等待遇；在以后，他们不肯给我们平等待遇。"这何尝不是当时恭亲王的想法？他之所以下决心抛开之前的思维方式和行事方法，根本目的在于驯服外夷，以"自图振兴"，从而获得真正的平等。他驯服的方式是"信义"，不是通过剿，也不是简单的抚，而是以切实履行条约的方式，即使是不平等条约，也尝试去进行平等的交往，来为自己的国家争取发展的时间和空间。

在当时的氛围之下，奕訢提出自己的见解需要很大的勇气，而要保证其顺利实施，需要的就是他的政治智慧了。为了在履约这一问题上取得文宗的支持，他把其说成是"救目前之急"的"不得不权宜办理"的事。文宗早已习惯了把签约当作权宜之计，现在奕訢把履约也说成是权宜之计，想必更容易让文宗接受，他还安慰因循守制的文宗说，以信义取代剿抚同样是为了笼络外夷，这一做法只是"与前代之事稍异"。

为了把自己的意图表达得更容易得到理解，奕訢还把其比拟成三国时诸葛亮的计策。他说，蜀与吴本是仇敌，诸葛亮虽然遣使通好，共讨曹魏，并非要放弃吞并吴国，而是因为"势有顺逆，事有缓急，不忍其愤愤之心，而轻于一试，必其祸有甚于此"。奕訢就这样把自己的告诫隐藏在了蜀国联吴抗曹的故事里。

然后，奕訢表示"夷情狷獗，凡有血气者无不同声愤恨"，自己绝无可能忘却国家大计。但是，奕訢话锋一转，造成目前局面的原因，是南方的太平军和北方的捻军作乱，使得饷竭兵疲、国力虚弱，以致夷人有可乘之机。在内乱未平之前，不宜再结外患，以和好为权宜，战守为实事。"如不胜其愤而与之为仇，则有旦夕之变"，所以必须保持克制，他还说，"若忘其为害而全不设备，则贻子孙之忧"，表示克制并不意味着不设防备，为自己下一步提出练兵强兵的主张埋下了伏笔。

接下来，奕䜣就今日之势明确地表达了自己的看法。他认为太平军和捻军是心腹之害；俄国觊觎我土地的贼心不死，是肘腋之忧；英国虽暴虐无理，但其志在通商，反而只是肢体之患。根据忧患严重程度，定下了"灭发捻为先，治俄次之，治英又次之"的优先级。目前对待外夷的最佳方式应该是"隐消其鸷戾之气"，而不是"遽张以挞伐之威"。在经过了一系列的铺陈之后，奕䜣最后才提出政策主张："若就目前之计，按照条约不使稍有侵越，外敦信睦，而隐示羁縻，数年间则偶有要求，尚不遽为大害。"

确立了大政方针之后，恭亲王还提出了具体实施方案，即六条章程，其主要内容为：其一，在京师设立总理各国事务衙门，专办外交事务，以王大臣领之；其二，在南北口岸各设通商大臣，以有效及方便地管理各通商口岸；其三，新添口岸关税，由各省就近拣派公正廉明的地方官加以收取管理；其四，各省办理外国事务，将军、督抚等应彼此声息相通以避免歧异；其五，在京城开办外国语学校，消除对外交涉中因语言不通而产生的隔膜；其六，收集海口内外商情及各国新闻报纸，按月咨送总理处。

总理各国事务衙门

现在很多的影视剧评论喜欢把各种电影电视都和职场扯上关系，要我来说，恭亲王的这道奏折与当今的职场联系起来倒真是一点都不牵强。如果一名高管想要说服自己的老板改变原来的思想，继而采纳自己的建议，这真是一个绝佳的范文。当然，它的意义远远不止于职场范文。

《通筹夷务全局酌拟章程六条》客观审视了中国存在的问题，重新确定了中国在世界之中的位置，提出了中国在内忧外患中必须要解决的重大问题，也提出了解决这些问题的方法。我们通观全篇，可以发现其核心思想其实就是契约精神，在文中就是"信义"二字。我必须要说，就目前来看，这一点仍然具有巨大的现实意义。条约与承诺是需要遵守的，这个道理确实很简单，但是在恭亲王的年代，认识到这一点的却没有几个人。所以恭亲王的不简单就在于，尽管生在100多年前的中国，他却能清醒地意识到，国家的发展离不开和平的国际环境，而国与国之间的关系建立在条约之上，只有条约的履行得到保障，国家间的正常关系才有基础，也才能得到发展所需的和平环境。

在十余天之后，恭亲王又递上了奏折《奏请八旗禁军训练枪炮片》。片中他提出："窃臣等酌拟大局章程六条，其要在于审敌防边，以弭后患。然治其标而未探其源也。探源之策，在于自强，自强之术，必先练兵。现在国威未振，亟宜力图振兴，使该夷顺则可以相安，逆则可以有备，以期经久无患。"

在这里，我们听到中国近代史上第一次发出了"自强"这一振聋发聩的声音。如果说上一道奏折还可以看成被逼出来的善后之策的话，这份奏折则可视为恭亲王主动出击，力图从根本上改变国运而规划的发展战略。他非常清楚，一个国家要保障自己的安全，和平外交是标而不是本，其根本在于自身强大的实力，简而言之，落后就要挨打。

《北京条约》签订后的中国，可以说是到了最危险的关头。英国已经有了把洪秀全扶植为傀儡皇帝的打算，俄国对土地的贪欲是根本没有止境的，法国和美国也绝无可能坐视英、俄瓜分中国毫不动心。十字路口的大清如果蹈其覆辙，走上毁约再战的老路，势必四分五裂，国将不存。

这迫使恭亲王要在最短的时间内做出决定大清命运的抉择。值得庆幸的是，高祖并没有遗传宣宗皇帝的选择困难症。但是，这个选择本身的困难程度相较选立皇储的难度实在是有过之而无不及。在条约签订后的这段日子里，据说恭亲王"衣不解带，目不交睫者长达七十多天"，这种说法显然大有夸张，但其殚思极虑当是真实不虚的。

主持和议的恭亲王不仅目睹了西方的强大，也第一次直观感受了被称为蛮夷的西方人的行事方式。这种经历带给恭亲王深刻的自省，也给他的决策产生了巨大的影响。

如果说签订条约时让西方见识了恭亲王的气度，这两件折片则是让他们了解了恭亲王的思想。恭亲王的个人魅力成了中国和西方各国的润滑剂，在为自己赢得声望的同时，也改观了国际社会对中国的看法。这一切当然是恭亲王所乐见的，但是，他的最终目标却是带领强大的中国重新出现在世界。

有人指责说，恭亲王设立总理各国事务衙门，其实是为了扩大自己的权力，因为领任的王大臣只有奕䜣及其心腹桂良、文祥等，而且这个机构还拿走了本该属于军机处的决策权。对于这样的指责，我只能说，我实在是太赞同了，因为这实在是瞎子在黑暗之中都能看清的事实。同时也太欣赏高祖的这个做法了，而且忍不住还要请出天祖宣宗皇帝来接受我的膜拜：您真的太有先见之明了。

高祖大可以不必争取皇位，在自己兄弟面前三跪九叩、俯首称臣，但是，在国家存亡的危急关头，当皇位上的人已经无法主宰国家命运的时候，还要高祖听之任之，或是把这个责任拱手让与肃顺之流才是为臣之道吗？这个时候不挺身而出，更待何时！

大清国的政治舞台，原本是一场男人戏，虽说男二号有时会被错认成男主角，但他的内心始终是甘于成为配角的。如今，这场戏的下一幕将改成男女共演，原来的男二号变成了男一号，他是否有希望，或者说他自己是否希望，这一次成为真正的主角呢？

第三篇　太后与王叔

针尖麦芒——八大辅臣两宫太后

咸丰十一年。十月。戊午。奉移梓宫至京。奉安乾清宫。

一共 356 卷的《大清文宗协天翊运执中垂谟懋德振武圣孝渊恭端仁宽敏显皇帝实录》，也就是我们所知的《咸丰朝实录》已经书写到了终点。从《同治朝实录》中，我们可以得知，文宗的梓宫是在十天前启驾的。

咸丰十一年。九月。戊申。恭奉大行皇帝梓宫由山庄启驾。

从戊申日（九月廿三日）到戊午日（十月初三），文宗皇帝梓宫在途时间一共十天。也就在这十天时间里，大清国的政治格局彻底改变。驭龙宾天的文宗当然无从知晓，这一切的根源其实就在他自己身上。

所谓的政治问题，在很大程度上其实就是权力的分配问题。对权力的欲望和对财富的欲望一样，也是很难得到真正的满足的。对到手的权力，不同的人有不同的运用方式，如果只是为了一己私利，为了去占有和控制，强调支配与服从；人们称这样的人为阴谋家，如果是为了国家和民族，强调劝说与激励，让大多数人为了一个共同的目标而努力，人们就称之为政治家。

有了私利夹在中间，阴谋家之间的合作很难维持，政治家相互合作的可能性就要大得多，即使政见不同，也大都能坦诚相对。阴谋家与政治家的协作就比较难说清楚了。对阴谋家而言，不择手段是他们天然的色彩，人们也不会因为他们的合作伙伴提出更多的异议，话说回来，他们也根本不在乎别人的异议。而人们对政治家的要求就要高得多，他们要是和阴谋家联手，就会被另眼相看。当然这些看法也不尽相同，有人认为这是成大事不拘小节，有人则把他们也等同于权术玩弄者。我想，一个真正的政治家要想达成自己的目标，是不能太注重异样的眼光的，在这一点上，他真有必要向阴谋家们多多学习。

肃顺从来就没想过要和叶赫那拉氏合作，他们都是权力的终极爱好者，都不能容忍自己的权力被分享，这就失掉了合作的基础。事实上，肃顺压根儿就没把叶赫那拉氏放在眼里。

恭亲王被罢却军机之后，怡亲王载垣、郑亲王端华因善于迎合圣意受文宗所喜，但这二人并无出众才能，为保住自己的位置，鼎力合举端华的六弟肃顺。虽然肃顺也和载垣、端华一样，以声色之事献媚于文宗，但他确有政治头脑，也颇能识人用人，很快得到文宗重用，短短时间内，就由御前侍卫升任户部尚书。不过，他的野心显然不是一个小小的尚书就能满足的。

在第一次面见文宗的时候，肃顺就提出了"严禁令、重法纪、锄奸宄"的九字方针，主张乱世用重典。这本是扫除官场贪腐积弊的一件大快人心的好事，不过这场轰轰烈烈的"打老虎"很快就变成了一场政治运动，而我们也清楚，这场政治运动的本质其实就是权力的重新分配。所以，当肃顺后来当成一只大老虎被打掉的时候，也应该不会觉得太意外。

如果一定有什么是在他意料之外的话，就是他不会想到，最后拿掉他脑袋的居然是从来没有被他放在眼中的叶赫那拉氏。叶赫那拉氏出生于满洲一个官宦世家，但到她父亲那一代时，已是家道中落。她的父亲惠征只当过一些小官，去世后把家庭重担压在了她这个长女身上。恶劣的生存环境塑造了叶赫那拉氏好强争胜的性格。

这个后来搅动晚清政治风云的女人，最初在肃顺看来只是一个软柿子，唯一可倚仗的只是母凭子贵。叶赫那拉氏在咸丰二年做秀女入宫后，就以天生丽质吸引了文宗的注意，不到两年时间就得了懿嫔的封号。咸丰六年在诞下皇长子载淳之后，晋封为懿妃，并在一年后晋封为懿贵妃，位份仅次于皇后钮祜禄氏。

但是，这个尊贵的封号给叶赫那拉氏带来的并没有太大的兴奋，因为这也在提醒她，她的上升通道仅剩皇贵妃一途了。不过即使皇后一位空缺，她对权力的渴望也不可能就此得到满足，因为她的权欲早已经飞出了小小的后宫。

叶赫那拉氏有很高的天分，也喜爱读书，尚在妃位之时，就时常代文宗阅读奏章。虽然文宗乐于有人代劳，但肃顺为了能够大权独揽，时常会因叶赫那拉氏的越制行为在文宗前进言，文宗则时而听之，时而任之。这两个野心勃勃之人，彼此怀恨就是在所难免的了。不过肃顺对叶赫那拉氏的忌恨显然不如后者对他那样强烈，因为在他心中，这个女人还远远算不上对手。

慈禧太后（1835—1903）

肃顺的假想敌另有其人。极力怂恿文宗北狩热河，这是肃顺试图掌控朝政的重要步骤。在热河，他比在北京更受重用，其实权甚至在军机大臣之上，载垣、端华等早已唯其马首是瞻。也正是这个原因，肃顺才会极力反对文宗回銮。不仅如此，任何大臣想要拜见皇上，都必须得到肃顺的许可。

　　对恭亲王觐见文宗的请求，他更是极尽阻挠之能事。显然，恭亲王才是肃顺心目中的劲敌。恭亲王主持条约签订及其善后颇有成效，得到诸多重臣拥戴，更增添了肃顺心中的不安。就连文宗病重之时恭亲王要前去探视，都被他毫不犹豫地否决了，当然，这是以文宗的名义。

　　对肃顺一伙的恣意妄为、飞扬跋扈早就让恭亲王心怀不满，他们在文宗面前屡进谗言，挑拨自己和文宗的君臣关系、兄弟情义，更是让他无法忍受。因为，他纵有天大的抱负，也必须要在君权底下行事，如果文宗在肃顺等人的唆使之下，猜忌一日更胜一日，势必对自己治国方略的实施产生很大的影响。如果文宗病重不治，则情势更为堪忧，皇子尚幼，远离京城，肃顺对朝政的把控将更加严密，与这样的人共事，一定不会是一件痛快的事。

　　恭亲王预料到会有这么一天，但他没料到的是这一天来得那么快，对他的打击会那么狠。文宗和肃顺们给了他一个痛快，他连和肃顺共事的机会都被剥夺了。

　　咸丰十一年七月十七日（公元 1861 年 8 月 22 日），文宗于热河驾崩。文宗于前一天立唯一的皇子载淳为皇太子，并安排了肃顺、载垣、端华等八大臣"尽心辅弼，赞襄一切政务"。八位顾命大臣中居然都没有恭亲王奕訢的名字！谕旨是两天后才送到京城的，而包括恭亲王在内的留守王大臣也是到这一天，也就是文宗驾崩之后才收到文宗病危的确切消息。

　　按百官预计，文宗大行之后，按旧制"恭亲王奕訢必可当摄政之任"，如今其竟不在顾命大臣之列，众人难免诸多猜测。随后文宗的遗诏传回，虽有安排恭亲王恭理丧仪，但又命其"在京办理一切事宜，无庸前赴行在"，群臣再也按压不住心中"骇惑"，京城一片哗然。很显然，情势已经险到极点，恭亲王如果再不出手，就再也没有出手的机会了。

但是，从遗诏可以看出，热河政局已尽在肃顺掌握，这就是说小皇帝也已经在其控制之下，恭亲王在热河并无得力之人，就算是要出手，又该从何处下手呢？正在无计可施之际，两宫太后从热河捎来密信，与恭亲王约商大事。

皇后钮祜禄氏和懿贵妃叶赫那拉氏，新皇即位后分别上尊号为母后皇太后、圣母皇太后，后又上徽号为慈安皇太后、慈禧皇太后，因二位太后于行宫时分居烟波致爽殿东西二所，回京后又都在长春宫分别居于东面的绥履殿与西面的平安室，再后来慈安在东六宫中的钟粹宫居住，慈禧仍居于西六宫之长春宫，故世人多以东、西宫皇太后称之。

昔日汉武帝有防女主乱政，杀母立子的故事。肃顺曾撺掇文宗加以效仿。虽则文宗未有此举，但风闻此事的慈禧对肃顺更是恨之入骨，必除之而后快。

关于此事，有另一个不同版本，说是文宗自己动了这样的念头，但终究没有下得去手。不论哪种说法成立，叶赫那拉氏都已在毫不知情中到生死边缘走了一遭。即使所有说法都是无凭无据，也不得不承认，在这样一个国度，除非你爬到一个至高无上的位置，否则，任你享有无尽荣宠，生杀予夺的大权却始终掌握在别人手中。这一点，慈禧太后岂能不知？

文宗命肃顺等赞襄一切政务，已经有了皇权旁落的担心。任命八名辅佐之臣，是想在他们之间形成权力制衡，避免出现一手遮天的权臣。同时，为了防止他们联手欺压幼主，文宗还分别赏给皇后"御赏"印章、载淳"同道堂"印章，当然这枚印章是在懿贵妃手里攥着，规定辅政大臣以皇帝名义发出的谕旨，必须同时钤以这两枚印章才能生效。

也是其命当绝。失掉文宗这个大靠山的肃顺丝毫不知收敛，自恃顾命大臣的身份，对两宫太后的跋扈不臣相较之前有过之而无不及，连向以温厚著称的慈安都被其激怒。这正遂了慈禧的心意，以一己之力显然难以与肃顺抗衡，有了慈安这个正牌皇太后做帮手，力量便大了不少。结果，文宗自以为得计的安排，最大的作用便是帮助慈禧理清了登上权力顶峰的思路：先联合慈安将八大臣连根拔除，之后要搞定这位东宫太后自不在话下。

只是要端掉肃顺一伙，非有外臣协力不可。谁才是最合适的人选呢？而且整个行宫都在肃顺控制之下，两宫太后居住的烟波致爽殿更是处于严密监控之中，不得随意出入，消息又如何传递呢？

辛酉纪事——一盘早已下完的棋

在辛酉政变这盘棋的初始布局中，有一个关键人物，通常都容易被人们所忽略，不过也正是这个原因，才让他在关键时刻发挥了关键作用。

他就是醇郡王奕譞。正是奕譞，向两宫太后推荐恭亲王，说他是除掉肃顺等人的合适人选，才有了后来的恭王府密信，传达太后懿旨，约请恭亲王共商大计。奕譞推荐奕訢的缘由，一来是两兄弟本就交好，奕譞不会不知奕訢已与肃顺势同水火；二来如果继续由肃顺当政，自己几乎就再无出头的机会了。醇王府里的福晋叶赫那拉氏，正是慈禧太后的亲妹妹，太后的谋划，奕譞的推荐，就是由她来往传递消息的。

慈禧太后的亲妹妹来往宫禁，肃顺当然没有拒绝的理由，最主要的原因，还在于他太过自信了。两宫太后都已攥在自己手心，一个小小的郡王福晋又能掀起多大的浪呢？

至于派出的送信之人，据推断也是醇王福晋。醇王福晋颇似围棋对弈时的一枚闲棋冷子。初看时平淡无奇，在慈禧太后张罗着把她指给奕譞之时，并没有什么引人注目之处。将七王叔变为妹夫这招棋，也许其初衷只是使得两家人的关系更亲密一些，虽说自古皇家无亲情，但血缘纽带的作用毕竟摆在那儿，不定什么时候就会发挥效力。不到复盘的时候，谁能说得清那枚闲子到底有什么用呢？

接到两宫太后的密信，恭亲王没有丝毫犹豫便有了决定，要与两宫联手除去以肃顺为首的顾命八大臣。可以肯定，恭亲王下决心端掉肃顺等人并非只是为了出气，因为这种行为很有可能让他身败名裂。他决定与东西太后合作也绝非一时冲动，慈禧太后毕竟是载淳生母，不到情势万不得已，她不会向自己求援，因此容不得思索再三。当务之急是，先保住皇权的正统，而且，载淳皇权稳固，于自己日后放开手脚也是大有裨益。

恭亲王本就打算对肃顺动手，现在，无论两宫目的如何，但有同样的想法，需要他在京城援手，也算是一拍即合。

成大事者谋定而后动。恭亲王既然决意策动此事，必定是早就成竹在胸，因此这中盘落子是得心应手。同在总理各国事务衙门的桂良、文祥自不必说，以大学士兼管兵部事务的贾桢与之有十几年师生之谊，完全可以共谋大事。兼管户部事务大学士周祖培、刑部尚书赵光，对肃顺等人作为早就心怀不满，也受到过他们的打击，因此也可为己所用。

另外，兵部尚书沈兆霖见解开明，在与英法和议期间，就已经成为恭亲王智囊团的成员；随同办理和局的户部侍郎宝鋆敢作敢为，一直拥戴恭亲王；军机章京曹毓瑛，原与肃顺交好，后倒向恭亲王，往热河轮值时，提供了不少机密信息。除此之外，还有很多六部九卿、翰詹科道官员都是恭亲王的支持者。

其实完全可以这么说，京城官员目睹了恭亲王主持和议大局及其善后的全过程，增强了对他掌握朝政的期待；也在肃顺集团奔走热河，以及随后一再延宕归期中，消磨了对他们的希望。文宗宾天后肃顺的所作所为更是激起了公愤，因此，京城上下包括外国公使的舆论环境是完全倒向恭亲王一边的。

这些都是软实力，在枪杆子方面，僧格林沁手握精锐禁军，与肃顺嫌隙甚深，自然是倾向恭亲王一方；胜保在和局之后，在恭亲王指示下以西法操练京兵，成为京畿一带最为雄厚的武装力量，其部队完全可资利用。

确定所有部署都已妥当，奕䜣当即再次奏请"奔谒梓宫"，当然这个折子的批阅人就是肃顺。这一次得到了批准："恭亲王奕䜣奏请前赴热河叩谒梓宫，允之。"毫无疑问，两宫太后的干预肯定是有的，而且是有效的，毕竟在她们手上还握着两枚大印呢。

奕䜣在接到允许的旨意后，立即出发。日夜兼程，快马加鞭，于八月初一赶到行宫。这一天，按钦天监的测算，是日月合璧、五星连珠，也是文宗"二七"的殷奠礼。奕䜣扑倒在文宗梓宫前，放声痛哭，"声震殿陛"，那发自肺腑的悲痛使"旁人无不下泪"。然而旁人无从知晓，恭亲王这一哭包含了多少复杂情绪，手足之情，君臣之义，失亲之痛，失意之伤，凡此种种，难以言尽。

男儿有泪不轻弹，只是未到伤心处。这一次的高祖，是真的伤到心了。这一场恸哭，既是哭兄长，也是哭自己，有他对兄长的惋惜与思念，也释放了他胸中郁积多年，却从未宣诸口的委屈与不平。如果说，这也点燃了他的怒火，那也是烧向肃顺、载垣、端华一干人等的。正是他们给兄长献以声色，以便操弄权术；正是他们在兄长前累进谗言，使自己遭受百般猜忌；也正是他们，让自己与兄长见最后一面也不可得。

殷奠礼毕，奕䜣以慰问皇嫂的名义前往烟波致爽殿，与两宫皇太后进行了一个时辰的密谈。最后，奕䜣提出了两条意见：一是要"速归"。他对京城局势有绝对把控，因此，"非还京不可"；二是担保"外国无异议"。

这次密谈的部分内容记载于《端肃遗事密札》。这份史料又称《热河密札》，绝大部分是由入值热河的汉军机章京给北京同僚的信件，其真实性已为现存的清代档案所证实，成了研究辛酉政变的珍贵史料。由于这些信件是在辛酉政变前夕，政局异常微妙、形势十分复杂的情况下产生的，因此涉及的人物，大多使用了局外人难以索解的代号或暗号，并且信中还有很多隐语，使人感到神秘莫测。

据考证，这次谈话的内容，很可能是奕䜣在热河安排下一步行动时，透露给了一个被称为"竹兄"的心腹，而曹毓瑛的代号是"竹翁"，这个竹兄也许就指的是他。另一封信札说，恭亲王听说梓宫回京途中桥道铺垫要"中秋后再办"，立即"大怒"，显然与"速归"相印证。

从《热河密札》中还可以看出，肃顺一党对恭亲王与两宫太后的热河密谋没有任何察觉。他们在信中写道，恭亲王"虽然单起请见，谈之许久"，但谈话之后并无任何异常，反而是两宫太后"声势大减"。他们沾沾自喜地认为"自顾命后，至今十余日，所行均惬人意"，"循此不改，且有蒸蒸日上之势"。

八月初七，顾命八大臣以天子之名颁布次年使用"祺祥"年号的诏书。恭亲王也在这一天启程返京，就在他待在热河的这几天，周祖培已经开始行动起来。他安排人编写《临朝备考录》，收集历代贤后临朝事迹，这其中当然不包括吕后、武后之类案例，以营造当今政局亦可仿效的氛围。

不仅如此，周祖培还示意弟子董元醇上疏，请求"太后垂帘，亲贤夹辅"，直接挑战八大臣赞襄政务的权力。这份奏折引起了太后们与顾命大臣们的激烈争论。当两太后表露出要接受请求垂帘听政时，遭到肃顺等人大声呵斥："臣等系赞襄幼主，不能听命于皇太后"，并且表示太后连看折子的资格都不应该有。

事后，八大臣拟旨对董元醇大加驳斥，质问其请求太后干政"是诚何心"，并重点批驳其亲王辅政的要求，把矛头直接指向了恭亲王。看来在他们心中，仍将恭亲王视为最大的政敌。两太后开始拒不钤印，在肃顺等以"罢工"相威胁时，做出了妥协。太后的让步让肃顺等人更加不把她们放在眼里。

恭亲王回到北京后，面见了胜保。随后胜保赴热河叩谒梓宫。胜保此前曾多次弹劾肃顺、载垣、端华等人，但因兵权在握，肃顺等人也不敢对他怎么样。他这次到热河，并未被太后召见，对肃顺他们的态度也比以前好了很多。

在北京，面对官员大臣，恭亲王绝口不提垂帘、辅政之事，只说讨论梓宫返京、新皇登基的安排。后来，受肃顺等人排挤提前退休的前大学士祁寯藻寄信朝官，说董元醇之议违反祖制，断不可行。对此，恭亲王也不加任何评论。于是，"朝野啧啧"，不再有人谈及此事。

恭亲王与两宫太后的骄兵之计收到了预期的效果。太后的退让，胜保的示弱，恭亲王坐镇的北京朝堂噤若寒蝉，让肃顺等人觉得大局已定，为了表明他们一心赞襄政务，并非有专权之意，八大臣还交出了手里掌握着的兵权，开始安心地筹划回京事宜。而北京这边，恭亲王以两宫太后的名义命神机营、前锋营等部队进入战斗状态，并命令胜保做好带兵迎驾的准备。

至此，这盘棋局的中盘缠斗业已完成，盘中形势一目了然，肃顺一方大势已去，接下来就是波澜不惊的收官阶段了。

九月廿三日，载淳和两宫太后携肃顺、载垣、端华等文武百官跪送大行皇帝灵柩启驾，当晚驻跸喀拉河屯行宫。北京的大网已经张开，只等梓宫回京那天收网。

九月廿四日，朝奠礼后，两宫太后以新帝年纪尚幼不宜过度劳累为由，安排载垣和端华护送，抄小道先行回京，肃顺则在睿亲王仁寿、醇郡王奕譞陪同下扈从梓宫走大道。是日驻跸常山峪行宫。

九月廿五至廿七日，载淳与两宫太后分别驻跸两闲房、要亭、密云县行宫。据传，肃顺等曾密谋，由载垣在回京的路上杀掉慈禧，但是慈禧调来荣禄护驾，所以载垣没能得逞。如果此事为真，那八大臣自卸兵权则很可能是为了麻痹慈禧，但是慈禧将计就计，反而更操主动。

九月廿八日，载淳驻跸京郊南石槽行宫，紫禁城已是遥遥在望，恭亲王率众臣前来迎接圣驾。无论载垣是否打算对慈禧太后动手，时至今日，官子阶段反屠大龙的机会不可能再有了。

九月廿九日，新皇载淳奉母后皇太后、圣母皇太后还宫。两宫太后立即召见恭亲王，询问京城的各项部署。听闻一切就绪之后，她们才彻底放下心来。

九月三十日，两宫太后先是召见了奕訢、周祖培、桂良、贾桢、文祥、沈兆霖、赵光等人，宣读谕旨。这份谕旨早在热河就由奕譞拟就，主要就董元醇奏折一事给肃顺等八大臣定罪："该王大臣奏对时，晓晓置辩，已无人臣之礼；拟旨时又阳奉阴违，擅自改写，作为朕旨颁行。"并把"是诚何心"四字抛回给肃顺等人。谕旨下令把八人解任，交由恭亲王会同各部按律秉公查处。

接着宣读的第二份谕旨，是令各王大臣讨论胜保的奏折。这份奏折与董元醇实为异曲同工："为今之计，非皇太后亲理万机，召对群臣，无以通下情而正国体；非另简近支亲王佐理庶务，尽心匡弼，不足以振纲纪而顺人心。"讨论的目的，无非就是再进一步统一思想。

恭亲王等人对这两份谕令当然没有任何异议。此时，载垣、端华二人才入宫面见太后。看到恭亲王等人在场，这二位茫然不知所以，大叫道："外廷臣子，何得擅入？"恭亲王答曰"有诏"，二人更是大声斥问："我辈未入，诏从何来？"并咄咄逼人地责备两宫太后："太后不应召见外臣！"

于是乎，当天的第三份谕令新鲜出炉。谕令说"兹于本日特旨召见恭亲王等，载垣等肆言不应召见外臣，擅行拦阻。其肆无忌惮，何所底止"。就这样，载垣、端华，还有不在场的肃顺也被捎带着罪加一等，立马将前旨的解任变成"革去爵职""严行议罪"。

就在侍卫拿下载垣、端华的当口，第四份谕旨已经拟就："著派睿亲王仁寿、醇郡王奕譞，将肃顺即行拿问。酌派妥员押解来京，交宗人府听候议罪。"

十月初一，授恭亲王奕䜣为议政王，在军机处行走，并命其为宗人府宗令。在胜保的奏折中，他想表达的意见与大多数恭亲王身边的王大臣应该是一致的，即皇太后"亲理万机"为名，恭亲王"佐理庶务"为实。授予恭亲王议政王之衔，当是正合此意。不过，很快他们就会发现，事实并非尽然如此。

十月初二，一道谕旨颁出，说今上欲仿列圣"广开言路"，要求大小臣工"于用人行政一切事宜，皆得据实直陈，封章密奏"。此旨看似平淡无奇，实则慈禧通过此谕获得了控制用人行政的大权。这道上谕以今上之口，只是强调太后的"亲理大政"，对负有辅政之责的恭亲王的作用只字未提。因此，当中说到的密奏对象其实是指皇太后，具体说来，就是慈禧太后一人。关于这一点，慈禧太后和恭亲王当然都心知肚明，但恭亲王并未提出异议。或许出于慈禧太后的安抚，当天另有旨意，命奕訢兼总管内务府大臣并管宗人府银库。

十月初三，大行皇帝灵驾至京，安奉于乾清宫内。当然，扈从梓宫的肃顺早已被押解至宗人府，并不在队伍之中。十月初一已有圣旨，以肃顺接到革爵治罪的谕旨后"咆哮狂肆，目无君上，悖逆情形，实堪发指"为由，查抄其所有家产。当时为防止走漏消息，秘不宣旨，直到初三这天才予颁布。

至此，最后一枚棋子已然落下。

同治之治——太后垂帘亲王议政

咸丰十一年十月初九，载淳于太和殿即皇帝位。登极礼成，颁诏天下，以明年为同治元年，并封赏百官，大赦天下。

载淳即位后的第一道谕旨，就是明确将大清国的最新政体宣示中外："谕内阁。朕奉母后皇太后圣母皇太后懿旨，现在一切政务均蒙两宫皇太后躬亲裁决，谕令议政王军机大臣遵行。惟缮拟谕旨，仍应作为朕意，宣示中外自宜钦遵慈训。嗣后议政王军机大臣缮拟谕旨，著仍书朕字。将此通谕中外知之。"

载淳即后世所称穆宗，此时只是一个实足年龄仅5岁的小孩，无论其如何"聪明天亶"，上天赋予他的至高君权都必须由旁人代为拥有。这道上谕决定了同治朝由皇太后与议政王"同治"的政治格局，而"同治"本身也有主次之分，即皇太后"裁决"，议政王"遵行"。议政王领导军机大臣缮拟的谕旨，使用的是穆宗的名义，宣示的则是皇太后的"慈训"。

十月初七，也就是两天前的一通谕令，把这种权力分配的运行模式描述得更为详尽："嗣后各直省及各路军营折报应行降旨各件，于呈递两宫皇太后慈览；发交议政王军机大臣后，该王大臣等悉心详议；于当日召见时恭请谕旨；再行缮拟；于次日恭呈母后皇太后圣母皇太后阅定、颁发。"

按此模式，朝廷中枢办件程序共有五个规定步骤：第一步，所有奏疏先由两宫皇太后披阅；第二步，奏疏发交议政王、军机大臣，并由其提出处理意见；第三步，听取皇太后对处理意见的裁决意见；第四步，议政王与军机大臣根据裁决意见拟旨；第五步，所拟谕旨呈皇太后审阅后颁发。

看起来，十月初二那道说太后"亲理大政"的谕旨很可能是慈禧太后抛出来试探恭亲王反应的，显然，恭亲王的没有反应正中慈禧下怀。如果没有前面的试探，这种权力分配会显得慈禧太冒进了，与她的工于心计太不相符。除非存在另外一种可能性，就是这样的分配是两宫太后与恭亲王商议之后的结果，这种方式甚至就是由恭亲王本人提出来的，他不愿意自己的权势显得太过耀眼。

我们发现，如果把这五步程序中的皇太后换成皇上，再把议政王去掉，其实没有丝毫的违和感，因为这本身就是军机处的运行方式。这么一比较就清楚了，两宫皇太后，当然更多地指慈禧太后一人，把自己摆在了皇帝的位置，而恭亲王，则只是放在了领袖军机的位置。

也就是说，恭亲王虽然是大清国的男一号，但只不过是一场大女主戏的男一号，换言之，他仍然不是主角，这种戏里通常不会有真正意义上的男主角，这里面的男一号，只是第一男配角而已。这是他自己的真实意图吗？

我们来看看议政王这个头衔的来历。翻遍故纸堆，再凭空想出"议政王"这个称呼，我觉得已经很能代表高祖的心思了。

议政制由太祖努尔哈赤设立，在八旗旗主共治国政的基础上，增设若干名议政大臣，责成他们与八旗主一同议政，当时议政大臣的地位远在八旗主之下，仅是作为一种辅助的力量。

"议政王大臣"之名正式出现，是在太宗皇太极主政的崇德年间。此后，宗室中的亲王、郡王、贝勒与议政大臣共同议政的形式，被称为"议政王大臣会议"。在这里，"议政"是一种正式的职衔，代表着一定的权力和地位，必须经过皇帝的任命。

清王朝在统一全国后，议政王大臣会议的成员有较多的增加，六部满、蒙尚书也被列为议政大臣，另外许多内大臣、侍卫以及王府中的长史等，也有被列为议政者。当时在内廷还专设"议政处"，作为议政王大臣的办公处所。凡军国要务，不由内阁票拟者，皆交议政王大臣会议。

顺治后期，议政王大臣会议的权力逐渐由内阁取代。康熙年间的南书房，雍正年间的军机处，更使议政会议几乎形同虚设。至乾隆五十六年，取消了议政王大臣职名，自此议政王大臣会议制度也彻底消失。

可以看出来，"议政"二字在清朝的史籍中，从来就只是字面的意思，也从来没与"王"组成过"议政王"这一特定的称呼，恭亲王在创造这个语汇的同时，意味着他并不愿意使用摄政王、辅政王这类意义更明确的、被使用过的称谓，即他不愿意把自己放到顾命王大臣的位置上，他在刻意地、尽可能地将身段放低。

一般而言，帝王在驭龙西游之前，都会为继任者指定一批老臣，即所谓的顾命大臣，把新君托付给他们。一方面是担心即位新皇治国经验不足，他们可以尽辅佐之责；另一方面也可以保证政策有一定的延续性，避免社会出现大的动荡。

如果新皇登极时年龄已经不小了，这些前朝老臣们的话听还是不听就可以自己说了算了；如果年纪尚幼，顾命大臣们的地位就不一样了，因其为先皇遗诏所命，新皇主政前他们的意见就等同于皇帝的意见，其分量自然非同小可。

顺治初年，世祖登基时不足6岁，由多尔衮与济尔哈朗两位亲王辅政。开始时他们都被称为摄政亲王，随着权力天平向多尔衮倾斜，他们的头衔分别变成了摄政王与辅政王，这两个名号比亲王爵位还要尊贵。顺治初年定立的诸王、贝勒、贝子、公俸禄中，摄政王以三万两居首，辅政王则是一万五千两，亲王一万两，郡王五千两，其余贝勒、贝子、公分别减半。

到了康熙年，有了摄政王多尔衮专权乱政的教训，圣祖再以冲龄践祚，为他安排的顾命大臣人数翻了一番，而且其中没有一个宗室亲贵，只选有功的贤臣，也不再有摄政王、辅政王的称号，他们被称为辅政四大臣：索尼、苏克萨哈、遏必隆、鳌拜。结果呢，位居四大臣之末的鳌拜后来居上，得以擅权。

其后的世宗、高宗、仁宗和宣宗几位皇帝，均是成年后才承继大统，即位年龄最小的大行皇帝文宗也时年18周岁，所以这几朝的顾命王大臣们，都没有了像多尔衮、鳌拜这样的留名史籍的机会。

文宗把这个机会给了肃顺。在吸取前朝的两次教训之后，文宗选择的顾命大臣既有亲王，也有贤臣；人数也再次翻番；至于称谓，既不叫摄政，也不叫辅政，而是称之为赞襄政务；然后再让后宫的皇后和贵妃也参与进来。这种安排也算是思虑周详，但它的结果却是与其初衷完全背道而驰的。

虽然都是顾命大臣，但从摄政王、辅政王到辅政大臣，再到赞襄政务王大臣，单从这些称号来看，已经能捕捉到先皇们的良苦用心，从最初代理君权的摄政，变成辅助理政的辅政，再变成从旁协助的赞襄，名号越来越小，人数越来越多，他们最担心的就是顾命大臣中出现一人独大的情况，因为这极有可能导致江山易主。

然而，在一个缺乏权力制衡机制的政治体制中，这种担心永远会成为现实，只是时间长短而已。有人的地方就会有政治，就会有斗争，不受制衡的权力，永远不会自己达到平衡。如果能有平衡，方式只有一种，就是一人独大。

梁启超说："统一专制政体，务在使天下皆弱而惟一人独强，然后志乃得逞。故曰：一人为刚万夫为柔，此必至之符也。"所以尽管高处不胜寒，但高处的人也只能往更高处走。这就是慈禧太后信奉的政治哲学。在赞襄政务、辅政、摄政这个阶梯上，最上面的一级都不能入她的眼，她要的是"主政"，是最高权力的顶峰，以后我们会看到，皇上的"亲政"都必须放到她以下。而恭亲王呢，最下面一级他都不想待，他给自己安排的是"议政"。

恭亲王此时已经具备了一人独强的实力，而且他对这个政体的了解肯定比慈禧透彻，但是他仍然放弃了一人为刚的机会。正如孟子所言：故王之不王，不为也，非不能也。

大清国的两大中枢机构，军机处与总理各国事务衙门，均在恭亲王领导之下，其人员也全部经他一人拣选。总理衙门由恭亲王一手创建，自不必说，其中的桂良、文祥还同时兼任军机大臣，其余军机大臣沈兆霖、宝鋆、曹毓瑛等也均为得力干将，也是恭亲王最坚定的支持者。另外，拥护恭亲王执掌大权的不仅有六部九卿的在京朝官，还有不少行省大员，更有手握军队的胜保和僧格林沁等人的支持。

能而不为，却极力促成太后垂帘听政，把她们捧上权力高位，正是恭亲王深谙政体、洞悉历史做出的选择。首先，他不可能冒天下之大不韪自立为皇。虽说极权社会只讲成王败寇，一旦成功，历史当可任意书之，中国文人的此种功力举世无双，笔下生花之际，连魑魅魍魉都可描绘成天命所归、民心所望，何况堂堂皇子乎？但这位皇子偏偏是恭亲王，可以比之曹子建，奈何不做李世民。

其次，恭亲王也不认为自己可做摄政王，因其实至而名未归。天下咸闻先皇托孤于顾命八大臣。虽然人心昭然，都认为恭亲王既亲且贤，却独独被排除在顾命之外，实在算不上明智之举。但遗诏就是遗诏，是皇上的命令，皇上就是天子，他的命令就是上天的意思。如果恭亲王以自己的名义铲除赞襄政务八大臣，再取而代之，就是大逆不道。防民之口，甚于防川。尽管如此，任尔洪水滔天，我自处之泰然，这样的当权者数不胜数，可如果这位当权者恰恰就是恭亲王，那又如何呢？宁可不学周公旦，但求无愧心自安。

奕訢不愿做多尔衮，慈禧同样也不愿学孝庄，在对待前朝的这一对皇叔皇嫂的态度上，他们倒是步调一致，不过个中原因却有着天壤之别。恭亲王是不愿独掌大权，更不愿睿亲王的结局在自己身上重演；慈禧却是不愿甘居幕后，对身后名节倒是满不在乎。

孝庄太后对政治是极为敏感的，对权力的兴趣也是强烈的。不过，她始终是一个顾全大局的人，她绝不会因为权力而丧失理智。所以，尽管她也热衷于朝政，但一直在幕后，在顺治、康熙两朝为世祖和圣祖出谋划策，始终没有走上前台。

对政治与权力的看法，恭亲王与孝庄皇太后确有几分相似。不同的是，他必须走上前台。这又并非他不愿待在幕后，而是形势使然。从 1861 年 10 月 24 日那天开始，他硬着头皮被推到大清国形象代言人的位置，当然不是心甘情愿的，但是他别无选择。

"迨咸丰庚申、辛酉，公务纷纭，刻无暇暑，几不知世间有吟咏事。"如果有得选，如果政务已经走上正轨，利用闲暇时光吟诗咏赋，也许才是他理想中的生活。可是，他为大清国选定的自强之路，是一条从未有人走过的路，他不冲在前面，哪还有别的人选呢？

所以，恭亲王对权力也有着强烈的兴趣，是因为他清楚只有足够的权力才能让他有足够的力量，把大清国这辆深陷泥淖的马车拽到大路上来，而这种力量不可能来自他一个人，必须要让足够多的人参与进来，在我看来，这正是恭亲王要权也要"名"的根本原因所在。

名不正，则言不顺；言不顺，则事不成。恭亲王要权的目的是为了成事，成事需要人心齐，人心齐非名正言顺不可得。试想一下，如果恭亲王真的是黄袍加身，或者是当个独一无二的摄政王，无可避免地，他将卷入无休无止的权力斗争，就算是最后他保住了权位，又如何能保证聚拢人心呢？

当然，恭亲王是在对自己的实力有绝对的信心，对大局有充分把控的前提下，才会放心地任由两宫太后把裁夺之权抓到手中。只是他千算万算，终归没算出叶赫那拉氏到底有多么大的野心，他想避开权力争斗，却不是想避就避得了的。

一个想躲，另一个要抢，其结果也不难想见，在与阴谋家的斗争中，政治家从来很少有胜出机会的。

名教与名——曾国藩与地方团练

如果说辛酉政变重新塑造了大清国中央枢纽的政治格局，太平天国引发的地方团练则深刻地改变了中央与地方的军事格局。

在太平天国之前，各省的巡抚基本上是没有兵权的，而总督的兵权也只能说是名义上的，因为当时全国的军队是一个整体，只掌握在皇帝一人之手，遇有重要军事行动，则由皇帝亲简的钦差大臣总司兵符，调动军队。在与太平天国的交锋中，正规军八旗兵与绿营兵纷纷败下阵来，地方团练则迅速崛起。

团练这种由乡民组织的武装，在中国已经有相当长的历史了。最初多在各地自发形成，以保卫乡邻免受盗匪滋扰，后来也有士绅出于各种目的，花钱以雇佣军的方式组建地方自卫队。唐代时，设有团练使一职，专门管理这种地方武装力量。历代也多有朝廷或官府借重团练打击土匪流寇，但如清代一般，团练深刻地改变了整个国家的政治格局，历史上从无先例。

随着八旗军队和绿营作战能力的下降，地方团练成为清中晚期一支不可忽视的力量。嘉庆年间的白莲教叛乱最终就是倚靠团练平定的，道光朝晚年盗匪横行，特别是在两广一带，地方士绅更是不遗余力操办团练，洪秀全在广西传教时，当时客家人居多的拜上帝会就与土著居民的团练发生过相当激烈的冲突。

太平军在金田起事后，第一个组织起团练与之正面对抗的是湖南的江忠源。他在湖南新宁兴办的这支队伍号称楚勇，参加过桂林和长沙保卫战，其最有名的当属蓑衣渡一役。太平军全州屠城后，奔长沙而去，结果中了江忠源在全州以北十余里处的蓑衣渡设下的埋伏，折损兵力过半，南王冯云山命丧于此。

曾国藩也是湖南人。咸丰二年年底，在京任礼部侍郎的曾国藩因母去世返湘守制，本着"以一人自卫，不若与众人共相卫"的想法，开始帮同办理本省团练乡民，抵御太平军。

与洪秀全一样，曾国藩出自耕读之家，与之不同的是，他的科举之路要顺利得多。曾国藩21岁第七次参加院试中秀才，23岁乡试中举人，后会试不中，在道光十八年（公元1838年）27岁时第三次参加会试中进士，入了翰林院，是一位正统名教的坚定拥护者。而当时的洪秀全则刚刚因为第三次院试失利，经历过很长时间的癫狂状态，并以上帝的口吻斥责孔子为妖魔。单从考秀才这件事来说，曾国藩就比洪秀全坚定和执着得多。他们不同的经历，注定二人走的是截然不同的两条道路。

洪秀全创建拜上帝会的宗旨是崇拜上帝、消灭偶像，从开始毁掉孔子牌位，到后来砸烧庙宇，都体现的是这一宗旨。到后来逐渐有了政治目标，其主旨也随之发生了变化。太平天国在永安封王后发布了《奉天讨胡檄》，其精神主要是两个方面，其一为奉天主为真神，其二为视满人为异族："予惟天下者，上帝之天下，非胡虏之天下也。"概而括之，就是把神权主义与种族主义合二为一。

按基督教的教义来说，世人皆是神的子女，天然就与种族主义是不相容的。但为了团结一切可以团结的力量，比如想让"反清复明"的三合会等会党供自己驱使，修改一下自己的主义又有何妨呢？本来中国人的民族意识更多地来自文化，而非政治，但利用民族主义服务于政治目的，用民族意识煽动群体情绪却是屡试屡灵的一招。

曾国藩 (1811—1872)

湘军火枪队

曾国藩的立场可以由《讨粤匪檄》说明，在这里，他直指太平天国的神权主义实质，对其硬扯进来的民族主义避而不谈。曾国藩的檄文先痛斥太平军的残暴，以打动"两湖三江被胁之人"；继而申斥其对伦理秩序的破坏，以名教观念打动知识分子："我孔子、孟子之所痛哭于九原，凡读书识字者，又焉能袖手坐观，不思一为之所？"最后，为了打动最基层普通民众，他怒斥太平军毁污庙宇："此双鬼神所愤怒，欲一雪此憾。"虽是一介文人，但曾国藩绝非仅凭满腔义愤与太平军相抗衡，他领导湘军能从众多地方团练中脱颖而出，并最终一举收复南京，依靠的是卓越的治兵才能。

在当时，曾国藩治兵有着一些显著的特点。第一是他对意识形态教育抓得非常紧。曾国藩自己是孔孟的忠实信徒，他在檄文中说："举中国数千年礼义人伦，诗书典则，一旦扫地荡尽，此岂独我大清之变，乃开辟以来，名教之奇变。"

孔子认为，一个社会要井然有序，首要的是"正名"，所谓"君君、臣臣、父父、子子"，就是说君要像君，臣要像臣，父要像父，子要像子，每个名字所代表的那一类人，都应该做到与其理想的本质相一致。一国之君者要按为君之道行事，一朝之臣也要尽到为臣者的本分与职责。

汉朝时废黜百家、独尊儒术，董仲舒倡导深察名号，还将君臣、父子、夫妇三种伦常关系定为"三纲"，用以规范社会伦理，仁、义、礼、智、信这五种儒家崇尚的德行定为"五常"，用以提倡个人品德，即"以名为教"，以三纲五常教化万民。纲常名教也成为曾国藩用于统领军队最有力的思想武器。

曾国藩训练团练的第二个特点体现在用人方面。他本人是名教的捍卫者，他先选志同道合，忠义而晓军事的儒生为统领，要求他们有信仰，肯牺牲。而且，全军自上而下，皆由上级统领挑选下级营官，层层将士都是如此选拔，因此他们大多为亲族故旧或同乡同里，"将帅相能，兵将相习"，下级视上级，"皆如子弟之视其父兄"，各级之间，各级之内，均具有特别深厚的互助精神。曾国藩还认为，各级军队都应奉行个人效忠原则。如果一名将官被撤职，他的所有部下也要被解散。

当然，曾国藩也不只是靠精神力量来鼓舞人，他也相信，重赏之下必有勇夫，饷银充裕，可养将弁之廉，激兵士之勇。所以，曾国藩治兵的第三个特点是待遇丰厚。他认为，绿营兵不能战的原因很多，其中之一，当是兵饷太薄。湘军勇丁每人月银达 4 两 2 钱，较绿营增加一倍有余。饷银来源为当地士绅捐输，及从同乡商人抽取的厘金。

曾国藩也非常注重兵勇的军事训练，逐日操习阵法与技击，自己常去督察检阅。他对军官要求十分严格，也绝不允许军官宽纵部下。另外，他意识到，湘军的作战区域水系丰富，在这种环境中作战，水上优势将决定整个军队的优势，所以他从一开始就注重水师。在军械方面，曾国藩也煞费苦心，尽力招揽当时的技术人才，仿制西式军器，尤其是对大炮的制造最为痴迷。

咸丰三年，恭亲王初入军机处，就敏锐地觉察到团练可堪大用。当时朝廷已经发现了团练的好处，但仍然担心其形成尾大不掉之势，因此有"所有团练壮丁，不得远行征调"的谕令，要求他们只能在各自州县出力。当看到曾国藩在湖南剿匪极有成效，且湘勇有做大做强的潜质，恭亲王极力主张打破地域限制，奏请文宗同意曾国藩驰赴湖北。

文宗此时已别无他法，从奕䜣所请。然而出乎奕䜣意外的是，曾国藩拒绝了远行征调的命令，在给文宗的奏折中说："饷乏兵单，成效不也必，与其将来无功效，受大言欺君之罪，不如此时据实陈明，受畏葸不前之罪。"

这也许是恭亲王在军机处遇到的第一个难题，也很可能是他与曾国藩第一次打交道。在旁人看来，破例允许湘勇出湘剿匪，是对曾国藩的一个恩典，因为以他的能力，这是一个争取功名的好机会。恭亲王最初估计也以为他回绝是为了讨价还价，争取饷银，但当朝廷专门为其从四川调拨银两，曾国藩仍以水师操练未足奏请缓行，就更加令人费解了。

恭亲王虽然此前并不了解曾国藩，经过与其反复的文书往来，开始逐渐明白了他的心思。说起来恭亲王与曾国藩在某些方面有类似之处，特别地，他们都是孔子正名主义的忠实追随者。也许恭亲王所担心的与曾国藩是一致的，他们都不愿意团练步绿营军的后尘，丧失掉其新鲜的活力。要避免这一点，就必须给曾国藩和他的团练军"正名"，让他们拥有自己的主权。虽说将在外，君命有所不受，但作为一个固守传统名教的儒将，曾国藩可能更希望拥有事先的授权。

恭亲王的猜测是正确的。咸丰四年三月，恭亲王为文宗拟旨：著曾国藩迅即遵照前旨，克日帅师东下，迎贼所向，并力歼除。此时得力舟师，专恃曾国藩水上一军。傥稍涉迟滞，致令汉阳人股窜踞武昌，则江路更形阻隔。曾国藩唯当权衡缓急，相机速办。朕既以剿贼重任付之曾国藩，一切军情，不为遥制。

接到这道旨意后，曾国藩终于统率水陆各军，顺流出湘，于八月完成了收复汉阳、武昌两座城池的目标。从此以后，曾国藩的湘军成为抗衡太平军的中坚力量，而国家兵权仅握于皇上一人之手的格局也被打破。

曾国藩与恭亲王还有一个相似之处，就是他们虽然都恪守名教，但又不乏必要的灵活性。咸丰十年八月，文宗逃往热河。奕訢在留守之时，经常要应付文宗前后矛盾的谕旨，如果他死守君令，不知变通处理，这抚局不知何时才能了局。

当时正在围攻安庆的曾国藩，接到了文宗进京勤王的谕令，命他部队中选取精勇，交手下鲍超管带，"兼程前进，克日赴京，交胜保调遣。勿得藉词延宕，坐视君国之急"。安庆之战在剿灭太平天国的战局中甚为关键，要是调兵北上，安庆势必撤围，之前的努力极可能前功尽弃。

曾国藩深知"此事无益于北，有损于南"，但又绝不能在面上抗旨，于是，他先拖着不复奏，估摸着北京差不多大局将定之时，才上奏说，这么重大的事，不应该随便派个人去，请朝廷在自己与胡林翼二人中，钦派一人带兵北上。等他的奏本到达之时，英法联军已经准备撤离北京，于是他如愿收到回复："曾国藩、胡林翼均著毋庸来京。"

均重名教，但曾国藩与恭亲王也有一个显著的不同，就是他对名节的追求已经到了无以复加的地步，这应该是源自他们出身的巨大差异。曾国藩在而立之年，似乎突然明白了孔子说的"不知礼无以立"，从此修身养性，每天日课不辍。《左传》中说："太上有立德，其次有立功，其次有立言，虽久不废，此之谓不朽。"帮助曾国藩之名立于世的，除了来自他所立之德与功，更主要的当是他借以立言的日记与家书。

曾国藩号称有十三套学问，包括《治学论道之经》《处世交友之道》《修身养性之诀》等等，而排在首位，影响最为广泛的赫然就是他的《家书》。不知道方遯翁是不是受了曾国藩的影响，发现家书和日记是立言的好工具。

我很怀疑钱钟书先生《围城》里的方遯翁，原型之一就是曾文正公，因为在读《曾国藩家书》的时候，这位老先生的形象总会从脑海中冒出来："方遯翁有许多临别赠言吩咐儿子记着，成双作对地很好听，什么'咬紧牙关，站定脚跟'，'可长日思家，而不可一刻恋家'，等等。鸿渐知道这些虽然对自己说，而主要是记载在日记和回忆录里，给天下后世看方遯翁怎样教子以义方的。"

我也有理由怀疑，曾国藩每日的"一言一动，同时就想日记里、言行录里如何记法"，预备给天下后世看的。比如收到勤王饬令之时，他虽然打定主意不会北上，但在日记中的记载却是："余忝窃高位，又窃虚名，若不赴君父之难，则既贻后日之悔，复惧没世之讥，成败利钝，不敢计也。"曾国藩在写家书的时候应该也不会把家人当作唯一的读者，他在保存下来的第一封给诸兄弟的家书中写道："嗣后我写诸弟信，总用此格纸，弟宜存留，每年装订成册。其中好处，万不可忽略看过。"

不过，把曾国藩当作仅靠立言窃取虚名之人，显然有失公允，恭亲王也绝不只是被他的言辞所打动。奕訢清楚，他胸中的蓝图光在朝堂之上获得支持是远远不够了，要把它们落地，生出实效，非倚靠如曾国藩一般能立功的地方大员不可。

十月十八日，恭亲王当政后半个多月，就给曾国藩安排了一个极重要的差事："钦差大臣两江总督曾国藩，著统辖江苏安徽江西三省并浙江全省军务。所有四省巡抚提督以下各官，悉归节制。"

洋务运动——走上师夷长技之路

恭亲王领衔的两大中枢机构，军机处把持内政，总理各国事务衙门负责外交，在太后听政的初期，大清的政局确实如奕訢所期望的那样，是两宫垂帘、实权归己。

这两大中枢都是由临时组织演变而成的实权机构，而且，说起来它们都是名实不相符的。军机处原是讨论机密军情之所，后来成为一切政令所出之处；总理衙门本来为处理对外关系所设，后成包括商务、教务等的洋务总汇，再后来凡与西洋有关的新政，财政、军事、教育、制造以至交通、矿务、海防、边务等等，均由总理衙门策划实施。

因此，总理各国事务衙门成为实际上的总理洋务运动衙门，而主持总理衙门达24年之久的恭亲王也成为洋务运动的总导演，而这场运动的主要演员则是以曾国藩为首的，崛起于太平军剿灭战场的封疆大吏们。洋务运动有中枢主政者的倡导，也有各省督抚的呼吁，如此同声共气，使其有了一个良好开局。

恭亲王的《通筹夷务全局酌拟章程六条》与《奏请八旗禁军训练枪炮片》这两份洋务运动的纲领文件，主张外交与军事并进，一面以信守和约赢得和平与外国的支持，一面以力图自强把国家的命运与发展紧密地联系在一起，这也得到了曾国藩、李鸿章等疆吏的大力支持。当然，他们所重视的更偏向于军事自强一途。

这些督抚们对办洋务的强烈需求，与他们身处战争前线的切身体会有关，坚船利炮对一支军队的意义是不言而喻的。曾国藩从办团练之初，就从广东购置来洋炮，在这方面，江忠源与胡林翼也不遑多让。僧格林沁的铁骑驰骋沙场，毙敌无算，但与英法一战，却几乎全军覆没，对这些身为督抚的将帅们无疑是一个巨大的刺激，更增加了他们对西洋火器的渴望。另外，他们在地方上与战场上的所见所闻，以及具体办理洋务过程中产生新思想、新观点，无疑会与身处北京的恭亲王及其幕僚形成良好的反馈与互动。

另一方面，在与太平天国作战期间，江忠源、曾国藩、胡林翼、李鸿章、左宗棠等人的督抚之职都是由军功取得，而且他们与前朝督抚不同的是，都有领兵之权，这正是地方团练出现后，与皇帝分享兵权的结果。更进一步地，他们还拥有增兵、练兵的权力，这意味着督抚们已经有了完整的军事上的实权，这同时又大大提升了他们的政治地位，他们的声音也更能被朝廷所重视，更能与中央以恭亲王为首的洋务派的声音形成强大的合力，产生更大的影响。

清朝的君主专制被认为是达到了中国历史上的顶峰，无论是六部九卿，还是地方督抚，都没有实际的上下级关系，他们都只从属于皇帝一人。太平天国造成的权力重心下移，是反其道而行之，这种局面应该不是诸位先皇乐于见到的。

但是，这对于恭亲王推行新政却有着意料之外的好处，他只需要在中央运筹帷幄，地方大员就可根据自身掌握的权力和拥有的资源予以力行，而不必如同以前那般，大事小事均须得皇上上谕方得办理。虽则文书往来不可尽免，但比之以往烦琐冗长的官样文章已是大为便利。

在几位疆吏中，江忠源与胡林翼均英年早逝。江忠源率楚勇转战湘鄂，官至安徽巡抚，于咸丰四年（公元 1854 年）太平军攻打庐州时，以身殉城。胡林翼为湘军重要首领，署湖北巡抚，咸丰十一年（公元 1861

年）攻克安庆，被曾国藩推为首功，旋即于武昌病逝。这样，曾国藩、李鸿章、左宗棠三人就成为洋务运动在地方上的中坚力量。

在当时以及当代一些人眼中，洋务运动都只是向洋人买洋枪洋炮洋船，以及跟洋人学造洋枪洋炮洋船，完全忽略了这是一场试图全方位效法西方以改变中国落后状况的自强运动。可惜在当时的中国，能清醒地认识到并有能力去改变这个状况的，只是从恭亲王奕訢、文祥到曾国藩、李鸿章、左宗棠等少数人，如果没有他们，经历过英法联军侵入北京、俄国人强取大片土地以及太平军作乱江南的中国，又会在短暂的痛苦之后，再退回到鸦片战争之后那种麻木的状态，再做回天朝上国的美梦。

咸丰十年年末，公元 1861 年年初，由恭亲王创立的京师同文馆，是中国开办新式教育的起始，更是洋务运动从纲领到落地迈出的第一步。美国人丁韪良先是在同文馆教授英文与国际法，后担任总教习二十余载，在他的筹划下，同文馆无论是在组织管理，还是在教学内容和方法上，都具有近代欧美学校的特点。

京师同文馆培养出了近代中国第一批具有双语能力的外交官，以及英语、法语、德语、俄语、日语等各语种的外语教习和翻译人才，在 20 世纪初并入了京师大学堂，也就是后来的国立北京大学，丁韪良以 75 岁高龄继续出任总教习一职。

创办同文馆的同时，恭亲王着手实施"自强之术，必先练兵"的方针，制定了使用西式火器、学习西式操法的近代化练兵计划。他指示三口通商大臣崇厚制定详细的训练章程，从京营八旗中抽调官兵赴天津接受英国教官训练，并把这种由中国官员主持、聘请外国军官练兵的模式向江苏、福建等重点省区推广。

恭亲王在给李鸿章等人的信函中强调，在坚持以西法练兵的同时，必须高度重视军官的近代化训练，并把"练兵必先练将"的思想作为谕令发给各督抚。恭亲王制定的这一原则极富预见性，有效地防止了西洋教官对所练部队进行实质性把控，把兵权牢牢地掌握在了中国人自己手上。

丁韪良与同文馆其他教员合影

　　执行近代化练兵计划最为积极的当属曾国藩的湘军和李鸿章的淮军。淮军是以湘军为班底，由曾国藩一手策划并带领李鸿章创立的。在与太平军作战的过程中，因战线过长导致兵员不敷调用，曾国藩萌生了创立淮勇以济湘军不足的想法，经再三筹划后交李鸿章实施，并调拨湘军得力将官训练新兵，亲自制定兵营规制，考察各营将领。平定江南太平军之后，曾国藩自请裁撤湘军，淮军替代了湘军的地位，成为剿灭捻军的主力。到同治四年（公元 1865 年），淮军经西法练兵并装备西式火器后，成为中国第一支近代化军队，5 万名淮军拥有洋枪 3 万余支、炮兵营 4 个。

　　推行近代化练兵的同时，恭亲王也在准备筹建第一支近代化海军舰队。他在咸丰十年（公元 1860 年）就提出过购买西洋舰船的建议，当时曾国藩正指挥安庆之战，虽然口头表示听从，却并未及时办理。次年，当他完成总理衙门组建，开始大力督办洋务后，再次提出这个想法后，曾国藩快速响应，极力表示赞同，称其为当前第一要务。

　　曾国藩还顺着恭亲王为军队近代化制定的原则说，必须将这支舰队的控制权抓在中国手中，每船只留几名司舵、司火的外国人即可，其余驾驶、司炮等重要岗位由中国人担当，整个舰队的指挥官则从清军水师中遴选。

恭亲王看来，花大把银子购买整支舰队，既能提振军事力量，又能笼络外国人，是两全其美之策。我不知道通过买买买的方式来与外国交好，算不算得上是高祖的首创。恭亲王当即指示为大清打工的英国人、代理总税务司的赫德办理采购事宜，赫德则推荐了目前在英国病休的现任大清国总税务司李泰国，代表大清政府全权办理此事。

但军用舰艇毕竟与波音、空客这种民用飞机大不相同，不是说只要花钱就能买来的；而且英国与中国也是大不相同，不是说你大笔一挥，说买就买、说卖就卖了，这种对外的大宗军火交易是要得到议会批准才能进行的。

反对的声音主要来自出于宗教原因同情太平天国的议员，也有人担心这宗买卖会把英国拖入中国的内战。最终，英国议会给这宗交易投了赞成票，出人意料的是，促成此事的正是"大清人民的老敌人"，时任英国首相的巴麦尊。

英国人与北京和南京分别打过交道的各种情形，让巴麦尊相信，只有帮助大清国推行目前的新政，维护其国内和平，才对大英帝国最为有利。很显然，大清国的当政者恭亲王表现出来的信守条约、诚恳交往的态度真正打动他了。他还说，英国助力大清建立强大的军队，可以使法俄等国不敢轻举妄动，这恰好证明了恭亲王以夷制夷策略是行之有效的。

得到议会允许后，英方决定将最先进的舰艇卖给中国。承担采购任务的就是李泰国，他对自己的雇主大清政府交办的这一差使非常感兴趣。他请来了大英海军上校阿思本，在未经雇主许可的情况下与其签订了合同，聘任其为舰队司令。在合同中，李泰国要求阿思本只执行由他转达的并且他认可的中国皇帝谕旨，言下之意，这位大清舰队司令连大清皇帝的命令都不一定全部遵守。

得知详情的赫德觉得这简直不可思议，去信劝阻，但被李泰国拒绝。

有关于私下与阿思本立约，李泰国是这样解释的："我们不得不和善于欺骗和背信的亚洲人打交道，他们会随时以眼前利益和自己的观点进行修正。我们毕竟给他们提供的是实质的军事援助，必须防止这种援助被滥用，给自己及我们的支持者们带来丑闻。"

看来，拿着大清薪水的李泰国骨子里是个坚定的爱国主义者。当然他的这种说法只有英国人才知道，他给大清政府的解释是，中国地方官员过于腐败，因此由英国人在皇帝的旨意下指挥舰队，是最好的选择。

阿思本舰队

李泰国回到北京，与赫德一起觐见恭亲王。恭亲王断然拒绝他与阿思本签订的合约，坚持中国舰队的指挥权必须由中国人自己说了算，决不允许他人插手。经过几轮谈判，在赫德的斡旋之下，双方同意，在阿思本之上设立舰队最高指挥官，其人选由曾国藩与李鸿章推荐，并就舰队开销来源等共达成五条协议。

同治二年（公元 1863 年）初秋，阿思本率领舰队到达中国港口。当阿思本得知李泰国与大清政府新达成了五条协议，十分恼怒。他认为这违背了之前他们之间所签订的合同，而且他也决不能容忍"自己的"舰队听命于地方督抚。阿思本先表达了他对李鸿章极度的不满："李鸿章是个能干的中国人，但也是个不守规矩的人。"这是因为他和舰队官兵在上海逗留期间，李鸿章派人带着重金来诱使他的官兵跳槽。阿思本还怒火冲天地说："如果这就是中国特色，难怪他们无论陆战和海战都要打败仗了。"

此时，赫德已经去了江南，到他的新岗位赴任。阿思本的到来使李泰国重新强硬起来，几个星期中，他们到总理衙门与中方屡次谈判，谈判屡次在争论和咆哮声中被迫中止。恭亲王并未在谈判中露面。最终，谈判以恭亲王勃然大怒宣告破裂。

使"尊贵与镇定"的恭亲王都被震怒的，是阿思本的"最后通牒"。阿思本先辩称自己与李泰国一直在遵行恭亲王的指令，是大清政府不遵守诺言，继而要求总理衙门在48小时内批准他和李泰国签订的协议，否则就立即解散舰队。面对这种对主权的挑衅，恭亲王没有丝毫退让，他坚决地捍卫了自己的立场，下令就地遣散包括阿思本在内的所有英国海军官兵。

有时候我会想，李泰国与阿思本所言其实并非尽虚，如果将这支装备精良的舰队放到地方官员的手上，未必能比阿思本指挥更有战斗力。但我又很快地否定了这个想法，高祖心中也许会冒出同样的念头，但由他掌舵的洋务运动的根本目标在于自强，无论以何种方式与西方交好，以及采用西法，都是服务于这个目标，一切有可能伤及自强自立根本的，他一定会毫不犹豫地加以规避。

我还会想，无论高祖在做这个决定的时候表面是多么坚强，他的内心一定是痛苦的。如曾国藩所言，创建自己的舰队是"恭邸数年苦心经营之事"，现在计划流产不说，还损失了80万两纹银给英方作为经济补偿，难免痛惜。痛定思痛，这也更坚定了高祖兴办自己的军事实业的决心。

三年后，恭亲王的苦心经营初见成效。同治五年（公元1866年），左宗棠在福州马尾创设造船厂，附设船政学校，自行造船、自行培养航海、造船专门人才，中国迈出了海军近代化的第一步。

翻手为云——演一出权力的游戏

我很想弄明白，帮助叶赫那拉氏实现这一切的权谋之术是先天获得还是后天习得，又或者是兼而有之。

肃顺一派当权之时，慈禧利用文宗赋予的钤印之权与之周旋，当发现力量不足时，她拉拢慈安一起对付他们，在没有胜算的时候，她可以忍辱负重。

当借助恭亲王之力扳倒了肃顺，也取得了梦寐以求的听政机会，无论叶赫那拉氏是不是能明白奕訢示弱守柔的真正用心，她都不会放弃这一机会，所以绝不会推辞为其定制的权力宝座，她所思所想，都是如何巩固这一宝座。正因如此，她才会在屁股都没坐热的时候，就迫不及待地，也毫不客气地连发上谕，把本属于皇帝的权力抢到手上。

如果圣旨都那么管用，那早就天下太平了。叶赫那拉氏并不愚蠢，她知道在培植起自己的力量之前，她还不得不倚重恭亲王来稳定朝局，因此，她觉得有必要对恭亲王进行安抚。

但恭亲王并不认为有这个必要，他已经从这场政变中得到了自己想要的东西，因此拒绝了太后给予的亲王世袭罔替的赏赐。随后颁布的上谕是这样说的：恭亲王"洒涕固辞，情词至为恳挚。我母后皇太后圣母皇太后再三申明，此系先帝恩旨。而该王辞谢倍力，声泪俱下"。

这道上谕读起来真的好有画面感。一边非要给，一边偏要辞，给的给得坚定不移，辞的辞得斩钉截铁。这位拟旨的不知是内阁学士还是军机章京，不写小说真是太可惜了，辞得这一把鼻涕一把眼泪的，怎么收场呢："两宫皇太后未忍重拂其意，不得已姑从所请。"要是这就完了，又显得给得不够诚意，于是乎，"著先赏食亲王双俸，以示优礼。王其钦承朕命，毋再固辞。"

亲王俸银从顺治朝定下来之后就没变过，一直都是一万两。一年多个一万两白银，对恭王府来说当然算不得什么，但考虑到年俸二万两介于辅政王与摄政王之间，这实际上也可以看作是慈禧太后安抚与抬高恭亲王的一种方式。

这一次的"洒涕固辞"发生在咸丰十一年十月初八，也就是那首分权五部曲颁发出来的第二天。如果说这还不足以打动恭亲王的话，两天后，那拉氏颁发懿旨，将康慈皇太后升祔太庙、议加尊谥一事，交大学士会同六部九卿详议具奏。

十余天后，大学士会同六部九卿覆奏："恭上尊谥曰孝静康慈端惠弼天抚圣成皇后，升祔太庙，永极尊崇。"慈禧太后犹嫌不足，还下懿旨要求把康慈皇太后的尊谥"恭拟加至十二字，以符旧制而表隆称"。于是，原本十字尊谥，在端惠前又添加了"懿昭"二字。

恭亲王于咸丰五年被逐出军机，并被责令不能主理康慈皇太后丧仪，无论是否与他请旨为母亲上尊号有关，这件事始终是他心中一个偌大的伤疤。而且当时母亲仅仅上了尊号，只是奉祀于奉先殿内，文宗并没有同意康慈皇太后配享太庙，也未加尊谥，并不能被称为成皇后。现在，慈禧太后成全了恭亲王最大的一个心愿。

一个多月之后的十二月初九，慈安皇太后、慈禧皇太后又有懿旨，晋封恭亲王之长女为固伦公主，"所有服色体制，均著照固伦公主之例"。按清制，只有正宫皇后所生的女儿才能册封固伦公主，其他妃嫔所生之女只能封为和硕公主。只有少数例外，比如乾隆年间，惇妃所生的女儿特别受高宗宠爱，就被破格册封为固伦和孝公主，就是曾经占据永璘半个王府的那位。因此，恭亲王的长女就算是被慈禧太后收为养女，也是没有资格得到固伦公主这一封号的，这比和孝公主的破格破得厉害得多。

转过年就是同治元年，正月初一头一天，5岁多的小皇帝，再奉母后皇太后圣母皇太后懿旨，给他的堂弟、日后的玩伴、3岁多的奉恩辅国公载澂，加恩赏戴三眼花翎。

当然，所有这些加恩，破例也好，格外也罢，大都不过是一些虚名而已，对慈禧太后来说也只是几道旨意，不会费太多工夫。但慈禧厉害之处也就在此，她深知这些虚名的重要性，换言之，她非常清楚，名教思想是自己可资利用的最有效的工具。

建立与统治一个大一统的国家，首要任务就是取得思想上的统一，从秦皇汉武到唐宗宋祖，概莫能外。汉朝不同于秦朝的地方在于，秦朝统一思想的方式是禁绝一切思想流派，而汉朝则是在各种流派中独独扶植儒家为正统。表面上，汉朝并不阻止百家思想的传播，但任何人想要从政，想走仕途，必须有儒家经典作为学问基础，儒学更在后来成为中国历代开科取士的唯一内容。这背后的逻辑可以通过当时的政治和社会环境来说明。

秦国一统天下，采用的是对内的高压政策与对外的纵横政策，其理论基础是法家。秦朝灭亡后，人们群起而攻的不是它的统治者，而是它所采用的思想，即严酷寡恩和无视仁义道德的法家思想。其后的统治者很自然地，会从法家的反向去寻找合适的思想来驾驭民众，这就是儒家与道家。

汉高祖刘邦在向咸阳进兵前"与父老约法三章耳：杀人者死；伤人及盗抵罪"，后来变为成语的"约法三章"，其本意的重点不在"约法"，而在"三章"。新法只有三章，这是与当时秦朝严密的法律体系完全相悖的一个做法。

道家的政治哲学是无为而治，就是说统治者做事越少越好。汉朝初年，道家思想最为盛行的原因在于，在多年战乱后，百姓亟须休养生息，道家的治国理念正好迎合了这种需求，所以就有了"与民休息"的文景之治。汉景帝时期的七国之乱，使国家面临分裂的危险，承继皇位的汉武帝决心实现全国思想统一，讲究无为的道家哲学显然无法担当起这个重任，董仲舒以儒家思想为基础的大一统理论应时而生。

"大一统"这个语汇最早出现于《春秋公羊传》："何言乎'王正月'？大一统也。"这里的"大"并非形容词，而是动词。整句话的意思是，为什么要把王（这里指周文王）放在正月的前面，是为了尊重周文王的一统天下。古时改朝换代，需要"改正朔"，正指一年之始，朔是一月之初，所以"王正月"表示周文王的正月，天下万物都以此为始。

董仲舒借用并发挥了这一观点，他说："《春秋》大一统者，天地之常经，古今之通谊也。"也就是说，大一统是天地古今之道，是不可改变的。而且，有了大一统的国家，必须具有适应这种大一统国家的统一思想。所以，他的建议是："诸不在六艺之科、孔子之术者，皆绝其道，勿使并进。"

汉武帝采纳了董仲舒的建议，儒学也就此取得了"独尊"的地位。总的说来，儒家的政治主张是利于君主专制统治的。君王是天命所归，这个思想最早出现在儒家经典《尚书》，孟子发展了这一思想，董仲舒则把它阐述得更为透彻，"惟天子受命于天，天下受命于天子，一国则受命于君。王者必受命而后王，王者必改正朔，易服色，制礼乐，一统于天下。"

在汉朝之前，包括秦朝和周天子时代，君王的王位都是从祖先承继而来的，汉高祖出身布衣而君临天下，就需要这样一种更明确的理论来支撑。刘邦平定天下之后，诏令一班儒生制定了一套宫廷礼仪。在试行这套仪式后，刘邦才第一次找到了身为皇王的感觉："吾乃今日知为皇帝之贵也。"

董仲舒的名教观念强调等级名分，用礼制和道德来规范社会人伦，这当然是任何统治者都乐于见到的。但儒家并非只有保守的一面。孟子说："民为贵，社稷次之，君为轻。"孟子还按孔子正名的主张，认为国君的德行如果不配做一个国君，这个国君就是名不副实的，此时百姓就有进行革命的道德权利。

当然，任何统治者都不会因为儒家具有革命性的这一面而放弃它，这两千多年来的"独尊儒术"，以及所谓的儒家治国，当然不会是全盘接收儒家思想，没有哪个当权者会蠢到自己在头上悬上一把利剑。有人说，刘邦因为儒家的礼制而欣赏儒家，是因为他不懂得儒家思想是怎么一回事，更不懂得儒家思想的真正精神将会导致对统治者无德无才的不满。我觉得这种说法有些书生气，他们不是不懂，而是根本不会对这种不满有任何担心，因为儒家思想并不是帮助他们实现统治的唯一工具。

这就是所谓的"外儒内法"。儒家思想用来规范社会伦理，在学术领域也占有统治地位，主要目的是进行道德教化，统一和控制民众思想；施政原则与统治方法则取材于法家，用法家思想来确立权力与威势，制定法律和规章制度。

任何一种思想、制度或是方法，其作用于社会的效果，都跟这个社会本身的特质密切相关，当权者在对这些思想进行选择和取舍的时候，也会考虑这一特质。随着社会的变迁，思想和制度也会随之发生相应的变化。总的来说，社会环境越恶劣，儒家思想的教化作用越不显著，统治者更倾向于使用严苛的律法，反之亦然。

然而，无论在什么样的环境下，儒家的礼教对某一类人总是有很强的约束力的。这也是千百年来，不管其间杂糅了法家还是阴阳家，也不管期间道家或佛家如何起起落落，儒教始终具有最强大的生命力的原因。

在晚清，这一类人的代表，在最高统治阶层就是恭亲王奕訢，名教使他不会有任何僭越念头，使他在为人子时心甘情愿地接受父皇的安排，为人臣时则毫无怨言地替君上排忧解难、为国事殚精竭虑，不管这位君上是兄长还是子侄，也不管君上是重用还是严谴，都恪守名分躬身领命；在封疆大吏中就是曾国藩，他在名教的指引下修身齐家、统兵治吏，为免功高震主，更是自裁其军。再往下则是人数众多的士绅阶层，本来他们在社会领导力方面已大不如宋、明两朝，在与太平天国的对抗中，他们得到崛起的机会。名教在他们身上留下了深刻的烙印，上则效忠帝皇，下则教化万民，他们是维护正统的中坚力量，名教正统对他们来说是最可宝贵之事，因此，清初剃头易服他们为正统丧失而顿足捶胸流涕痛哭，清末剪发除辫他们因丧失正统而捶胸顿足痛哭流涕。

无论是恭亲王、曾国藩，还是士大夫们，在政治这场权力的游戏中，他们是参与者，也是规则的守护者，在他们那里，名教思想有着至高无上的意义，是这场游戏最基本同时也最重要的规则。在这样一场游戏中，如果其中一个角色加了外挂，它了解这些规则，并能跳出规则之外，岂非天下无敌了？

慈禧太后就是这样一个角色，她的外挂说出来也是稀松平常，人人都可以加，但不是人人都加得像她那样好。这个外挂其实就是两个字：厚黑。李宗吾先生的大作《厚黑学》，可以算是慈禧开挂人生的最好注解。

面厚心黑，知易行难。这世间的大圣大贤与大奸大恶同在少数，天下众生绝大多数都如你我一般，最多能摸到门边，难以登堂入室。而且普通人厚黑起来登峰造极也只能到第一层，"厚如城墙，黑如煤炭"，用武学的话来说，这是着了痕迹，落了下乘。洪秀全可以算是到了第二层"厚而硬，黑又亮"，这足以使他称王十几年。

真正的上乘功夫是第三层的"厚而无形，黑而无色"，这种无形无色的境界，非凡人所能及也。到了这种境界的人，已经无所谓圣贤奸恶了。大清国出了叶赫那拉氏这样一位非凡的人物，到底是应该庆幸还是悲哀呢？

登顶之路——这一曲冰与火之歌

据说，大清建立前，有人曾经挖出一块石碑，其上刻有"灭建州者叶赫"的字样。

我们当然无法仅凭一个子虚乌有的故事，就把清王朝倾覆的罪责交由慈禧太后一人承担。但我们又必须承认，正是这个女人，把整个爱新觉罗家族都玩弄于股掌之间，她有如饕餮一般的权力与享乐欲望，也确实把整个国家拖入了万劫不复的深渊。

清朝皇子教育以严厉著称，儒家经典是他们的必修科目，名教思想对他们影响至深至远，也正是因为名教的作用，"圣人以孝治天下"，清代历朝对先帝们的祖训亦极为重视，其作用相当于一部不断修订的宪法，规范着后世子孙的言行，也对他们治国理政起着至关重要的作用。慈禧在清朝晚期之所以能随心所欲、为所欲为，根本没有一个人是她的对手，几乎没有人能威胁到她的极权专制，根本原因就在名教二字。

名教，还有爱新觉罗的先祖们制定的严密家法，一方面被叶赫那拉氏践踏得不成体统，另一方面成为她控制和利用爱新觉罗家族的工具。更让人觉得不可思议的是，一步一步帮助她实现这一切的，恰恰是爱新觉罗的子孙，其中贡献最大的，就是奕詝、奕訢、奕譞三兄弟。

奕詝给载淳留下的那枚"同道堂"印章，成为那拉氏控制朝政的第一层阶梯。文宗在世之时，那拉氏对政事的热衷就已经表现出来了，所以文宗对她应该是不太放心的。文宗应该清楚的是，这枚印章多半会落在那拉氏手里，所以他给皇后钮祜禄氏的"御赏"印章，算是一个有先见之明的特别安排。

至于后世盛传，文宗给了皇后一道密旨，我觉得多半是从"御赏"印章附会来的。慈禧太后所立的最后一位皇帝溥仪在《我的前半生》中说："我听到的各种传说内容都是差不多的，说咸丰去世前就担着心，恐怕载淳即位后，野心勃勃的懿贵妃做了太后，会恃尊跋扈，那时皇后必然应付不了她，因此特意给皇后留下一道朱谕，准备在必要时，用以克制。"

如此看来，我们所有人听到的内容和溥仪也是差不多的。但是，细想一下，如果文宗对懿贵妃的担心真的已经到了这个地步，何不效汉武帝应付钩弋夫人之法，干脆把她一杀了之呢？或者是因为厚黑功夫没有修炼到家，下不了这个狠手？

所以，我认为文宗并没有另下密旨。皇后对朝政并无兴趣，这同样是为文宗所知的，因此，他给皇后印章的主要目的就是为了牵制那拉氏，而不是让皇后过问朝政。何况以皇后东宫之尊，大可在那拉氏乱政之时把其拿下，而不必另假朱谕。而且，文宗自己都没有解决的问题，凭什么会确信靠一道密旨就能让钮祜禄氏解决呢？因此，合理的解释是，文宗对那拉氏的权欲确有提防之心，但绝料不到她的权欲能到何种地步，更料不到的是，连自己的儿子都会断送在这个女人的手里。

奕詝料不到的事，奕訢也没料到。和奕詝一样，奕訢也能感觉到那拉氏干预朝政的企图，和奕詝借助钮祜禄氏抑制那拉氏不一样的是，奕訢觉得自己有能力控制住她，因为他对"实权归己"的安排有十足的把握。

慈禧太后听政初期，除了在上谕中偶尔能看到"朕奉慈安皇太后慈禧皇太后懿旨"的字样外，甚少看到两宫太后对政务的影响。辛酉政变后，驻京美国公使蒲安臣在发回给国内的报告中，只说到了恭亲王的实权，根本没有提及太后。

虽然并不知道美国人的看法，但慈禧太后的性格决定了她不可能一直默默无闻下去。同治四年，那拉氏终于让世人知道了她的存在，也知道了她拥有的权力。之所以会等待这么久，一方面是她需要对朝廷各机构的运转模式更加熟悉，另外一个更主要的原因，是大清面临的危机已经解除。

肃顺倒台之后，恭亲王随即着手稳定大局，对肃顺一党采取了宽严结合、不肆株连的处理原则。肃顺被斩首示众，载垣、端华被令自尽，其余五臣被革职，同党中除少数官吏及太监被处以革职、发配等责罚外，对因公务关系与肃顺等人有来往的人都"不咎既往"，并将在肃顺家查抄到的账簿及往来书信等，当众烧毁，使众人得以心安。

咸丰年间，肃顺等人当政之时，借反腐之名，行排除异己之实，"屡兴大狱，以示威权"。恭亲王主政后的另一个任务就是平反冤狱，起复有影响的官员，包括前大学士祁寯藻、翁心存等人，以稳定人心。另一方面，要求各省大力举荐人才，江忠源、左宗棠等一批贤才就是以这种方式得到重用的。

同治元年，正逢京察之期。京察是一种每三年对京官进行一次深入考察的制度，恭亲王非常重视这次京察，以此为契机开展了对吏治的全面整顿。他订立了以政绩取人的基本原则，对政绩突出者予以破格提拔，政绩平庸者勒令退休，把重要岗位交给年富力强的官员，地方官吏的考察也照此办理。

在主持这些工作的时候，恭亲王当然会保持与两宫太后的随时沟通，这也成为那拉氏一个很好的学习机会。但是，只了解到内政的处理，还不足以让慈禧抛开恭亲王。她专断的本性真正暴露出来，还得等在华外国人和太平天国这两个大清国的大麻烦，都已经解决得差不多的时候。

在外交方面，尽管恭亲王本人对外来宗教持反对态度，但仍基于信守条约的目的，对西洋人的传教行为加以保护。恭亲王对各地的反洋教运动采取疏导而非镇压的方式，一方面是爱护士民之心，一方面也是为了避免激化矛盾。

在条约刚开始执行的过程中，地方官吏因各种原因对通商开放持拖延或消极态度，恭亲王则大多要求督抚对他们进行开导，对煽动或纵容民众滋事的，则要求对其从严惩处，避免破坏大局。个别地方督抚本身就对外交新政有抵触情绪，恭亲王则多加劝谕，让他们尽力与中央保持一致。他还积极化解英、法、俄、美四国公使对条约执行情况的不满情绪，对查明属实的错误予以及时纠正。经过几年时间努力，恭亲王"外敦信睦，隐示羁縻"的政策已见成效，而其务实外交也得到了外国公使的认可。

在军事方面，恭亲王的近代化练兵计划已经收到实效，他批准成立的淮军成为继湘军之后的又一支重要武装力量，曾国藩与李鸿章领导的这两支军队业已平定江南，取得了对太平天国的决定性胜利。不仅如此，曾国藩在收复南京后不久，就自请裁撤湘军，将大部分湘勇遣散，自行消除了建立藩镇的可能性。

同治四年（公元 1865 年）春，刚过而立之年的恭亲王算得上是春风得意、踌躇满志，精心呵护着越烧越旺的自强火炬。他提出的治国方略正在顺利实施，内政、外交、军事均逐步走上轨道，大清的心腹之害已根除在望，肘腋之忧与肢体之患治愈虽尚未可期，但"隐消其鸷戾之气"的战术已然奏效，大清如能继续推行洋务以图自强，假以时日，必可"遽张以挞伐之威"。

若要问恭亲王此时最想感谢的人，我想他的回答一定是父亲和兄长两位先帝，正是他们的信任和教导，才让自己今天有大展宏图的机会；还要感谢额娘孝静成皇后的养育之恩，她的谆谆教诲让自己不敢稍有松懈；还要感谢今上，虽然穆宗还差一个月才满 9 岁，但圣上的天纵英明是无可辩驳、不容置疑的；另外还要感谢两年前因病去世的桂良，他既是岳父，也是良师益友；感谢自己的得力助手文祥，他的智慧与干劲令人赞赏；感谢曾国藩、李鸿章，正是有了他们这些敢想敢为的地方督抚奋战在第一线，才能使大清江山更为巩固。

等等，高祖，您确定您的致谢名单已经列全了吗？

还要感谢两宫皇太后，感谢她们为额娘谨上尊号，升祔太庙，使她能与宣宗成皇帝共享烟火，成全为人子者最大的孝心，感谢慈禧太后收小女为养女，让自己可以为家事少操心，也感谢太后们对两位犬子的封赏。

您没有其他需要感谢她们的地方吗，特别是慈禧太后？

赏赐的世袭罔替已经"涕泣固辞"了。难道要感谢她没有给自己施政添乱不成？自己所做的一切，都是为了大清、为了爱新觉罗家的江山，她也不可能添乱啊？而且，就算她不考虑大清国和家族，她总会为自己的亲儿子考虑吧？

对敌人的低估总会付出代价的。比这更糟糕的是，在恭亲王没有把那拉氏当成敌人的时候，在感受到的全是那拉氏的倚重甚至仰仗的时候，对方就已经视他为头号大敌了。一场冰风暴早就在那拉氏酝酿之中。

我们都明白以史为鉴的意义，但我们往往又会处在当局者迷的境地，对国事的见识如此，对人的认识亦复如是。重蹈覆辙的慨叹，从来都是后来人发出的。当时的恭亲王根本没有把那拉氏放在眼里，不相信她会为了一己私欲置国家与家族，甚至自己的亲骨肉于不顾，也不会把她跟史籍中读到的吕氏、武氏等联系到一起。当然，和那拉氏比起来，这二位堪称面薄心善。

同治四年三月初七（公元 1865 年 4 月 2 日），慈禧太后自认为时机已经成熟，便毫不踌躇地向踌躇满志的恭亲王发难了："命恭亲王毋庸在军机处议政，并撤一切差使。"恭亲王终于为自己对那拉氏的轻视，付出了代价。

让我尤其悲哀的是，就算高祖对这一切能及早察觉，面对叶赫那拉氏使用的名教与家法两大终极武器，尽管他实权在握，却并没有任何能反击它们的力量，与其说他败给了那拉氏，不如说他是败给了自己。

大家说，是金子到哪里都会发光。大家还说，夫妻同心，其利断金。那拉氏对文宗不仅能举案齐眉，她还很好地诠释了什么是夫唱妇随：十年前，太平军北伐部队对北京的威胁彻底解除，恭亲王被赶出军机，十年后，恭亲王再被赶出军机时，太平天国已经完全崩溃，你有鸟尽弓藏，我就过河拆桥。

那拉氏连拆桥的理由都懒得重新想一个，或者她跟夫君一样，也实在找不出更合适的，于是就拿"礼"来说事儿。文宗这样说："恭亲王奕訢于一切礼仪，多有疏略之处。"那拉氏就这样和："平时于内廷召对，多有不检之处。"这顶帽子对别人不一定管用，对恭亲王就再合适不过了，一扣下来，他就全无应对之法。

青出于蓝而胜于蓝。当肃亲王华丰、惇亲王奕誴、醇郡王奕譞等一众亲贵重臣上书力保恭亲王的时候，慈禧太后并不固执己见，她开始踌躇了。真正让她改变主意的，是一名给事中的奏折中的一句话："骇中外之观听。"放眼朝中，慈禧太后根本没有一个真正的对手，但外国人却是她的致命软肋，这再跟文宗出奇的一致。如果真拆掉了恭亲王这座与外国交往的桥，洋人找起麻烦来就不得了了。

三月十六日，慈禧太后把桥又搭了起来："恭亲王著即加恩仍在内廷行走，并仍管理总理各国事务衙门。"也就是说，仅仅把外交部长的职务还给了恭亲王，因为她担心的仅仅是外国人而已。

然而，接下来的局面让慈禧太后觉得自己有些操之过急了。恭亲王的作用不只是局限在总理衙门，没有他主持的军机处，很快出现了运转失灵的状况。那拉氏决定再次让步，这就是善于厚黑之术的优势了，只要能达到自己的目的，韩信能忍胯下之辱，刘备可以流涕痛哭，往后退一步又能算得了什么？

何况，慈禧太后已经得到了她想要的结果，朝廷上下领教到了她的雌威，也知道谁才是大清真正的主人。肃亲王、惇亲王、醇郡王等爱新觉罗家族的龙子龙孙，在为恭亲王说情的时候，也只能提让他"改过自新，以观后效"，至于如何"再为录用"，全凭"天恩独断"，并无一人胆敢对她代表的至高皇权有半点微词。

四月十四日，那拉氏"天恩独断"的结果出来了。在内阁学士的笔下，恭亲王才是那个效仿刘备的人："谕内阁：朕奉慈安皇太后慈禧皇太后懿旨。本日恭亲王因谢恩召见，伏地痛哭，无以自容。"恭亲王著仍在军机大臣上行走，但议政王的头衔被拿掉了。至此，这个因恭亲王而设的特别岗位，再也没有在大清出现过。

议政王的虚名，恭亲王可以不在乎，他要的只是可以做事而且是做大事的权力，但是如果这种权力面临随时被剥夺的风险，他仍然可以不在乎吗？

剥夺恭亲王权力的权力，其实是他自己奉送给那拉氏的，因为他亲手搭建了垂帘听政的宝座。这个宝座，让慈禧太后轻而易举地越过了恭亲王，也成为她登上权力顶峰的第二层阶梯。

醇亲王奕𫍽为慈禧太后铺就了最后一层阶梯。

同治十三年（公元 1874 年）十月三十日，朝廷正式发布穆宗病重的消息："上不豫，仍治事如常。命军机大臣李鸿藻恭代批答章奏。"李鸿藻是穆宗的师傅，深得慈禧太后信任，于同治五年被其安排进入军机处。

十一月初五，在惇亲王等人建议下，满文奏章的批答由恭亲王代笔。李鸿藻在批阅汉文折件时，并不敢擅自主张，所以只有"知道了""交该部议"等寥寥数字。这样，所有的权力暂时集中到了恭亲王一人身上。

这种局面是慈禧太后不能容忍的。10 天之后，一道圣旨把恭亲王批览奏折的权力交到了慈禧太后手中。圣旨说："朕于本月遇有天花之喜。仰蒙慈安端裕康庆皇太后、慈禧端佑康颐皇太后调护朕躬，无微不至，并荷慈怀曲体。俯允将内外各衙门章奏代为披览裁定，朕心实深欣感。"

关于穆宗是否有"天花之喜"，一直众说纷纭。这在正史中肯定是无法找到大众需要的答案的，但民间一直都认定他是死于梅毒，到现在几乎已成公论，但所有说法的来源无非都是传说、野史与演义。染上天花一说倒有许多真凭实据，包括其脉案和用药档案，翁同龢在日记中描述症状等，而且穆宗的姐姐荣安公主，在其离世二十几天后也是患天花病亡。不过要是穆宗真的是有"天花之喜",是不是会让很多人忧从中来呢?

至少那拉氏就会很不安生。同样是野史记载,慈禧太后在说起穆宗的病情时,说他"必寻娱乐"。接下来记述穆宗归天之前,召李鸿藻前来,命他手书遗诏,提前指定继任者,以防止慈禧太后重新掌权。李鸿藻写完之后"战栗无人色",从养心殿出来即刻就将遗诏呈给慈禧太后。慈禧太后"怒不可遏,立碎其纸,掷于地","命尽断医药饮膳",没过多久,穆宗"崩耗闻于外矣"。

民间传说经过口口相传,不断添油加醋之后,很多时候比小说家闭门造车来得更加精彩。不过,如果定要采信野史,那么这种说法显然更为靠谱,因为它在逻辑上并无矛盾之处,而且与那拉氏的冷酷与跋扈极为相符。对慈禧太后来说,穆宗崩于梅毒,是她最愿意别人相信的。这是一个难以启齿的病因,完全可以打消对穆宗死因的追问。

民间还有一个关于遗诏的传说。说有一天,皇后阿鲁特氏听说穆宗病危,便哭着奔往皇帝寝宫,她看皇上神志还清楚,便问皇上有没有遗旨。穆宗使出吃奶的力气写了几个字,递给皇后。皇后接过来刚看一眼,忽然那拉氏挑帘进来,呵斥道:"皇帝给你什么东西,快给我!"皇后不敢违抗,把那张纸条递了过去。慈禧太后拿过来看了一眼,便把那张纸烧了。没过多久,穆宗就死了,又过了几个月,阿鲁特氏也死了。

关于这个被撕掉或烧掉的遗诏或纸条,上面到底写的谁的名字,又有不同的说法。其一是载澍,但载澍当时年仅5岁,如果穆宗有防止自己的生母重新掌权的想法,就绝不会指定一名年幼的载字辈,因为这恰好给了那拉氏再度以太后身份垂帘的机会。

其二是载澂。原因是穆宗将载澂视为自己的知己好友,好到想把皇位传给他,而且他年岁已长,慈禧太后就不能再垂帘听政了。为了使这个说法更加成立,人们又增添了两个让人回味的细节,一个是当穆宗驾崩,宣诸王大臣进宫议皇嗣问题时,奕訢突然冒出一句话:"我要回避,不能上去。"另一个细节是，其实载澍的说法是误传，或是有意避讳，因为"澍"与"潋"两字相近，是有人看错了或故意说错了。但他们忘了一点，载澍原名载榰，并非宣宗一脉，字旁用的不是三点水，载澍这个名字是在光绪四年，载榰过继给宣宗皇帝第九子奕譓时才改的。

拿汉字做文章，是野史家们的惯用手法，并且乐此不疲。康熙末年，就有人说圣祖遗诏的"传位十四皇子"就被篡改了，"十"字加了一横一钩，变成了"传位于四皇子"，至于旁边的满文怎么改，当然被选择性无视了。道光末年，这个汉字梗又被拿出来用了，说当时宣宗在立嗣时，书写名字的最后一笔是向下拖而不是向上钩的，因此被人猜到立的是奕"䜣"而非奕"誴"。结果呢，提前泄密让宣宗很恼火，于是他就干脆改成奕誴了。

当然，穆宗传位于载潋是小说家们最乐意相信的结果，因为这更能说明载淳与载潋哥儿俩有不能见光的秘密，无形中坐实了他们一起在北京胡同里打野食的流言。而且，恭亲王父子二人同与皇位失之交臂，这样的小说不就有更好的素材了吗？

关于穆宗选择的这个名字，第三个说法是溥伦。溥伦的父亲原名载中，咸丰年间过继给宣宗长子奕纬后改名载治。穆宗选择溥伦的原因是，这样就使得那拉氏由太后变为太皇太后，按清制也就不能再听政了。这里忽略的一个事实是，清制中原本也没有太后听政的规矩，那拉氏当太后时可以逾矩，难道当太皇太后就会守规矩了？何况孝以太皇太后身份过问朝政，有孝庄太皇太后作榜样，只怕比太后身份还要顺理成章。

这些以上帝视角编撰出来的故事，越是描写得活灵活现，其可信度越是可疑，不过从中倒可以得出一个有意思的结论，就是这些编故事的人有共同的想法，就是不愿意让慈禧太后再次出来干政。不过我们都相信，要是慈禧太后真的就此销声匿迹，她也不会成为这些故事中的主角了。

醇亲王奕譞与儿子载沣（立着）、载洵（怀抱着）

在我们这个国度，野史之所以如此强大的影响力和生命力，存在如此深厚的社会基础，实则是与政治的高度不透明有着深刻的联系。1947年，美国有两个社会心理学家曾提出著名的谣言传播公式，谣言的强度和流量等于其重要度与模糊度的乘积。换言之，越是重要的事件，越是不确定的事件，越能够形成谣言，谣言的传播也越广越远。

1953年，另一个美国人对此公式进行了修订，加入了影响谣言传播的主观因素，即批判能力，这一项与谣言的强度和流量成反比，也就是说，如果公众有很强的批判能力，那么谣言的传播程度将大打折扣，反之，如果公众的批判能力很弱甚至不具有这种能力，那么谣言的传播程度将迅猛增长。

发生于同治九年（公元1870年），轰动中外的天津教案，起因就是一则法国天主教堂将婴儿剜眼剖心用于制药的谣言。然而人们之所以无知，之所以不具备起码的判断能力，与专制政府钳制思想言论，实行愚民政策有着莫大的关系。

关于立嗣的另外一个谣言，来自两个英国人的历史巨著《慈禧外纪》。

此书在1910年一出版就获得了巨大的成功。据说书中引用了大量的第一手文献资料，包括上谕、奏折、日记等，这让它和此前西方出版的关于慈禧的通俗读物大为不同，以至于很多西方人把它当成了历史文献。

这本书中记载了一场关于立嗣的讨论会，参与者为两宫太后与恭亲王等宗室亲贵。当时，皇后已有身孕且临近产期，恭亲王与其他王公都建议等皇后生产后再决定立嗣人选，"如生皇子，自当嗣立；如所生为女，再议立新帝不迟也"。但慈禧坚决不同意，说朝廷不可一日无主。这时候慈安发表意见，说要立的话她选"恭王之子"载澂，或"载治之子"溥伦。慈禧则提名"奕譞之子"载湉。

接下来，作者还给参加会议的角色们安排了一个非常英伦范儿的举动，让他们采用投票的方式解决分歧。结果载澂得了三票，溥伦获得七票，载湉则以十五票遥遥领先，成功当选下一任皇帝。

从这本书的内容来看，也许称其为历史小说更为合适，它能在西方大获成功还好理解，毕竟够遥远够模糊。但在中国也能收获一干信众，就有点让人感觉不可思议了，也许只能套用修订过的谣言传播公式来得出答案吧。

正史中关于立嗣的争论当然只字未提。同治十三年十二月初五，公元1875年1月12日，穆宗驾崩。当日颁布的遗诏中只是宣布了结果："兹钦奉两宫皇太后懿旨，醇亲王奕譞之子载湉著承继文宗显皇帝为子，入承大统，为嗣皇帝。特谕。"

有人说，在这场立嗣风波中，奕訢是输家，奕譞是赢家，兄弟俩因此更生嫌隙云云。我只能说这是一种想象。经常听到有人开玩笑说："贫穷限制了我的想象力。"这虽然只是一种调侃，但它有着内在的逻辑。然后，限制想象力的并不只是贫穷，这种限制其实来自展开想象的那个人所处的环境，这个环境包括特质环境与精神环境。"皇上每天吃白馍"与"何不食肉糜"就是来自两个不同环境的想象，而且他们根本不认为这是想象，这里的感慨与疑问都有发自内心的真诚，因为这就是他们所了解的世界。

恭亲王、醇亲王兄弟没有谁想把儿子送进宫里当一个傀儡皇上，慈禧太后是唯一的胜利者，她选中自己的亲妹妹的儿子，自然有抬高娘家的身份的意图，但更重要的，还在于不到3岁半的载湉更容易为自己控制。载湉是过继给文宗为嗣的，这意味着那拉氏仍然可以以太后的位置重新垂帘听政，在程序上也少了一番工夫。

当得知自己的儿子被立为嗣君，奕譞一声哀号，捧头痛哭，趴在地上晕厥过去。载淳是先皇的亲子，也是那拉氏自己的亲生儿子，都被慈禧太后毫无顾忌地任意摆布。等待载湉的命运只会比载淳更加苦不堪言，而且，当时他只有这唯一的一个儿子。但是，这样的结果他除了接受还能如何呢？

载湉（德宗）登基，建元年号光绪。王公大学士六部九卿等吁请两宫皇太后垂帘听政，两宫太后"不得已姑如所请"。

奕譞被恩赏亲王世袭罔替，这样在朝堂之上就能与奕䜣分庭抗礼了。但是，恭亲王这些年的起起落落醇亲王都看在眼里，他并不想步恭亲王的后尘，而且现在的形势与当年那拉氏初次听政时已大不相同，经过十几年的时间，那拉氏已经在朝中培植了相当的势力。与恭亲王另外一个不同的地方是，醇亲王皇帝生父的身份更容易被慈禧太后视为威胁，自己稍有不慎就会给整个家族招来大祸，甚至还有可能连累载湉，尽管他坐在皇帝的位置上。

奕譞在积极参与辛酉政变的时候，或许是想在政治上有所作为，或许是想帮助六哥奕䜣走出困境，或许是因为福晋哭诉肃顺等人裹胁姐姐那拉氏，无论出于何种目的，他都是政变的受益者之一。但是其后发生的一切很难说是在他的意料之中。到最后，慈禧太后显然是把醇王府当作了自己的大本营，在这里挑出了两位皇帝，除了载湉，还有奕譞的孙子溥仪。

醇亲王所处的位置特别是作为那拉氏的妹夫，让他也不可能离开政治。一开始，醇亲王与恭亲王的政见并不相同，他显得十分的保守与排外，因此对恭亲王所领导的洋务运动采取的是排斥的态度。和大多数人一样，醇亲王将一切外来的东西，无论是兵器还是工业品，一概视为奇技淫巧。他甚至上书慈禧太后，建议削弱恭亲王的权力。

天津教案的处理，让朝廷内外的守旧派大为不满，他们给负责处理此案的曾国藩扣上了一顶卖国贼的帽子，更把矛头指向其背后的恭亲王，对他"外敦信睦"的外交政策大肆攻击。这些人中为首就是醇亲王，他以身体不适为由辞去一切差事，实际上借此表达对恭亲王的不满，不愿与其合作。

几个月后，醇亲王病愈复职，便直接向太后递上密折，指责恭亲王的不是。他一开头便说："欲尽君臣大义，每伤兄弟私情；欲徇兄弟私情，又昧君臣大义。"接着，他指出恭亲王一人兼管军机处与总理衙门两处机枢，"办夷之臣，即秉政之臣，诸事有无可否？"请太后在皇帝亲政前改变这种局面。醇亲王还认为"上年天津要案，民心皆有义愤"，朝廷正确的做法应该是趁势推助这种义愤，将外国人驱逐出去，绝不应该向外夷妥协，"以阻众志"。

慈禧太后当然乐于见到醇亲王这种将君臣大义置于兄弟私情之上的表现，但她对其指责的具体内容又无法给予支持。拿掉恭亲王的权力是她一直都想做的事，但朝廷的运转此时又离不开他，至于以义愤抵御外侮，也只能是说说而已。

醇亲王当然并非真是不念兄弟私情，他在很多时候都会向恭亲王施以援手，特别是在其遭受来自慈禧太后和穆宗母子先后惩治的时候，都义不容辞地站在了兄长这一边。他对兄长的攻击，可能更多的是不得已而为之，那拉氏的淫威一日更盛一日，他不能像兄长那样有足够的力量与之抗衡，只能选择保全自己。

于是，在德宗承继大统之后，醇亲王再次选择了称病辞职，表明绝不插手朝政之意。这样，光绪朝前些年的朝廷格局表面上就如同前朝一般，仍是由两宫太后垂帘，恭亲王主持大局。

醇亲王奕譞家训

　　等到载湉大婚可以亲政之时，慈禧太后已经不能再垂帘听政，奕譞又上书恳请慈禧太后暂缓归政，继续训政数年，他还建议"归政后当永照现在规制，凡宫内一切事宜，先请懿旨，再于皇帝前奏闻"。

　　当然，没有醇亲王的吁请，慈禧太后就会不再"训政"了吗？其实这一切只是套路而已。不是醇亲王，也会是别的亲王重臣，在他们的吁请之下，慈禧太后照例会推辞，如此几个回合下来，就到了再拒绝就天理难容的地步，"何敢固持一己守经之义，致违天下众论之公？"于是只能"勉允所请"。

　　爱新觉罗的王朝终究成了叶赫那拉氏的天下。

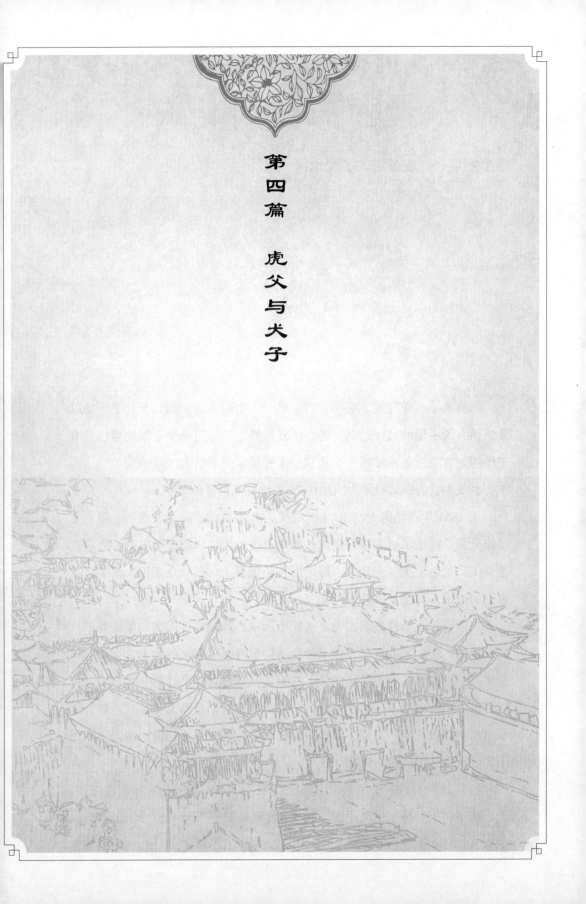

第四篇　虎父与犬子

举步维艰——改革进入了深水区

1861 年，恭亲王奕訢领导中国，这个古老的东方大国，开始了一场以效法西方为手段的自强运动。而在西方世界，这也是一个重要的年份，有三个国家在三位领袖带领下，从这一年开始了三场浩大的政治变革，这一年，也成为它们铸就超级大国并在 20 世纪称霸世界的起点。

从 1861 年开始的大约 10 年时间里，林肯总统废除了奴隶制，阻止了国家分裂，改造了美利坚合众国；沙皇亚历山大二世解放了农奴，为资本主义工厂提供了大量劳动力；俾斯麦首相推翻了日耳曼众亲王，终结了拿破仑的帝国，实现了德意志的统一。

之前，工业革命先后席卷了这三个国家，这场来势汹汹的革命并不只是简单的生产技术的变革，它对社会结构也带来了巨大的冲击，打破阻碍其发展的政体桎梏成为必然结果。然而，究竟什么才是桎梏并无定论。美国、德国和俄国的革命都是自由之名进行的，但结果却大相径庭，林肯给予自由美国以自由的真谛，俾斯麦在德国推行强权成为自由的敌人，亚历山大二世则试图让俄国拥抱自由。

很显然，与这三位人物相比，恭亲王在这 10 年的成就要逊色许多。拥有两千年大一统历史的中国，其成就变革的社会环境与这三个国家是根本无法相提并论的。另外，就地位而言，林肯与亚历山大二世本就是国家元首，俾斯麦尽管是首相，但他的强势是举世闻名的，他的顶头上司德意志帝国皇帝威廉一世为了国家利益，在他面前的"憋屈"也是出了名的。

在大清，憋屈的人只能是恭亲王，这与他自身的性格有关，他身上本就背负着万难打破的桎梏，这实际也影响了他有更大的作为；而一心只想高高在上的慈禧太后又绝不可能憋屈，权力和享乐是她的全部追求，除此一切都可以抛诸脑后。

失去议政王头衔的恭亲王，仍然管理着总理衙门和军机处，表面看除了一个名称之外别无二致，但事实并非如此。

恭亲王重入军机处 10 天之后，他的两位得力干将宝鋆、文祥，以军机处事务繁重为由，恳请辞去总管内务府大臣之职，并立即得到慈禧太后的批准。为方便予取予求，慈禧太后早就想把内务府控制在自己手中。文祥等的辞呈很可能是他们为恭亲王分忧，所用的一招舍卒保帅，取得慈禧的欢心，避免她进一步的刁难，也可能是恭亲王为了向那拉氏示好而做出的安排。无论是何种原因，都预示着恭亲王与慈禧太后的关系已经发生了根本变化。

这种变化不只恭亲王和他身边的人清楚。察言观色是每个中国官员的必备技能，亲王与太后的此消彼长，根本逃不过他们的双眼，接下来他们见风使舵的绝技就会派上用场。特别是那些被恭亲王的新政触碰到痛处的人，这个痛处可能是他们的实际利益，也可能是他们所固执的旧制，他们觉得反击的时机终于到了。

就恭亲王本人而言，他也不得不重新审视自己与慈禧太后的关系，也许还会重新审视历史上改革者的结局，虽然他会坚持既定的路线走下去，但此后走的每一步势必遇到更大的阻碍，要求他走得更加小心翼翼，难保不会瞻前顾后，甚至是左右摇摆；他还需要更加谨慎地注意自己的言行，以免招来更大的祸端，使所有之前的努力前功尽弃。

同治五年（公元 1866 年），背负重重压力的恭亲王还是决定把改革引向纵深。说来颇有意味的是，恭亲王深化改革的这个决定，是在英国人

"威逼"中国进行改革，大清政府进行"反抗"时做出的。

上年年末与这年年初，恭亲王分别收到了赫德的《局外旁观论》和威妥玛的《新议论略》两份文件。这两个英国人一为大清雇员，一为驻华参赞，都希望中国能加快改革的步伐。

大清海关第二任总税务司赫德（1835—1911）

赫德以在华英国人旁观者的身份，劝清政府认清形势。他说："中华情事，一曰内情，一曰外情，今日之外情，系由前日之内情所致，而日后之内情，亦由外情所变。"即中国自身积弱的内情导致外国势力的侵入，而日后自身的变化必须考虑外部环境。他建议应该迅速创办电报、铁路等近代工业，并且应尽快与国际接轨，考虑皇帝召见外国使节和派遣使臣常驻外国。

威妥玛指出，"自古以来，四海之内，无论何国"，如果不与"邻邦尽心勇进齐驱，未闻不为邻邦所并"，还引用中国《易经》上的话说，"穷则变，变则通，通则久"，并提出"中国自主之要，在借法兴利除弊"，又以英国官方口吻，批评中国进步太慢，甚至威胁说如果中国拒绝改革，难免要遭到外国干预。

我想，在高祖的心中，一定会对这样的建议深以为然的，甚至对这两位英国人大起惺惺相惜之感，他们所希望或要求的，正是自己梦寐以求的局面。但是，一年前遭受的打击还记忆犹新，朝中异己正虎视眈眈，恭亲王不会再简单地只按照自己认为正确的方式行事，他决定先征求众人的意见，让疆吏参与讨论。

意见分为两派，一派以崇厚为代表，认为英国人支持中国加速改革，是"求媚于中国"，可以顺势而为；一派以曾国藩、左宗棠为代表，认为这两份建议书充满"危词恫吓"，要小心其设下的陷阱。曾国藩的反应难免让人产生怀疑，莫非他们也如恭亲王一般，在小心地隐藏着自己的真实想法？

这些地方督抚中的改革派唯恭亲王是瞻，恭亲王受制，朝中反对派声音越来越大，他们自然会更加谨言慎行。一年前恭亲王的遭遇，曾让曾国藩十分担心，当其复出时，他才放下心来，高兴地说"恭邸大波不久即平，是非究不颠倒"，认为这波危机已经过去，李鸿章却没有他这么乐观，在给曾国藩的信中说"仍恐波澜未已"。这样看来，走在改革前沿的曾国藩等人如此激烈地反对英国人的改革呼声，就可以理解了。

无论崇厚、曾国藩等人的真实想法如何，英国人"威逼"的外力，恰好帮助恭亲王向一众官员说明了继续并加速改革的必要性。因威逼而反抗，要反抗必自强，改革在画了一个360度的圆圈后，又可以沿着既定轨道前行了。

随后，恭亲王对准的第一个目标，就是这场改革的第一个阵地，京师同文馆。从教育入手，是因为恭亲王深知，要加速改革、深化改革，必须要有足够且持久的动力。无论进行多少枪炮舰船的仿制，终究只是学到西法的皮毛，要想从根本扭转落后面貌，形成自有的工业产业，就必须从教育改起。他认为"洋人制造机器、火器等件，以及行船行军，无一不自天文算学中来"，因此，"倘能专精务实，尽得其妙，则中国自强之道在此矣"。

同治五年末，总理衙门奏请在同文馆增设天文、算学等馆，试图把同文馆由外语专门学校变成教授多种学科的综合性高等学府，大力拓宽以前仅限于八旗子弟的招生范围，并建议翰林院的士子们也入馆研习西方自然科学。

了解教育重要性的，当然不止恭亲王和他的总理衙门，这也是士大夫们坚守的阵地。五年前，恭亲王开设同文馆教习外语，并没有什么人反对，估计一来是当时的人们都还沉浸在对洋人的恐惧之中，非恭亲王不能安抚；二来当时京城朝局在恭亲王一人控制之中，也没人敢持异议。所谓此一时，彼一时也。现在内忧外患都已基本消除，恭亲王也不复当日之权势，文人们自然再也按捺不住，要直抒胸臆了。

同治六年初，首先上疏反对的，是监察御史张盛藻。他说"天文算法，宜令钦天监天文生习之；制造工作，宜责成工部督匠役习之。文儒近臣，不当崇尚技能，师法夷裔"，强烈反对知识分子学习西学。张盛藻认为"读书学道"才是"科甲正途"，天文算学是不值一提的"机巧"，只会败坏"士习人心"。

张盛藻可以不放在眼里，他的奏折也可以轻巧地驳回。接下来登场这位重量级人物，就没那么容易打发了。倭仁，三朝元老，是有名的理学大师，内阁大学士兼任皇帝师傅。张盛藻是他的门生，是否受到他的指使不得而知，反正他要亲自出马了。事实上，倭仁对洋务派早就看不惯了，上一年，慈禧太后罢黜恭亲王之时，他应该是朝中重臣中最为支持的一个。

倭仁把这件事上升到了华夷之辨的高度。他痛心疾首地说："立国之道，尚礼仪不尚权谋；根本之图，在人心不在技艺。"他认为，天文算学为益甚微，西人教习正途，所损甚大以中国之大，"必有精其术者"，让优秀的中国士子向外国人学习是以华夏文明极大的侮辱，他们被西学污染之后，将使整个中国"变而为夷"。

倭仁的看法代表了中国绝大部分的士大夫。中国人接触外来文化时，倾向于蔑视并加以抵制，倒并不是他们排斥外来的东西，而是认为外来文化与博大精深的华夏文化相比，是低级甚至充满谬误的。这种观念之顽固，连坚船利炮都无法摧毁。

帝师的奏折自然不能轻易驳回。恭亲王给倭仁耐心地解释了招收优秀士子的原因，正是因为他们"读书明理、存心正大"，才不会轻易地受洋人影响，让他们学习自然科学的目的，是要学其本，这样才能避免因一味仿制而受洋人所制。

对于倭仁所宣称的要卧薪尝胆、不忘国耻，恭亲王问他是求名还是求实，如果仅是求名，那空谈"气节"都够了；如果要求实，就应该赞助实事，"虽冒天下之大不韪，亦所不辞"。恭亲王还说，如果倭仁有强国妙策，愿与其一同"悉心商办"，如果只想以"忠信为甲胄，礼义为干橹"制敌，则"臣等实未也信"。

恭亲王还让文祥把曾国藩、李鸿章等人的相关函件交与倭仁，请他全面了解西学教育的必要性。后来，倭仁不再反对同文馆开设天文、算学馆，但仍坚持不能由洋人任教，因为这"上亏国体，下失人心"。

如此反反复复，白白浪费时间。恭亲王干脆命人拟旨，说既然倭仁认为"天下之大，不患无才"，就请推荐相关人员，"另行择地设馆"招生教学，由其亲自管理，这样还可以和同文馆招考的学员相互切磋，"共收实效"。

这一招颇为管用。倭仁很快就回复说"意中并无其人，不敢妄保"，不过恭亲王怕他仍不死心，以后再生是非，请来一道旨意："命大学士倭仁在总理各国事务衙门行走。"让满腹经纶的理学大师直接去和外国人打交道，吓得倭仁只能称病了事。

然而，反对派仍未消停，他们又抓住这年的大旱做文章，说气候反常是上天不满，其原因是同文馆教授西学以夷乱华。其中尤以杨廷熙为甚，上折痛陈十条，洋洋洒洒数百千言，口口声声"大伤风教"，甚至影射恭亲王和他领导的总理衙门是乱臣贼子，"必欲溃夷夏之防，为乱阶之倡"。

杨廷熙只是一名小小的候选知州，何敢如此口出狂言？想都不用想，他背后肯定有以倭仁为首的一班人在撑腰。恭亲王和他的支持者是绝对的少数派，反对方这样轮番上阵，光是不停地应付他们，自己哪里还有时间干正事儿？至于反对派，这就是他们的正事，哪里还需要做别的？

恭亲王无奈之下，只得决定以退为进。他上奏称，请派大臣核议杨廷熙所陈十条，并请将他及所有总理衙门人员停职查办。这一招又管用了。要是把总理衙门都全锅端了，谁来和洋人打交道呢？难道还真的让倭仁来不成？

于是，两宫太后出面了，她们在上谕中痛斥杨廷熙，"呶呶数千言，甚属荒谬"，质问杨廷熙："以知州微员，痛诋在京王大臣，是何居心？"其朝廷不可行天文算学之说"尤属谬妄"，把总理衙门请皇上推行说成"专擅挟持"，"更为肆口诋诬，情尤可恶"。

这通上谕捎带还警告了倭仁，如果杨廷熙是其授意，则其"殊失大臣之体"，如果不是，也要牢记自己"与国家休戚相关，不应坚执己见"。最后，两宫太后说，杨廷熙草莽无知，"朝廷宽大，姑不深责"，要求恭亲王等"当不避嫌怨，力任其难，岂可顾恤浮言"。

这场大辩论历时半年之久，恭亲王是最终的胜利者，但他却没有半分喜悦的心情。仅从这一事，我们就能知道，恭亲王今后的改革之路会是如何的举步维艰，也更能明白，他的每一项成就都来得何其艰难。

恭亲王当然清楚改革不可能一帆风顺，他也早就有不避嫌怨、力任其难的心理准备，但这种没完没了、翻来覆去、耗精耗气耗神、耗时耗事耗力的内耗，实在是让人耗不起啊！

洋务运动的最初 10 年以发展军事工业为主。19 世纪 60 年代，一大批兵工厂陆续创建，最主要的四家是曾国藩、李鸿章在上海设立的江南制造总局，李鸿章在南京创办的金陵机器局，左宗棠在福州开办的马尾船政局，崇厚在天津创设的天津机器局。此外，各省兴办的大小机器局共计20 个。

江南机器制造总局

福州船政局

恭亲王不可能意识到，他与文祥、曾国藩们精心筹划、创建的这些军工企业，除了为近代化军队提供军械，还有着伟大的时代意义。这些企业采用的大规模机器生产，为中国带来了一种前所未有的新生产力，它们聚集的成百上千的雇佣工人也成为近代中国一股全新的社会力量，工业化大生产的特性还会形成这些工人们不同于传统手工生产的全新观念。

然而，当时恭亲王要面对的，却是让他头疼不已的陈腐观念。"中学为体，西学为用"是洋务运动的领导者对付守旧派一个很有效的策略，最早表达这一思想的是冯桂芬。冯桂芬是李鸿章的幕僚，在京师同文馆创办后，积极倡议在上海开办外国语言文字学馆，即后来的广方言馆。他的说法是："以中国之伦常名教为原本，辅以诸国富强之术。"

洋务派拿来"中体西用"这个挡箭牌也不总是好使，反对者总是能找到攻击他们的突破口。同治十年十二月（公元 1872 年 1 月），内阁学士宋晋的一道奏折把洋务派再次拖入一场旷日持久的辩论，这次反对者的矛头指向了福州马尾造船厂。

宋晋说："此项轮船将谓用以制夷，则早经议和，不必为此猜嫌之举。且用之外洋交锋，断不能如各国轮船之利便。"他的结论是，自制轮船靡费太重，"名为远谋，实同虚耗"，请朝廷饬令其暂行停止，"其每年额拨之款，即以转解户部"，江南的上海造船厂也应如此办理。宋晋连已经造成的战舰都安排好了去向，"拨给殷商驾驶，收其租价，以为修理之费"。

站着说话的人腰都不会疼，但埋头苦干的人又不只是腰疼。听到这话的恭亲王不仅头疼，而且心疼。头疼的是这些四面八方射过来的冷箭防不胜防，若要理会它们，不知道会浪费多少时间精力，若置之不理，又担心它们掀起更大的风波；心疼的是那么多人苦心经营这两间造船厂，从创建至今已经历了太多波折，不知道这次能不能躲过这一劫，更心疼自己在一线的同僚，他们为国分忧，却受到这种毫无来由的指摘与打击。

不论有多疼，还是得打起精神来过了这一关再说。恭亲王命人拟旨，说道："制造轮船，原为绸缪未雨力图自强之策。如果制造合宜，可以御侮，自不应惜小费而堕远谋。"这通解释与其说是对宋晋的回复，不如看成是他在两宫太后前的辩解。"靡费太重"这个说法已经足以使她们下定决心停止造船，因此有必要加以重申。

接下来，恭亲王表示不会固执己见："若如宋晋所奏，是徒费帑金，未操胜算，即应迅筹变通。"并安排福州、上海两地方的最高长官文煜、曾国藩等人"妥筹熟计，据实奏闻"。

同治十一年二月，两江总督曾国藩还没来得及表达自己的意见，就与世长辞了。有人说曾国藩的复奏是斩钉截铁的，坚决反对停止造船。我想这也不能算作是无中生有，根据曾国藩十几年在洋务运动中的作为，继续造船一定会是他最强烈的愿望之一。

福州将军文煜的复奏则模棱两可。他先是说造船"用款已较原估有增"，接着又表示，立即停造的话，按与法国人的合同中国会白白损失数十万两白银，然后说已经造好的轮船"虽均灵捷，较之外洋兵船尚多不及"，但是把这些军舰租给商人又"殊为可惜"。最后干脆把皮球踢回给朝廷："应否即将轮船局暂行停止？"他的回答是：请朝廷给一道旨意，一定遵照执行。

文煜的回复显然让恭亲王很不满意，但是，他不会再像几年前那般直截了当，他知道文煜有自己的苦衷，宋晋也不是一个人在战斗。恭亲王在同治四年的二遭罢黜中最大的教训，或者说收获，就是他更懂得运用策略而不是权力，去实现自己的意图。他会借批判赫德和威妥玛要求中国改革的言论来推进改革，他会请倭仁举荐天文、算学人才来证明聘请外国人的必要。

现在，要保住军工实业的成果，恭亲王的策略是，先承认目前造船存在开销过大的问题，"造未及半，用数已过原估"，"续需经费尚多"，但同时告诫朝中地方各员，自主造船的重大意义在于自强，远非金钱可以衡量，而且这种从无到有的始创事业本就艰难，"裁撤亦不可草率从事"，"若遽从节用起见，恐失当日经营缔造之苦心"。

随后，恭亲王未下定论，而是提出"现在究竟应否裁撤？或不能即时裁撤，局内浮费如何减省以节经费？轮船如何制造方可以御外侮？"等一系列问题，征求李鸿章、左宗棠、沈葆桢三人的意见。如果曾国藩尚在人世，也一定会被恭亲王点到的。

李鸿章现任直隶总督，左宗棠任陕甘总督，这二人都是疆吏中的实权人物，同时也是洋务运动的中坚力量。上海造船厂隶属江南机器局，是李鸿章创办的。马尾造船厂是左宗棠任闽浙总督时所创设的，他在离闽前力荐沈葆桢接替其担任福建船政大臣。沈葆桢到任后，立即兴建船坞及机器厂。征询这三人的意见，恭亲王的用意真是太清楚不过了。

他们当然不会让恭亲王失望。这三人虽然遥距千里，但态度绝对相同，都旗帜鲜明地反对停止造船。左宗棠说"此事实国家断不可少之事"，如果停止制造轮船，将不得不购买外国舰艇，长远看来，不仅不会省钱，更会让国家失去"自强之远图"的大好时机。

左宗棠（1812—1885）

李鸿章（1823—1901）

沈葆桢指出，"自强之道与好大喜功不同"，虽然未能用拨款造出计划数量的舰船，但其原因是基础建设的资金超出了预估，并非浪费所致。现在船政局的造船厂已经形成规模，并培养了一批舰队指挥人员和造船技术人员，其成果也是显著的。他认为，船政局不仅现在不能停办，而且要永远办下去。

沈葆桢（1820—1879）

　　李鸿章说得也非常直接："国家诸费皆可省，惟养兵设防、练习枪炮、制造兵轮船之费万不可省。求省费则必摒除一切，国无兴立，终不得强矣。"他不否认宋晋说近代化企业是在"争奇斗智"，因为竞争是不可避免的，如果各国"日出其技与我争雄竞胜"，"则我岂可一日无之哉？"

　　三位洋务重臣的回复，让恭亲王颇感欣慰。同治十一年六月底，一道上谕为事关洋务的第二场大辩论画上了句号："总理各国事务衙门奏，遵议船厂事宜，未可惑于浮言，浅尝辄止，应如李鸿章、左宗棠、沈葆桢所议办理。从之。"

恭亲王与三位大臣没有一人会浅尝辄止，也都不会惑于浮言，只是这浮言总是不肯放过他们。左宗棠在回折中伤感地说："微臣虽矢以身家性命殉之，究与国事奚所裨益？兴念及此，实可寒心。"在能读到这份奏本的所有人当中，恭亲王当是对左宗棠的喟叹最能感同身受的。虽然他们深知，他们"以身家性命殉之"的事业于国事是大有裨益的，但面对这个国家大多数人不停歇的质疑和非难，还是会让他们心生疑惑，这一切到底所为何来？

然而，左宗棠、李鸿章等就不一定能了解，恭亲王所承受的一切，远比他们为甚。尤其在同治四年之后，恭亲王必须时时照顾两宫特别是西宫太后的感受，避免"专擅挟持"之举；他提出的每一条政策都可能会招致朝中守旧派的反对，必须与他们尽力周旋；改革必然会因为触碰到部分人的利益而受到阻挠，得有所提防；步子稍微大一点还会掀起士大夫们的声浪，也是不得不考虑的问题；地方官吏在推行新政时敷衍塞责者并非少数，只能善加引导；对于力行洋务的督抚们，还得小心呵护，减少他们受到的干扰，并保护他们的热情不为流言所伤。

就整个世界而言，恭亲王并不能算是他那个时代的先行者，但作为中国的先行者似乎比任何其他国家都更为艰难。作为先行者，就必须承受孤独与落寞。

同治六年，恭亲王赢得了第一场大辩论，却输掉了民心。当时的守旧派士大夫们将倭仁的话奉为经典，广为传诵，更有人在京城里张贴攻击恭亲王的对联："诡计本多端，使小朝廷设同文之馆；军机无远略，诱佳弟子拜异类为师。"

大概就是从这个时候，恭亲王得到了"鬼子六"这个绰号，也许这也是一个先行者所必须付出的代价。"虽冒天下之大不韪，亦所不辞"，这句话，可以算作是高祖给自己的最佳注脚。所以，如果高祖曾对这个绰号有所耳闻，他一定会一笑了之。

辩论之后，同文馆门可罗雀，前来报考天文、算学的人数锐减，已经报名的人也有一部分未参加考试。最后招收的学员只有30名，半年之后，能勉强跟上学业的就剩下10名了，不得不和原先的在馆学员合并学习。

即便如此，恭亲王也没有放弃，其后继续聘请外国教师，并增开化学、物理、国际法、医学、生理学等课程，学员也渐增至500多名，实现了把同文馆办成中国第一所近代综合性高等学府的梦想，并带动上海、广州等地开办了一系列近代化学校。

在第二场辩论期间，恭亲王吸取了上一次的教训，为避免冗繁的公文来往浪费宝贵的时间，他指示船厂在朝廷拿出最终旨意之前，不得停止生产。因此，这场辩论虽然同样持续了大半年，但对船政的冲击并不严重。

这场辩论还有一个意外的收获。李鸿章、沈葆桢二人在复奏中建议船厂"间造商船"，即在生产军舰的同时制造商船，以创造利润弥补经费缺口。恭亲王十分支持他们的想法，并与李鸿章进一步商议经营模式的转变，以"官督商办"的方式开办企业、自立公司，与洋商争利，以富致强。

这年年底，第一家官督商办的民用企业轮船招商局宣告成立。这也标志着洋务运动在兴办军工企业、以"自强"为目标的基础上，开始发展以"求富"为目的的民用工业。其实，这二者之间本有着内在的联系。

上海轮船招商局旧址

以前的军事工业全为官办，企业经常遭受资金不足的困扰，以富致强的路径可谓切中要害；另外，《北京条约》签订以来，来华的外国商人日渐增多，赚取的银两也是越来越多，商战远比兵战迫在眉睫，保卫利权的呼声由此而来。

到甲午战争之前，民用企业总数已达 40 个以上，其中包括轮船招商局、开平矿务局、漠河金矿、上海机器织布局等，此外还有火柴厂、电报局等等。除了近代银行尚属空白，其他各类近代企业大体上已具备。

从自强到求富，并非恭亲王在 10 年前就规划好的国家振兴之路，他最初的设想只是建立近代化国防，使国家能够自保进而自强。很多时候，路是走出来的，而不是想出来的。比如他最初创建同文馆的时候，是为了更多地了解西方，更好地与之沟通，在往前走的过程中，他又看到了军事近代化对自然科学的要求，才有了引进西方科学的念头。进一步地，军事近代化需要制造、经济等实现近代化，所以求富成为必然要走的一段新路。

如果在前进的路上，路越走越宽，有越来越多的追随者，也许，恭亲王会义无反顾地和他们一起，带领着自己的国家走下去。如果事实与之相反，他又能走多远呢？

义利之辨——没有火车头的火车

光绪六年（公元 1880 年）年底，刘铭传上奏《筹造铁路以求自强折》，呼吁朝廷大修铁路，以应付日趋严重的边疆危机。他先以俄国为例，强调铁路的重要性。说"用兵之道，贵审敌情。俄自欧洲起造铁路，渐近浩罕，又将由海参崴开路以达珲春"，等其铁路建成之日，便是威逼中国之时。

他说，中国修建铁路的好处是显而易见的："若铁路告成，则声势联络，血脉贯通，裁兵节饷，并成劲旅，防边防海，转运枪炮，朝发夕至，驻防之兵即可为游击之旅，十八省合为一气，一兵可抵十数兵之用。"除了军事上的便利，于政治也有裨益："将来兵权、饷权俱在朝廷，内重外轻，不为疆臣所牵制矣。"

刘铭传强调了建造铁路于"自强之道"的重要性："练兵、造器固宜次第举行，然其机括则在于急造铁路。铁路之利于漕务、赈务、商务、矿务、厘捐、行旅者，不可殚述。"

他认为，"若一旦下造铁路之诏，显露自强之机，则气势立振"，不用铁路修筑完毕，光是有此决心，已经足以对俄国造成逼迫之势，"日本窥伺之心亦可从此潜消矣"。

刘铭传的计划是建造南北铁路干线：南路二条，一由清江经山东，一由汉口经河南，均达北京；北路由北京东至沈阳，西通甘肃。他还建议先由清江至京一带兴办，这样可以"与本年李鸿章请设之电线相为表里"。恭亲王认为"所奏系为自强起见"，命李鸿章、刘坤一"悉心筹商，妥议具奏"，由此引发了洋务运动的第三次大辩论。

其实，这并不是第一次围绕铁路展开讨论。从同治二年（公元1863年）前后起，就有西方商人要求在中国修筑铁路，但遭到清政府的拒绝，这使一些国家的政府和商人感到失望和不满。当时的英国公使阿礼国出来打圆场，他建议不要把修建铁路和电报作为一种要求提出，而是以试验的方式介绍给中国。

同治四年（公元1865年）六月，英国人杜兰德在北京城外铺设了一条几百米的小铁路，向中国人展示其先进性能。但是，"京师人诧所未闻，骇为妖物，举国若狂，几致大变"。这条小铁路随即被步军统领饬令拆毁，"群疑始息"。

这次事件的讨论结果是高度统一的。崇厚表示："兴作铁路，必致扰民，有识者皆以为不可。"害怕的是扰民。曾国藩的观点是：如果"听其创办电线、铁路，则车驴任辇旅店脚夫之生路穷矣"，"自洋人行之，则以外国而占内地之利；自华人之附和洋人者行之，亦以豪强而占夺贫民之利。皆不可行。"担心的是破坏小民生计。李鸿章的意见则是二人的综合："凿我山川，害我田庐，碍我风水，占我商民生计，百姓必群起抗争拆毁，官不能治其罪，亦不能责令赔偿，致激民变。"

当时很多外国人，包括如今的很多中国人，都把这些说辞当作大清政府腐朽落后的明证。在19世纪，倒是有一位叫高思特的英国人为中国进行了辩护。他在1899年出版的《中国的进步》一书中说："60多年前在英国，当人们建议筑造第一条铁路时，全国吵闹反对。如果那些喜欢嘲笑中国人害怕蒸汽机工厂和铁路运营的人们，能回忆及此，不是没有好处的。"

高思特说："中国人不喜欢他们的墓地受到侵害，或是他们风水的规条受到破坏。"但是，"那时英国人所提出的反对，比今天中国人所表示的厌恶，可笑得多了。"他列举了英国人当时反对铁路与火车的种种理由，一个著名的律师说，狂风时蒸汽机将无法运转；医学家说，铁路隧道与火车将给公共卫生带来很大的损害；乡绅们则担心自己牧场上的牛将受到惊吓而不再进食，母鸡则将停止下蛋。

经过对比，高思特说："这些荒谬可笑的担忧，要是拿来和中国人所提出的沉静的、十分有理的反对相比较，英国人可得自惭形秽。"他还认为，在面对铁路这一新生事物时，"中国一般人民的举动是有理而适度的"，因为"当人们的生计受到威胁的时候，愤怒的示威再加上暴动，是不可避免的"。

在实际的利益面前，民众的观念是很容易改变的。同治十一年（公元1872年），英国人成立了一家叫作吴淞道路公司的机构，宣布要修筑一条上海至吴淞的普通马路，但其真实意图却是建造铁路。他们对沿线的居民祖坟细加勘查，尽力避免触及破坏；收购土地时不惜出高价以避免纠纷；雇用当地居民做工，工资高达每人每天200文。这些措施有效地赢得了沿线居民的好感，使得工程得以顺利开展。

当然，也有与此相反的报道。当时就有英国人记载："附近的各个村子的人民中间，存在严重的反感，甚至于有准备用自杀的方式来进行这种反对活动的。"这位英国人还说"种种攻击铁路的方式都被采用着"，"他们掘去轨间路基，把沙砾堆置铁路线上，预期颠覆列车。"关于这些记载，后世有不同的解读，有人认为这是"中国人民反对帝国主义在中国修筑铁路"，也有人说是"愚昧的民众顽固地拒绝铁路这种近代文明"，还有人说是"当地居民想在利益分配上争取更好的筹码"。

光绪二年（公元1876年）夏天，铁路完工路段投入运营。《申报》派记者去现场报道了民众的反响：除了上海居民，几十里外的居民也前来观看铁路，其数每天达一千多人。商人们也乘机在铁路沿线开设商场。"游铁路成了当时老百姓津津乐道的一件大事。一些住在城内几乎终年不出门的人也携亲带友前来观看，停车处本来冷冷清清，竟一跃而为热闹之区了。"

1876 年由英国人修建的吴淞铁路是我国第一条运营的铁路

政府的反应则更为强烈。朝廷通过上海道台要求驻上海英国领事中止火车的通行。中方表示：英商当日成立的吴淞道路公司获准修筑的只是一条寻常道路，如今造出来的却是铁路，显系越权。两江总督沈葆桢要求立即中止正在进行的剩余路段的敷设。

几个月后，直隶总督李鸿章向朝廷汇报了与英方商议之后的结果："始于九月初八日议明买断，行止悉听中国自便。计买此铁路共需规平银二十八万五千两，分三期付清，一年限满价银付讫。即将地亩车器各件照单由中国收管，永与洋商无涉。"一年后，最后一期购路款项交付清楚，铁路被完全交给中方，两江总督沈葆桢本来考虑过继续自办经营，但最后选择了拆除这一铁路，将铁轨运到了台湾。

英国人肯特在其 1907 年出版的《中国铁路发展史》一书中，认为李鸿章们和背后的恭亲王是在用这种方式捍卫大清的主权，因为他们明确主张："只有中国人自己创办和管理铁路，才会对中国人有利"，他们"反对外国人追求铁路建设的特许权"的原因，是由于"这种特许权将使列强在中国取得过分的权利"。

英国公使阿礼国卸任后，恭亲王曾与其有过一番谈话，把这个意思表达得非常清楚："中国人非不知电报、铁路、轮船、开矿之利，惟华人不能自主，则与华人无益，故与其有不若无也。"

因此，当李鸿章接到恭亲王的要求，对刘铭传"筹造铁路"的奏章发表意见时，自然是心领神会，表示大力赞同："铁路为富强要图。刘铭传请先办清江至京一带，与臣本年拟设之电线相辅而行，庶看守易而递信弥捷，洵两得之道。"这里所说的电线指电报线路，也是洋务运动的成果之一。

反对的声音紧随而至。翰林院侍读学士张家骧上折力陈铁路之弊。他认为，兴办铁路必将出现三弊：其一是修路将导致工商繁盛，从而吸引洋人前来通商贸易，"利尚未兴，患已隐伏"；其二是民不乐从，徒滋骚扰；其三是虚靡帑项，赔累无穷。张家骧还指责倡议此事的李鸿章、刘铭传是"张皇喜事"，更批评其背后有支持者"一言债事"，影射恭亲王以一己之言，败坏国事。

李鸿章回击的奏折10天后就到了，他开篇即"证明"修建铁路与圣贤之道是相通的："圣人既作刳木为舟，剡木为楫，舟楫之利，以济不通；服牛乘马，引重致远，以利天下"，修铁路，与圣人们"利天下"的本质是相同的。

"占我商民生计"曾是李鸿章十余年前反对铁路的理由，但后来他在筹议海防的过程中深深感觉到了铁路的好处。针对张家骧奏折中"小民失其生计，必滋事端"一说，他举例说，英国初造铁路时，也有这种顾虑，结果铁路造成，沿线以马车为营生的人反而更多了，因为铁路带动沿线城镇发展，马车的需求也自然上涨。

李鸿章的奏章中全面阐述兴办铁路将有益于国计、军谋、京师、民生、转运、邮政、矿务、招商等九大利，"而国计、军谋两事，尤属富强切要之图"。

李鸿章的奏章让恭亲王甚为满意，命人拟旨称"张家骧所陈铁路三弊，不甚确凿"，准备关闭辩论的大门。然而始料未及的是，这次的辩论并没如同上次停办船厂一样，在自己的掌控之中，越来越多的反对声浪接踵而至。

降调顺天府府丞的王家璧上折，指责刘铭传筹造铁路的奏折其实是李鸿章幕僚所撰，攻击刘、李倡议兴办铁路"似为外国谋而非为朝廷谋也"，说"人臣从政，一旦欲变历代帝王及本朝列圣体国经野之法制，岂可轻易纵延若此"。这无异于把兴办铁路的倡议定性为卖国行为了。

恭亲王点名的两江总督刘坤一的奏折随后递到，他虽声称自己在"仿造铁路火车，实与李鸿章、刘铭传有同志"，强调修筑铁路在征调、转输方面，实在神速，为天下所共晓，但同时又认为铁路火车可能妨碍"民间生计"及税厘收入，这相当于把张家骧被定性为"不甚确凿"的论调又翻了出来。

两天后，与张家骧同为翰林院侍读的周德润上奏称建筑铁路有"十不可解"，比起他同僚的"铁路三弊"，更上了七层楼。周德润还直指李鸿章铁路是仿圣人济不通、利天下之说。他的说法是："自昔圣人刳木为舟，法斗为车，此即机器之权舆。迄后周公作指南，孔明作木牛、流马，皆仿其意而小用之，不肯尽器之利者，愿欲留此余地以役吾民而养吾民也。闻泰西诸国专尚机器，如织布、挖河等事，皆明以一器代数百人之工，暗以一器夺数百人之业，夺之不已，又穷其巧而为铁路，非外夷之垄断哉？"

周德润认为外夷以谋利为主，"君与民共谋共利者也"，中国以养民为主，"君以利利民，而君不言利者也"，他的结论是，铁路"行之外夷则可，行之中国则不可"。

反对派中集大成者当属刘锡鸿。刘锡鸿曾经担任驻英副使、驻德公使，对西方火车铁路有切身经历和体验，也正因为如此，他的《罢议铁路折》才成为反对派的经典作品。刘锡鸿的奏折中论述铁路火车"不可行者八，无利者八，有害者九"，反对意见一共有25条之多，可谓洋洋大观。

刘锡鸿的意见可概括为这样几点：一是难于筹措到所需巨额经费；二是难于管理，很容易发生事故；三是中国缺少建筑铁路所需要的专门技术人才，如果一切依赖洋人，则花费更巨；四是破坏社会经济结构、民情风俗；五是危害国家安全，如果筑铁路通火车，外国军队更容易入侵。

刘锡鸿并不否认铁路的巨大好处，他认为"火车实为西洋利器"，但"断非中国所能仿行"，这与周德润如出一辙。不过，与周德润从圣人经典中找原因不同，刘锡鸿更为了解西方，包括他们的神灵，因此他的理由显得更有说服力。

造铁路如遇山河阻碍，则需炸山洞、凿水底，按刘锡鸿的解释，这种做法在西方是没有障碍的，因为"西洋专奉天主、耶稣，不知山川之神"，但中国名山大川，历古沿为祀典，因此俱有神灵安住，"倘聚加焚凿，恐惊耳骇目，群视为不祥"，其后果则"山川之神不安，即旱潦之灾易招"。

平心而论，刘锡鸿关于铁路不适合当时中国国情的论述，并非全然谬论，其中有关资金、管理、人才的难点，确是实情，但这些问题并不是没有解决之道。另外，奏折中的愚陋之见，因为其出使西方的经历，就更有非同寻常的影响力。

刘锡鸿的意见得到了慈禧太后的认可，一通谕令直接发到了军机处："铁路火车，为外洋所盛行，中国若拟创办，无论利少害多，且需费至数千万，安得有此巨款？若借用洋债，流弊尤多，叠据廷臣陈奏，金以铁路断不宜开，不为无见。刘铭传所奏，著毋庸议。"至此，这场辩论戛然而止。

一位英国人曾在《泰晤士报》上撰写文章，评论中国反对修筑铁路之事："从前中国有个皇帝，恐民智之日滋，因而焚书坑儒，至今传以为笑。阻止铁路之人，亦必贻笑后代无疑也。"

刘铭传奏请修建铁路南北干线的提议虽然流产了，但这并没能浇灭洋务派对铁路的热切渴望。就在这场辩论停息之后的不到一年时间内，中国历史上第一条标准轨铁路建成通车了，虽然这条铁路只有大约18华里，虽然它开通之初是由马匹代替火车头拉动列车，但它毕竟是一条真正的、属于中国人自己的铁路。

这条从唐山到胥各庄的铁路,是为了方便运出开平矿务局出产煤炭而修筑的。这一"马拉列车"的构想,一则是李鸿章的一个策略,平息"山川之神不安"之余,也可平息朝中反对;二则是当时经费不足,原就暂时没有采用机车的计划。无论如何,后人给它各种不堪的帽子,比如这是世界铁路史的一个怪胎,还有诸如荒唐、怪诞一类的词语,或者说这是发生在中国的魔幻现实等等,其实都扣不到它头上。说这些话的,有多少人清楚铁轨的摩擦系数与马路相比有多大的差别?又有多少人知道马力甚至人力用于铁轨运输,直到今天仍然广泛存在呢?

第二年,参与督建铁路的英国工程师,利用开平矿务局的一台废弃锅炉造成了一台小型蒸汽机车,命名为"中国火箭号",在这条铁路上成功地实现了试运行。再后来,李鸿章命人从英国购来了机车、货车,开始了正常的运营。

中国第一台蒸汽机车"龙号"机车(英文名译为"中国火箭")

谁都不会否认机车的动力远远强过马匹。火车跑得快,全靠车头带,恭亲王和他的追随者们给大清这列重载列车装上了钢铁轨道,但这辆没有机车的列车,只靠他们的拖拽,又能跑多快呢?

接二连三——铁帽子究竟有多铁

光绪五年四月十五日（公元 1879 年 6 月 4 日），恭亲王在总理衙门设宴款待美国前总统格兰特。格兰特曾在美国内战时期担任北方军总司令，后当选美国总统并获得连任，1877 年卸任后开始周游世界，中国和日本是他这趟环球之旅的最后两站。

第十八任美国总统格兰特（1822—1885）

在招待会上，宾主双方相谈甚欢。恭亲王与美国旅行团每一位成员亲切握手，当得知其中的格兰特上校是格兰特总统的儿子时，恭亲王更是热情地嘘寒问暖，当他知道上校只有一个女儿，便带着惋惜的表情说："你好可怜啊。"

中国人对儿子的偏爱美国人早已有所耳闻，但美国人很难真正理解儿子对中国人，尤其是对皇家的重大意义。奕詝、奕訢兄弟俩的第一个孩子都是女儿，他们都深知其中的"痛苦"，因为这算不上后继有人。所以，奕詝才会在自己得了儿子以后，给六弟"祥开朱邸庆多男"的祝福。

奕詝和奕訢都算不上多子。咸丰六年（公元1856年）得了载淳之后，文宗还有过一个儿子，不过于出生当日就夭折了。高祖一共有过四个儿子，长子载澂生于咸丰八年，因为爷爷溥伟后来过继给他，所以他是我宗法上的曾祖；次子载滢，出生于咸丰十一年（公元1861年），是溥伟的亲生父亲，所以他是我的生身曾祖；三子载濬，生于同治三年（公元1864年），不足两岁就去世了；四子载潢，于光绪六年（公元1880年）出生，离世时只有四周岁。

载淳于五岁时做皇帝，载澂则在五岁时被封为多罗贝勒。同治七年，这小哥儿俩一个12岁，一个10岁，载澂被慈禧太后召入上书房做载淳的伴读。如果是在普通人家，载淳丧父后，他的教养责任也许就会由六叔奕訢来承担了，可他的父亲是皇上，他唯一可能的竞争者只到这个世上来了两个时辰，所以他从小就是未来的天子。等到他继位之后，奕訢虽是皇叔，更是臣子，教养二字就更谈不上了。

其实对于亲子载澂，恭亲王也没有太多管教。载澂本来天资聪颖，才思敏捷，颇有乃父当年的风采，因此深得恭亲王喜爱。后来恭亲王又连遭子女夭亡的打击：同治三年，恭亲王次女于五岁夭折，他第一次品尝丧女之痛；同治五年，三子载濬离世再让恭亲王经历丧子之痛。另外，长女自幼就被那拉氏接到宫中抚养，同治七年，恭亲王八弟钟郡王奕詥去世后，两宫太后照钟郡王福晋所请，将奕訢次子载滢过继给奕詥为嗣，承袭贝勒爵位。如此这般，偌大的恭王府就只有载澂一个孩子了，恭亲王越发不忍对其多加管束。

而且平时恭亲王的大部分精力都放到了朝政上，现在儿子进宫读书，父子俩能待在一起的时间少之又少，这难免让他对载澂更加宠溺，如山的父爱也只能放在载澂一个人身上。恭亲王此时还没有意识到，失掉了管教的最佳时机，等载淳、载澂这两个小孩长大，有的只是让自己头疼的机会。

在载淳的生母慈禧太后心中，载淳接受的教育中，最重要的必修课其实有孝道一节就足够了。对于慈禧太后来说，时时刻刻把载淳控制在手掌之中才会安心，抓住他，就是抓住了无上的权力，她不会放过任何掌控载淳的机会。但随着儿子一天天长大，慈禧太后也一天天更为不安。

载淳到了一定的年纪就会大婚，随之而来的就是亲政。亲政？慈禧太后怎么可能把手中的权力拱手让人，就算是让给自己的亲儿子也绝无可能！她对权力倒有十足的把握。

慈禧太后的控制欲与她的权欲比起来也是毫不逊色的，要控制长大了的载淳，一个自己挑选的皇后是再合适不过了。慈禧太后相中的人选是富察氏，极力反对慈安太后选中的阿鲁特氏。阿鲁特氏的生母是郑亲王端华的第二女，端华的嫡福晋钮祜禄氏，是慈安太后的亲姑姑。端华本就招慈禧太后厌恶，杀之而后快，阿鲁特氏是其外孙女，加之与慈安太后的这层亲戚关系，很显然不会与自己亲近，因此很难利用到她。

两太后各持己见，最后决定听从载淳的意见。慈禧太后对儿子还是有信心的，他从小到大并不敢有半点忤逆。谁知慈禧太后的如意算盘却落了空，原因很简单，载淳在她身上感觉不到一丝母爱，只是生活在其权威的阴影底下，一心想的是如何才能摆脱她对自己的控制。载淳对慈安太后则要亲近得多。慈安太后比起慈禧太后来，更多地将精力放在了后宫，加之自己没有子嗣，将载淳视为己出，关怀备至，因此深受其爱戴和尊重。所以在选后时，载淳遵从慈安太后的意愿，选了阿鲁特氏。

富察氏心里有多委屈我们不知道，但我们能知道叶赫那拉氏一定是很不痛快，而且她心里也一定不会有委屈，有的只是恼怒和愤恨。恼怒是冲着载淳去的，这个不争气的东西，从来都只敢唯唯诺诺，在这件事儿上居然敢和自己对着干，而且是帮着别人来对付亲妈，这不反了天了；愤恨则是冲着钮祜禄氏来的。

可以想见，钮祜禄氏能端坐于那拉氏身边二十载，分享其视如性命的权力，一定也非易与之辈。在太后垂帘、亲王议政的格局中，钮祜禄氏才是那个拥有最高权力的人，她实际上充当着那拉氏与恭亲王之间的平衡器，也是他们的稳定剂与润滑剂。在文宗给儿子留下的八大辅臣、两宫太后共同理政的这十个人选中，唯一合适的说起来只有她一个。

在皇后人选问题上，慈安太后究竟有几分私心，是很难说清楚的，但利用载淳和那拉氏母子之间的矛盾来实现自己的意图，选择娘家亲戚做正宫皇后，则很可能是在其计划之中。这么做的原因，也许是为了削弱慈禧太后过大的权力，也许是为了扶持娘家势力。无论其目的为何，都不能不招致慈禧太后的怨毒。

但是，那拉氏此时却无可奈何。钮祜禄氏是文宗的正宫皇后，也是载淳的嫡母，所以那拉氏这个生母位分在其之下，后宫也以钮祜禄氏为尊；慈安太后手中的印章是文宗亲赐，与慈禧太后代幼帝保管又有不同。

所以，此时那拉氏隐忍不发，是因为她现在表面上的独揽大权，有一部分是借助钮祜禄氏手中的权力来实现的。何况钮祜禄氏对朝政本就无甚兴趣，大都交由那拉氏打理，因此对那拉氏来说，她只是可供利用的一个工具，并不构成威胁，大可以继续利用下去。这和那拉氏对恭亲王的态度是同样的道理。

同治十一年（公元 1872 年）九月，载淳大婚，册立阿鲁特氏为皇后。那拉氏再隐忍，还是要把她的不痛快发泄出来，她那即将亲政的儿子也还是逃不掉被她摆布的命运。她一方面横加干预穆宗帝后的生活，另一方面处处优待富察氏。就在册立皇后同日，她要求册封富察氏为慧妃，享受贵妃待遇，而其余同时进宫的则在月余之后才被封为嫔或贵人。

皇上大婚，近支王公及勋旧后裔，均有施恩封赏，以光庆典。在这道一体施恩的上谕中，把辅政多年的恭亲王大大褒扬了一番，赏以亲王世袭罔替，这顶铁帽子在推辞了十一年之后，还是戴在了恭亲王头上。醇郡王在这天被晋封为亲王，除了各近支王公皆有恩赏外，文祥、宝鋆等几位重臣也有推恩。

同治十二年正月二十六，穆宗颁布亲政诏书。诏书中说："惟有恪遵训谕，兢兢业业。上懔祖宗缔造之艰，下慰中外臣民之望。用以祗承家法，仰答慈恩。"最后一句是"以冀上副我两宫皇太后谆谆训诫至意"。在头一天，太后的"谆谆训诫"最主要的不外两宗大事：不忘古训，恪守家法。

"圣人以孝治天下"便是古训，这是名教主义的金科玉律，也是先皇文宗最为推崇且身体力行的。有了这一宝典，即使听政的垂帘已经撤去，慈禧太后仍然可以利用母子君臣的名分，把自己的皇帝儿子继续作为傀儡摆在前面，廷臣疆吏俯首于皇帝之下，也必须俯首于皇帝母亲之下。

家法则可以直接用在皇帝身上，更可用在后妃及所有皇室亲贵身上。皇后妃嫔稍逆己意，轻则叱骂，重则杖责；王公宗室有不听话的，动辄拿交宗人府议罪。

因此，穆宗大婚亲政之后，慈禧太后熏天的权欲并没半点收敛的意思，在后宫只是多了几个供她立威的后妃而已，在前朝，虽然在圣谕中很少再看到"懿旨"的字样，但那拉氏对朝政的热心还是同以前一样。面对这样的亲妈，穆宗是一点办法都没有。

不知是太监内臣教唆，还是穆宗真有此意，他想出了一个重修圆明园的"妙招"。希望借此转移慈禧太后的注意力，也为两宫太后建一个颐养天年之所，当然，最主要的目的还是能让慈禧太后离得远远的，让自己能和皇后安安心心地过小日子，也让自己能独自担纲朝事，找到当皇帝的感觉。

这一招果然大妙。享受欲也是慈禧太后无尽欲望中很重要的一个，至于要花多少银子则不在她考虑的范围。内务府现在是慈禧太后的人，自然也是投其所好，请来当年设计圆明园的建筑世家样式雷，绘制重建图样。另一方面，如此浩大的工程，他们当然不会放过这绝好的中饱私囊的机会。

这却令恭亲王十分头疼。穆宗亲政之后，对这位王叔虽然仍是恩赏有加，恭亲王所担任的职务也跟以前没有任何变化。但在穆宗心中，恭亲王也是妨碍他施政的一个绊脚石，不过又不得不倚重其来稳定朝局，这一点跟他亲妈倒是很像。穆宗心中到底有何宏图大志无人可知，但每一个新君上位，总是不喜欢别人多加干涉的。

恭亲王何尝不想树立穆宗的威信？无论于国于家，他都想要这样做。但是如此荒唐的决定，又怎么可能任其胡来。圆明园号称万园之园，是历代帝皇耗费无数人力物力，用了150余年时间才兴建起来的，以目前的国力想重新修建，无异于天方夜谭。而且当前国库已是捉襟见肘，连前一年的两处船厂都因此险些停工，用在这般浩繁的工程又能支撑几天？但在穆宗亲政之初，恭亲王又不便过于强硬地表示反对，只能温言相劝，即便如此，已经让穆宗见到他时没有好脸色了。

然而，这并不影响穆宗和载澂哥儿俩的深厚感情。载澂自从到上书房陪读之后，和载淳兴趣相投，不论是捉弄师傅还是戏弄太监，他们都能玩到一块儿。比起载淳来，载澂又少了一份内宫的约束，所以他经常带些宫外的玩意儿进来，都是载淳闻所未闻、见所未见的。

载淳长大后，对这位堂弟也是照拂有加，同治十二年正月命其在内廷行走，年底又赏给他郡王衔。有了皇上撑腰，载澂也更加变得无法无天。因此，载澂虽有文才，但世人提起澂贝勒来，却是无人知其才气、无人不知其放荡顽劣。

让恭亲王头疼的不只是穆宗不知天高地厚、异想天开，还有载澂撺掇穆宗出宫，并带他出没于声色犬马之地。现在准备重修圆明园，穆宗更有了借视察工程为名跑出皇宫的机会。为保护皇上的威严，恭亲王无法直言其事，只能采用釜底抽薪的方式，一面对载澂严加约束，一面授意朝臣上疏规劝穆宗取消重建。

同治十二年十月，御史沈淮奏请暂缓修理圆明园。穆宗的回答是："朕躬行节俭，为天下先，岂肯再兴土木之工，以滋繁费。"不过他宽宏大量地说"该御史所奏虽得自风闻，不为无见"，然后解释说其实整修的只安佑宫一处，"安佑宫系供奉列圣圣容之所，暨两宫皇太后驻跸之殿宇，并朕办事住居之处"，一宫三用，而且只是"略加修葺"，至于圆明园"其余概毋庸兴修，以昭节省"。这通谕令诏告天下后，穆宗还是按照计划，继续实施他重建圆明园的伟大蓝图。

没过几天，御史游百川再度奏请停止园工。这回穆宗不再客气了，他叫来游百川训斥一通，而且专门召来恭亲王和醇亲王，好让他们也能旁听。痛骂毕，还让人拟旨要革游百川的职。经两位王叔苦苦劝谏，穆宗总算收回了成命，两位亲王本想借机劝阻重建的，穆宗的这一番雷霆天威，让他们只能作罢论。

此后朝中大臣轮番劝谏，穆宗一概置之不理，依旧我行我素。此时的载淳年方17，可以说正处于青春叛逆期，而且他的逆反心理更是远较旁人为甚。从小就被扶在皇帝的宝座上，很少能品尝到天伦之乐，还动辄受到亲生母亲呵斥。在成长的过程中，大小事情皆由不得自己做主，连后宫生活都遭到生母横加干涉，这一切，他已经忍受了太长时间，现在好不容易有一件能得到母后认可的事情，这些不知趣的大臣还从中作梗，他怎么可能有丝毫退让？也许，他甚至已经不记得重建圆明园的最初目的了，现在的坚持只是纯粹为了反抗别人的反对而已。

作为后人，我们也无法只编派穆宗的不是。其实这并不是他一个人的问题，是整个制度的问题。我们都说虎父无犬子，也说老子英雄儿好汉，但中国历朝历代君王，一代不如一代并非个案，而是从无例外，这是君主世袭制的必然结果。清朝如此重视皇子教育，原因之一也是想避免这种结果，但终究未能幸免。

清穆宗同治帝

　　无论是否清楚穆宗的真实想法，恭亲王都无法让他再坚持下去了。同治十三年七月，恭亲王与惇亲王、醇亲王、文祥等十名王公重臣，联合进谏，希望能劝得穆宗迷途知返。但他们的上疏，穆宗根本看都不看。不得已之下，恭亲王奏请皇上召见十臣，穆宗回绝不得，只能从请。

　　恭亲王等恭请穆宗俯纳十臣联名奏折，穆宗看了没几行便气冲冲地将奏折摔在地上。恭亲王拾起宣诵，规谏列畏天命、遵祖制、慎言行、纳谏章、勤学问、重库款六条，无一条不说在穆宗的痛处。穆宗恼羞成怒，大喝一声："我这个位子让你如何？"

　　十臣惊愕不已，文祥更是伏地大恸至晕厥，恭亲王也无法再多说一句。穆宗怒气难消，亲用朱笔写下圣旨："谕在廷王大臣等，朕自去岁正月二十六日亲政以来，每逢召对恭亲王时，语言之间，诸多失仪。著革去亲王世袭罔替，降为郡王，仍在军机大臣上行走，并载澂革去贝勒郡王衔，以示微惩。"

　　对于恭亲王的"夙矢公忠"，文宗、慈禧、穆宗一家三口从来不吝惜他们的溢美之词，他们也都知道恭亲王"深资倚任"，但当他们要惩戒他时，也都是毫不留情。爹妈都出过手之后，这一次终于轮到儿子了。不是一家人，不进一家门，儿子选的理由竟然也是"诸多失仪"，看得出来，这顶帽子比那顶铁帽子更适合戴在恭亲王的头上。不过青出于蓝而胜于蓝，穆宗出手更狠，连他爹妈都不敢动的，宣宗亲赐的亲王头衔，都被他拿掉了，而且这还不解气，为了给恭亲王深刻的教训，连他的儿子、自己的发小儿都一并革爵。

当年文宗把恭亲王逐出军机时，确实是不敢动他的亲王头衔的。这也让他在惩处恭亲王时觉得很不解气，但是却毫无办法。最后他硬想出一个办法，就是专门颁旨一道，说恭亲王的亲王是皇考宣宗成皇帝遗命所封，自己只是遵旨办理而已，"中外臣民但知奕訢之封亲王，系朕即位后推恩"，这实在是天大的误解。他下令将奕訢之封亲王系皇考遗命宣付史馆，纂入实录本纪内以传信后世。这意思是宣示中外臣民，朕非常非常生气，要不是有皇考遗命，早就把奕訢拿下了。相较而言，年轻的穆宗顾虑就没这么多了，他妈还得想着朝局稳定，这也不在他考虑之列了。

这一天是同治十三年七月三十日，公元 1874 年 9 月 10 日，恭亲王的"勋劳懋著"为他赢得了人生中的第一个大满贯。

狂风巨浪——西北熊视东南狼顾

奕訢只当了半天恭郡王。

第二天是八月初一，这天一大早皇上的头一道谕旨便是赏还恭郡王的亲王世袭罔替，载澂贝勒郡王衔也一并赏还。姜还是老的辣，儿子不考虑的，当妈的必须考虑。尽管在慈禧太后心目中，恭亲王没有圆明园重要，但目前仍旧不得不倚任他，况且大清面临的边境问题实在棘手，靠自己娘俩儿是没有办法解决的。

此时，恭亲王已经过了不惑之年。按理说到这个岁数已经拥有了人生的智慧和明确的处世原则，对个人荣辱可以不那么在乎了，对经历过那么多起起落落的恭亲王来说似乎更应如此。但我们要清楚的一点是，在这个世界上，特别是在这样的中国，要么你拥有权力，要么你依附于权力，否则很难做成一件事，而且要成就的事越大，所需要的权力也就越大，因此，这趟过山车对他产生的影响也许比我们想象中要大得多。

恭亲王面对的正是这样的情况，他要做的事还很多，也很大，这让他不能放弃自己手中的权力，而且还不得不依附于更高的皇权，不管这种权力掌握在谁的手中，但皇权就是皇权，这是他可以堪破但无法冲破的。

洋务运动中的三场大辩论，恭亲王领导的洋务派取得了前两场的胜利，保存了中国在教育和工业两大领域的近代化成果，也让中国在自强与求富的道路上走得更远。然而，恭亲王在第三场关于铁路的辩论中，不得不向反对派和保守派妥协，其中的原因，这次大落大起的影响是无法忽视的。

但无论受到什么影响，该承担的责任还是要去承担。中国的东南与西北同时面临困境，恭亲王必须做出一个战略选择。

此时东南的藩属国琉球成为日本吞并的目标，此外，日本还有进一步图谋台湾的企图。日本于1868年开始明治维新，进行了一系列学习西方的变革，建立近代国家统治体制。对外扩张是明治政府解决国内问题非常重要的手段，和中国文官执政不同，日本从幕府时期就有武人执政的传统，自然也更倾向于打仗。另外，以对外扩张的方式完成资本原始积累也是当时欧洲的近代国家，尤其是日本的学习对象普鲁士所采取的手段。

西北则是不安分的俄国人，当然，他们从来就没安分过。废除农奴制以后的俄国，生产力得到了充分释放，更刺激他们加快了扩张的步伐。当在欧洲的攻势受阻后，他们便把目光投向了中亚，中国的新疆也成为他们嘴边的肥肉。

此时的新疆正成孤悬塞外之势。早在同治五年（公元1866年）末，左宗棠还没等到福州马尾造船厂开工，就由闽浙总督调任陕甘总督，并随后担任钦差大臣督办陕甘军务。他的主要任务是平定这两省的回民叛乱。

同治元年（公元1862年），太平军进入陕西，关中组织起回勇与其对战。被击败的回勇四处滋扰，与当地汉人互相杀伐，战火后来延伸至西路与甘肃。胜保被调来平乱，因一再失利，被革职治罪。后来捻军西来，当地的土寇、回民更是蜂拥而起，陕西、甘肃两省几乎全境不保。

左宗棠到任后，采用的战略是"剿捻宜急，剿回宜缓"。在西捻荡平之后，左宗棠才全力征剿陕甘叛乱，在这个过程中，大量汉回两族人民流入新疆，在这里又掀起一片混战。位于中亚的浩罕汗国原来臣服于大清，其一名军官阿古柏趁机率兵侵入喀什噶尔，夺取南疆八城，自立为汗。

此时俄国正积极在中亚扩张，与阿古柏协定互不相犯，但当俄国在中亚的优势越来越明显时，便要求阿古柏称臣。阿古柏本就仇视俄国人，曾在对俄战争中负伤，加之其祖国浩罕正受到俄国威胁，因此他拒绝了俄国，转而投向了英国。英国其实早就想在印度外围建立自己的势力，所以也早就在暗中支持阿古柏了。

阿古柏企图北进时，俄国人以维护边境安宁为名，于同治十年（公元1871年）占领伊犁。俄国驻京公使将此事通报大清政府，说并无吞并中国领土之意思，待大清恢复新疆统治时，便当交还伊犁。其实他们已经认定大清政府无力顾及新疆。

俄国人的想法其实是有道理的，大清朝廷上下很多人是有放弃新疆的打算，但这里面不包括恭亲王。他清楚先祖们"艰难缔造"出的这个局面是具有深心的，其根本目的是将新疆作为内地的一个巨大屏障。因此，肃清陕甘回乱之后，恭亲王就已经有了让左宗棠继续西进的决心，让他先行筹划。左宗棠欣然领命，向军机处奏报了他收复新疆的详细计划，其中包括出兵安排、所需军饷以及如何统筹全局等。

光绪元年（公元1875年），就在左宗棠积极筹备，准备率兵进军新疆时，情况突然发生了变化。李鸿章当时担任直隶总督，极力主张暂停西征，节约军饷以裕海防。他说："新疆不复，与中国之元气无伤，海疆不防，则腹心之大患愈棘。"李鸿章的反对并非空穴来风，他所指的心腹大患便是此时图谋琉球、台湾的日本。

左宗棠并不认为可以无视日本对琉球与台湾的威胁，但如果停兵不进，实属自撤藩篱。他认为"重新疆所以保蒙古，保蒙古所以卫京师"，强调西北与东南同等重要。

应该如何做出战略选择？这个问题摆在了恭亲王和他的军机处同僚面前。海防同样是恭亲王的心头大患，他在几年前就提出了"海防亟宜切筹"的主张，加快了筹建海军的步伐。海防与塞防根本无法分出孰轻孰重，但事又必须分出缓急。因为以中国目前的兵力与财力，根本无法做到两头兼顾。这个选择是痛苦的，但又是必须要做出的。

最终，恭亲王为首的军机处决定丢卒保车，暂时搁置琉球，保全新疆，全力解决新疆问题。因为就目前的局势看，一旦新疆失守，很可能导致西北防线全面崩溃，直接危及中原腹地，而琉球是远在海外的藩属小国，放弃并不会伤及根本，而且以日本现有实力染指台湾的可能性尚小，但俄国国力强盛，胃口庞大，就算是新疆也无法满足他们的饕餮之腹。做出决定后，恭亲王命人拟旨廷寄左宗棠，坚定地支持他按既定计划进军新疆。

光绪元年五月，左宗棠受命为钦差大臣督办新疆军务。他不负厚望，于次年收复天山北路，到光绪三年春，收复吐鲁番，兵锋直指阿古柏。此时恭亲王收到李鸿章来函，陈诉英国公使威妥玛代阿古柏乞降之意，希望中国接受其汗国为属国，"只隶版图，不必朝贡，免致劳师糜饷，兵连祸结"。

恭亲王一面垂询左宗棠的意见，一面答复威妥玛说，阿古柏实为窃踞我南疆的入侵者，"本非属国"，就算是乞降，也当先缴回天山南疆八城，再与我前方主帅商议其余。左宗棠在复函中说收复南疆指日可待，这让恭亲王更是信心倍增，他正式拒绝了威妥玛，并令左宗棠放手进兵。

阿古柏知大势已去，服毒自尽。光绪三年冬，南疆八城次第克复，至此，除伊犁尚在俄国人之手，整个新疆全部平定了。俄国人占领伊犁之时，信誓旦旦地说等大清有能力安定西北之时，便立即交还。当中国派人索还伊犁时，此时正当第十次俄土战争期间，虽然俄国人很想食言，但又不敢过于强硬，便提出别的领土要求，再由大清政府补偿他们"代守"伊犁的军费，还要保证国境将来之安宁，如此，他们就归还伊犁。

面对俄国人这种无赖行径，恭亲王不得不再次考虑对西北用兵之事。西北用兵最为困难的地方，在于无法就地取得补给，左宗棠之前平定叛乱时采用"且防且剿、且战且耕"的战略，但并不是很有效。刘铭传是淮军干将，曾赴陕甘配合左宗棠镇压叛乱，深知其中的万般艰难，他上奏的《筹造铁路以求自强折》强烈建议修建通往西北的铁路，跟这一段经历有着直接的关系。

光绪六年（公元 1880 年），铁路终究没能开始修建，但这并非是恭亲王犹豫是否开战的原因。俄国在西面增兵伊犁的同时，还在东面海域派出军舰游弋示威，因此如果与俄国开战，很可能战场将不止西北一处。恭亲王不得不承认，中国还没有做好这样的准备，和谈才是合理的对策。但面对俄国这样强劲的对手，稍有退让，对手便会得寸进尺。

因此，以战迫和当是目前的最佳选择。恭亲王一边命左宗棠做好西北战备，一边命李鸿章整肃东面海防。左宗棠带着棺材，亲自率兵将驻军哈密，李鸿章则积极准备天津及附近各处防御，并聘请德国人在旅顺筑建黄金山炮台。另一方面，恭亲王派出曾纪泽出使俄国，商讨和约事宜。曾纪泽是曾国藩次子，曾出使英、法等国，对西方颇有了解，拥有丰富的外交经验。

对俄国而言，出兵新疆同样存在补给困难，左宗棠大军其势正盛，与之对战胜负很难预料。而且俄国对英国的态度也有所顾虑，与土耳其的战争对国库消耗甚为巨大，在外交上也愈加孤立，内外环境能否支持这场战争很成问题。

曾纪泽（1839—1890）

即便如此，双方的力量也谈不上势均力敌。中国和日本关于琉球一案还未了局，与法国又起越南之争，整个中国风不平、浪不静。在这种情形下，恭亲王指示曾纪泽在谈判中以伊犁和边界为首要任务，在兵费和通商方面可适当迁就。

光绪七年正月（公元 1881 年 2 月），《中俄伊犁条约》签订，中国方面收回伊犁，在领土和赔偿方面虽有损失，但总算达成了在当时条件下一个比较好的结果。在左宗棠的建议下，后来在新疆设立行省，千百年来视同藩属的羁縻之地，正式以行省形式纳入中国版图。从这个角度来看，出兵新疆、收回伊犁之举具有非凡的意义。

在解决新疆问题的同时，恭亲王并没有彻底放弃琉球。光绪五年四月（公元 1879 年 6 月），在总理衙门宴会之后的第二天，恭亲王到美国公使馆与格兰特进行了第二次会谈。恭亲王请格兰特总统到访日本的时候，劝说他们放弃侵占中国的藩属国琉球。随后，恭亲王还寄函直隶总督李鸿章，命他在格兰特经过天津时，与之商谈具体细节。

日本已经在光绪元年（公元 1875 年）占领了琉球，禁止其向中国朝贡，并在光绪五年初撤蕃置县，将琉球改名为冲绳县，正式将其吞并。

然而，搁置琉球问题尽管是当时不得已的决定，但当日本吞并已为既成事实，就很难让它再吐出来了。果然，其后格兰特的调停失败。格兰特回美国前，在日本给李鸿章写了一封信，信中说："中国大害在一弱字。国家譬如人身，人身一弱则百病来侵，一强则外邪不入。"希望中国奋发自强。这封信后来恭亲王也看到了，也许他的感受与当年读到赫德的《局外旁观论》和威妥玛的《新议论略》时并无二致，但几年过去了，他背负的压力却越来越大。

格兰特和他的随行事后曾说，作为中国的权力核心，恭亲王对西方和世界大势的了解，超出他们的想象，也远远超过他的同胞们。但是，恭亲王的位置注定了，他"不可能如李鸿章那样走得那么远"。

意气消磨——生命不能承受之轻

尽管走得身心俱疲，恭亲王还是希望能走得更远。

恭亲王在为中国制订自强战略规划时，并没有把日本考虑在外患之列。与中国一样，日本与西方最早的接触也是极为被动的，从1853年佩里舰队带来的黑船事件算起，时间上也晚了10余年。

鸦片战争没有把中国打醒，却震醒了日本。他们购置舰船、机器，仿造枪炮、铁路，派人到西洋留学的时间都比中国要早，也学得更为彻底。作为一个多年闭关的国家，日本最初的目标是自卫，随后渐渐重新燃烧起对中国的野心。

在清代之前，日本就屡次侵犯中国的海疆。16世纪，丰臣秀吉就提出了大陆扩张的狂热构想："图朝鲜，窥视中华"，然后迁都北京，再进军印度。到19世纪，明治维新的精神领袖吉田松阴说日本应该"急修武备，舰略具、炮略足"，就可以"北割满洲之地，南收台湾、吕宋诸岛，渐示进取之势"。

英法联军攻陷北京，惊醒了中国这间大铁屋中的少数人，当他们发出"自强"的呐喊时，却被大多数人抱怨吵到了他们的美梦。隔海相望的日本再一次比多数中国人还要紧张，有诸侯提出"应早日取得福州和台湾"

213

作为根据地，扩张日本势力，以免英法东侵。

明治维新后，日本按计划"渐示进取之势"。他们一面假意向中国示好，派人到中国求订通商修好条约，以中日最为近邻，同为西方所迫，理应同心协力为说辞，直隶总督李鸿章为其打动，拟与其订约，获总理衙门首肯。另一方面，日本开始谋取琉球、台湾。同治十三年（公元1874年），他们派兵征讨台湾生番，总理衙门遣沈葆桢督兵入台。此番交涉，中国虽保全了台湾，却默认琉球受日本保护，为其日后吞并琉球埋下了隐患。

1874 年日军入侵台湾后与原住民合影

正是这一次与日本打交道，让恭亲王突然醒悟过来，与英法相比，日本对中国的威胁更大也更近，"其患之已见者也"。这促使他对这场自强运动的整个过程进行了反思。同治十三年九月，恭亲王以总理衙门的名义上奏《海防亟宜切筹折》，"庚申之衅，创钜痛深。当时姑事羁縻，原期力图自强，以为御侮之计，乃至今并无自强之实。本年日本兵踞台湾番社，虽叠经饬令各疆臣严密筹防，自问殊无把握，若再不切实筹备，后患不堪设想"。

"至今并无自强之实"绝非故发耸人听闻之言。很多时候，我都能切身感受到高祖在发出一声声呐喊时，心中充溢着的巨大悲痛和无奈。

恭亲王在奏折中提出练兵、简器、造船、筹饷、用人、持久六条，命军机处密寄沿海沿江各督抚，要求详细议复实施方案，限于一月内复奏。次年，即光绪元年，恭亲王综合考虑各督抚意见后，为创办大清海军做出了初步规划。他为创建海军定下的基调是"持之以久、讲求实际、力戒虚糜"，要求各地"择其最要者不动声色先行试办"。

由于南北洋地面过宽，界连数省，因此必须分段督办，恭亲王命李鸿章与沈葆桢分别督办北洋、南洋海防事宜。为保证水师训练效果，恭亲王要求"陆军须归并训练"，命掌管陆军的地方督抚"各就地方形势量更旧汛，合营并操，画一训练，限一年内办理就绪，奏请派员查阅"。关于舰船，恭亲王的想法是，"铁甲船需费过巨，购买甚艰，著李鸿章、沈葆桢酌度情形，如利于用，既先购一两只，再行续办。"而且，他认为光有海防船炮是不够的，练兵才是关键，"应择要添设兵轮船若干只，配兵练习"。

然而，恭亲王创建海军的计划却一再延宕，真正进入实施阶段，已经是十年以后了。到那时，恭亲王已经彻底赋闲，等他再过 10 年重新出山，面对的是甲午败局，要想再重整河山，也是有心无力，只能仰天长叹了。

光绪初年，天灾频发，受灾人数几达全国人口之半，其带来的饥荒与瘟疫使千万人丧生。大清国库在穆宗大婚及随后的陵寝修建花费浩大，还需为西北用兵支付庞大的军费，天灾的到来更使得其完全告罄。不光是海军，整个中国近代化进程都面临着巨大的财政困难。

数千年来，我们这个国家从来没有被天灾打败过，尽管它会打乱甚至打断前进的步伐，但恭亲王还是有足够的信心把一切拉回正轨。当然，前提是天灾及其引发的财政危机只是这个国家面临的唯一困难。

天灾虽然时有爆发，但总有缓解停息之日，人祸却是无穷无尽无休无止的。很多时候人祸并非来自所谓的奸臣，那些自诩"以经世匡时为己任"的"清流"们，祸乱起国家来与其相比是毫不逊色。他们对新政的攻击本就没停止过，当此危难之际，他们以天灾为名借题发挥，这种攻击变得更为变本加厉。

"天人感应"思想源于《尚书》，后被董仲舒发扬光大。这种思想认为天子不仁不义，上天就会出现灾异进行谴责和警告，反之，则会天降祥瑞。这种说法如果真能鼓励君王多行仁义，那真是善莫大焉，不过匍匐在天子脚下的文人另有解释。天降祥瑞自然是上天对帝王的褒奖，而天灾则是预示帝王身边有小人作祟，与天子无干，退一步说，即使天子有过失，为臣者也当代君受过。

据此，清流派说："去年晋豫固属巨灾，其余水旱风蝗，被灾者将近十省，总由宫无善政，以致天降奇灾。"而宫无善政的责任当然不在皇上与太后，因为"皇上幼冲，两宫听政，虽权衡自上，而翊赞则在枢臣"。当然，如果天降祥瑞而非奇灾，他们的笔杆子写出来的将会是这样的：皇上幼冲，景运斯集；两宫听政，盛业鸿功。故令天降祥瑞也。

那过错到底由谁来承担呢？当然是负翊赞之责、以恭亲王为首的枢臣了。"凡用人行政诸大端，必质商榷而后行，枢臣曰可，则旨以为可，枢臣曰否，则旨以为否。盖今日之朝政，固无不自政府出矣"，这里的政府就是军机处与总理衙门，这个说法倒算不上胡乱编造，朝政由这两个机构所出，谕旨也以他们的可否为准，如果以行政有失、用人不当一类的原因去指责，他们是无法推脱的。

清流派的指责并不是这些原因，他们义愤填膺地说："今新疆平则枢臣受赏，腹省灾而枢臣独不受罚。"平定遥远偏僻的新疆，这些枢臣们都能受到奖赏，如今中原腹地的各省天灾如此严重，为什么他们偏偏不受惩罚呢？接着，他们举出古代的例子，"考之往代，遇大灾则策免三公，三公亦自请罢斥"，看到这些枢臣们不自己主动请辞谢罪，清流派只能"伏恳训谕枢臣，责以忘私忘家，认真改过，庶可上格天心"。

"华夷大防"是清流派与顽固派攻击改革派最惯常使用的武器，在洋务运动推进过程中，围绕教育、船政、铁路展开的三场大辩论，可以说是道器之争、义利之辨，而最终又都成了华夷之辨。除了这三次，其他类似的大小争论根本数不胜数，事实上这种争辩一直就没有停止过，而且随着时间推移，清流派越来越声势浩大，改革派则越来越势单力薄。这其中的原因到底是什么呢？

第一场教育大辩论，恭亲王可以说是以一己之力，舌战群儒；第二场船政大辩论，恭亲王发动疆吏参与，再胜一场；第三场铁路大辩论却以失败告终。这个过程中，表面上看，是恭亲王受慈禧太后越来越有力的压制，变得越来越谨小慎微，但慈禧太后实质上是借助了清流派的力量来实现这种压制。

我们说那拉氏对付恭亲王用的是祖宗家法与纲常名教，她同样是用纲常名教把这些清流派聚集在自己身边，扶植他们，他们的代表人物李鸿藻甚至被其安插进军机处。当然，工于心计、善于权谋的慈禧太后绝不至于愚蠢到听信一帮清谈儒生的地步，她只会在合适的时机利用他们。

文祥临终前终于发出了一直压在心里的感慨："十数年来，遇有重大之端，安危呼吸之际，事外诸臣以袖手为得计；事甫就绪，异议复生，或转托于成事不说；不问事之难易情形若何，一归咎于任事之人。"文祥这番慨叹把清流派的处世原则描述得异常清晰，他们只会在事变来临之际袖手旁观，事变过后则议论横生，事成则求全责备，事不成则一切责任由任事之人背负。

清流派的这种做派非常符合慈禧太后的要求。治理国家以及事变来临时，她需要的是恭亲王、文祥这样的实干家，事变过后需要打压或者把他们一脚踢开的时候，清流派就有用武之地了，他们所持的"公论"就可成为对付实干家的有力武器。

有慈禧太后撑腰，清流派日益理直气壮就在情理之中了。在关于铁路的那场大辩论中，连出使欧洲驻节西方的刘锡鸿都倒向了他们，这在保住他自己"清誉"的同时，也给了改革派最为沉重的一击。

平生意气消磨尽，如果一定要找一个起点的话，我想应该是光绪七年（公元1881年）。正是以这场辩论终结为始，恭亲王开始觉得心灰意懒。

几个月之后，恭亲王再次败在反对派手下，他们说前期派出的美国留学生们"适异忘本，目无师长，固论其学难期成材，即成亦不能为中国用"，要求勒令他们立即回国。力争未果，恭亲王只能以总理衙门的名义下令，将留美学生全部撤回。消息传出，美国前总统格兰特、大文豪马克·吐温等联名致函清政府，希望收回成命，但仍无济于事。

这一年发生的另外一件事，则让恭亲王在心冷之余更感心惊。三月初十（4月8日）慈安太后突然崩于钟粹宫，死因成谜。初九日，慈安太后只是"偶染微疴"，到第二天"病势陡重"，"遂至弥留"。慈安太后的离世，使恭亲王失去了与慈禧太后之间的润滑剂，也是对他的一个警示，提醒他现在谁才是大清真正的主人。

而且，恭亲王不能不想到，自己的长女还在那拉氏身边。光绪六年，也就是一年前，恭亲王三女才一岁多便夭折了，这是他早殇的第三个子女。长女尽管长年养在宫中，不能时时见面，但这是他唯一成年的女儿，自然会特别珍视。

同治四年，恭亲王在被罢黜议政王，上奏请收回长女固伦公主名号，慈禧太后勉从所请，封其为荣寿公主。光绪七年十月，慈禧太后又再度晋封荣寿公主为荣寿固伦公主。固伦公主固然显赫，但与东宫皇太后相比，又算得了什么？

此时恭亲王年近天命，他的身体由于多年过度操劳出现了严重问题，已经有了便血等症状。身心俱受重创，他该认命了吧？

在这个内外交困的多事之秋，恭亲王不可能让自己就此认命，就此歇息下来。而且他根本不可能有歇息的机会，此时中国四境无一处安宁，除了前面提到的东南和西北，恭亲王现在要处理的麻烦包括东北的朝鲜和西南的越南，这两个中国的藩属国。

越南，旧称安南，与中国的渊源始于秦朝。自那以后，越南时而是中国版图的一部分，时而脱离作为朝贡的藩属国，总之在政治上长期臣服于中国，文化上则是全盘中国化。安南这个名字最早出现于唐朝，南宋淳熙元年（公元 1174 年）初，其国王遣使入贡，宋孝宗赵昚正式"诏赐国名安南"。

18 世纪末，越南发生内乱。1802 年，时为中国的嘉庆七年，阮福映在法国支持下取得政权，建立阮朝，并于次年遣使朝贡中国，请求改国号为"南越"，最终仁宗赐国号"越南"，册封阮福映为"越南国王"。

从那以后，法国势力开始在越南渗透。咸丰年间，法国人趁太平军叛乱用武力在越南抢占地盘。同治十三年（公元 1874 年），他们与越南人签订条约，表面上承认越南为独立国家，实际上是想把越南作为自己的保护国。

光绪元年（公元 1875 年），在总理衙门接到法国附有条约全文的通告后，恭亲王拒绝承认条约的合法性。越南人事后也发现条约对己大大不利，还想回到中国羽翼之下，此后几年，他们继续履行四年一次的向中国朝贡的义务。他们还利用刘永福的黑旗党来对抗法国人。刘永福是太平军余党，率领一帮人马逃亡到中越边境后，占山为王。在越南人支持下，黑旗党与法国人的战斗时有发生。

与此同时，恭亲王没有放弃外交努力。光绪六年（公元1880年），他指示驻法公使曾纪泽对法国侵略越南的行为提出质问，法国外长与总统均表示对越南并无野心。光绪七年（公元1881年）十月，法国驻华公使再度表示法国并无吞并越南之意，但不到一个月，法国新任外长却对曾纪泽声称，法国对越南事务有完全自由行动权。

光绪八年（公元1882年）二月，法军占领河内。恭亲王在请示慈禧太后之后，采纳了署直隶总督张树声的建议，将滇粤防军以剿办土匪为名守于城外，伺机而动，令广东兵轮各船整顿出洋，借壮声势，对刘永福的部队善加利用，互为声援。但在恭亲王内心，并不认为当前是与法国开战的时机。

越南的应对策略还没部署完毕，朝鲜问题又堆到了恭亲王的案头。几年前，日本在进攻台湾、琉球的同时，也向朝鲜用兵，迫使其订立《江华条约》，商定日本认朝鲜为独立国家，朝鲜向日本开放口岸等。日本人这招看来是跟法国人学的，朝鲜人的态度却比越南人坚决，签完条约后继续奉中国为宗主国。欧美各国并不承认朝鲜独立，仍视其为中国藩属，与其签订通商合约均通过中国进行。日本人不甘心，在朝鲜扶植亲日势力与亲华派对抗。

光绪八年（公元1882年）六月，朝鲜发生壬午之乱，日本使馆被袭，亲日派被赶出王宫。日本旋即以保护侨民为由向朝鲜派兵，准备借此机会进一步控制朝鲜。接到驻日公使发出的消息后，恭亲王立即召集军机处与总理衙门进行会商，并决定立即发兵朝鲜。

在恭敬地征求了慈禧太后的意见之后，恭亲王立马命人拟旨发出。得益于电报与军舰，水师提督吴长庆、丁汝昌率部两千余人迅速抵达朝鲜，平定了变乱。随后，吴长庆与日本人展开谈判并达成和约，由朝鲜向日本赔偿军费，并允许日本驻兵朝鲜以护卫使馆。吴长庆自己的部队也按恭亲王部署，留在了朝鲜。

朝鲜问题顺利解决，总算让清流派没有下嘴的机会，但他们不知疲倦的嘴从来不会闲着。翰林院侍读张佩纶上奏，请朝廷密定东征之策，以靖藩服。他在奏折中说，可趁现在日本"贫寡倾危"之际，报琉球、朝鲜两箭之仇。看到这种论调，恭亲王哭笑不得，如今的日本，哪里是"贫寡倾危"，中国的国库倒是"贫寡"至极。他示意李鸿章筹划"东征之策"，李鸿章心领神会，覆奏曰："自强要图，宜先练水师，再谋东征。并请厚集南北洋防费。"

就在恭亲王强打起精神，要回过头来处理越南问题时，他的身体却再也撑不住了。

光绪八年八月，太医为恭亲王诊治留下的一份脉案中记录的症状为"溲血频数，濇痛未减，大便偶亦带血，夜寐不实，头晕腰酸"，诊断为"由于肾阴过伤，因之气血俱亏，而膀胱湿热未净"，这些病症至少持续了三月有余。其实不用任何医学常识就能知道，恭亲王的病因只在一个字：累。

和硕恭忠亲王奕訢老年像

他怎么能不累呢？在高祖的眼中，大清国是一艘到处都在漏水，又到处都在着火的巨轮，他不可能眼睁睁地看着它燃烧起熊熊大火，再慢慢沉入水面。然而，凭他和少数人的力量，不可能堵住所有的漏洞，扑灭所有的火点，他希望能叫醒更多的人，来一起挽救这艘即将倾覆的巨轮，希望他们能睁眼看看船外的世界，那里是更为广阔的天地。

高祖有太多事要做。他想在这艘船上使用最先进的工具，换上最先进的零件，配备最先进的武器，训练最得力的水手。他还有责任保护这些水手们，因为船上总有一班人踱着方步，摇头晃脑地责怪他和他的水手们把原本华美无比的船变得面目全非，另外一班人则把手放进袖筒里，挺直脊梁，指责他们与外人为伍，破坏了船上原本的和谐。

高祖还必须用大量时间对这艘千疮百孔的巨轮进行修补，并随时堵住最危险的船洞。与此同时，他还需要小心翼翼地把住船舵，避免水底的暗礁，还有露出水面的冰山，当别人只是看到它的一角时，他已经感受到那隐藏着的巨大危险。

最让高祖悲哀的是，大多数人仍在为拥有这艘巨轮沾沾自喜，浑然不觉它已经充满危机，对前方的凶险更是茫然无知，一而再、再而三把他从舵手的位置赶下去。他也不知道在这驾驶舱里还能待多久，他能做的，只有拼尽全力，用最快的速度把这艘巨轮带到安全的水域。

他们终究没有给他这个机会。

光绪十年三月十三（公元 1884 年 4 月 8 日），慈禧太后对恭亲王下手了。这一次，那拉氏总算尊重了一下她的对手，惩处恭亲王的原因，没有简单地再四用失"礼"来敷衍。

慈禧太后这道懿旨先描述了当前的艰难处境及其原因："现值国家元气未充，时艰犹钜，政虞丛脞，民未粖安。内外事务必须得人而理，而军机处实为内外用人行政之枢纽。"政务繁杂，民生未安，军机处正是安排人来解决这些问题的机构，而现在这个机构自己却出现了问题，这个问题自然比需要解决的政务民生问题更加严重，因此必须要优先解决。

要解决机构的问题，其实就是解决机构里人的问题："恭亲王奕䜣等，始尚小心匡弼，继则委蛇保荣。近年爵禄日崇，因循日甚，每于朝廷振作求治之意，谬执成见，不肯实力奉行。"恭亲王积劳成疾说成"委蛇保荣"；清流派刚骂他崇洋媚外，这里又说他"因循日甚"；第一个提出"力图振兴"、喊出自强口号并身体力行的恭亲王，成为"朝廷振作"的最大障碍，让人不得不佩服叶赫那拉氏：您可真敢往上捅词儿！

慈禧太后接着说："本朝家法綦严，若谓其如前代之窃权乱政，不惟居心所不敢，亦实法律所不容。只以上数端，贻误已非浅鲜，若不改图，专务姑息，何以仰副列圣之伟烈贻谋？将来皇帝亲政，又安能诸臻上理？"连那拉氏都觉得把"窃权乱政"的帽子扣在恭亲王头上，实在是不合适，有其他罪名已经足够了。

然后话锋一转："若竟照弹章一一宣示，即不能复议亲贵，亦不能曲全耆旧。是岂朝廷宽大之政所忍为哉？言念及此，良用恻然。"意思是说，虽然那些罪名已经足够，但并不代表恭亲王只有这些罪名，不说出来是为了给他保存颜面。这就厉害了，就算有人想为恭亲王求情，也得为这些没有"一一宣示"的过错犯嘀咕。

对恭亲王处理结果是："著加恩仍留世袭罔替亲王，赏食亲王全俸开去一切差使，并撤去恩加双俸。"其余军机大臣除令宝鋆提前退休外，全部退出军机处。

得知这个结果的清流派人士盛昱备感错愕。如果我们知道弹劾军机处的奏折就是盛昱递的，是不是应该比他还错愕呢？这已经得偿所愿了，还错愕什么呢？因为盛昱弹章的主要矛头是指向李鸿藻的，他建议的惩处也只是交部严加议处而已，并不是开缺，更不是全体开缺。

这就是清流派可恨之外的可笑之处了。一个小小的言官，真就以为自己的弹章弹出了如此巨大的动静。他们从来自视为国家的真正脊梁，全然不知自己只是政治斗争的一枚小小棋子，而且是随时可以弃掉的那种。

恭亲王病情迁延半年有余，到光绪九年六月才勉强拖着未复原的身体入值。此时的朝廷已是主战派的天下。这是清流派另一个可笑之处，他们不仅认为华夏文化天下第一，还自认武功也天下无敌，对于外夷，动不动就鼓动朝廷起兵伐之。

恭亲王清楚，越南为滇粤藩篱，设法保护是必要的，但必须慎始虑终，不可轻率从事。他不愿言战，但当下情形，又不敢言和，因为主战派的最大后台其实是慈禧太后。

当接仗失利的消息陆续传到北京，就是清流派大展身手的时间了。问责对象败军之将自是首当其冲，盛昱的目标直指败将的保荐之人李鸿藻，这说明清流派也有可爱的地方，他们对事不对人，李鸿藻虽为清流派首领，并不能幸免。

慈禧太后的目标是恭亲王，盛昱的弹章到得正是时候而已，没有他的，别人的也一样，无论谁来弹劾谁，都可以引到恭亲王身上，他作为中枢首领，失察之责是怎么都逃不掉的。因此，对慈禧太后来说只需要顺水推舟，至于李鸿藻只是附带的牺牲品而已。

恭亲王开去一切差使后，慈禧太后命礼亲王世铎主持军机处，郡王衔贝勒奕劻管理总理衙门。后来，慈禧太后宣布"军机处遇有紧要事件，著会同醇亲王奕譞商办"，实质是将奕譞抬到了军机处之上，成为"太上军机"。

这就是后来所谓的"甲申易枢"。因为新中枢的组成人员，在识见、威望、能力和人品上，与之前相差甚远，时人把这次中枢机构的大换班比喻为：易中枢以驽马，代芦菔以柴胡。但这却是慈禧太后想要的结果。

初时奕劻倒有自知之明，他上奏慈禧太后，陈述六条理由，说明军机处与总理衙门分管的弊端，当然，他并没有认为自己或世铎有担负起这两大机构的才力和声望，这道奏折实则是请慈禧太后重新考虑对恭亲王的任免。结果奕劻受到斥责，慈禧太后的回复是："切责总署以为非恭王不能办，传旨申饬。"这真是应了那副经典的对联：上联是"说你行你就行，不行也行"，下联是"说不行就不行，行也不行"，横批"不服不行"。

看到这样的局面，清流派也无法坐视不理。盛昱等人接连上疏，当然他们并不敢直接针对慈禧太后，只是说恭亲王"举朝无出其右"，请太后格外开恩，后又指出"太上军机"不合规制，请太后收回成命。

这种时候，慈禧太后自然绝不可能"勉允所请"的。此时慈安太后已经暴崩，恭亲王也丧失了一切实权，朝堂之上再也没有任何制约她的力量，她也没有任何需要借助清流派的地方了。这些她用过的棋子还有何用，留着他们成天在自己面前叽叽歪歪吗？

此时，正值法国派出军舰在台湾海峡耀武扬威。慈禧太后派出张佩纶等三名清流中坚分往南洋、北洋、福建会办海疆防务。这些书生们可能在纸上都没谈过兵，其结果可想而知。

中法马江海战中"永保"舰被击沉于船厂前

法国舰队侵入福建马尾港，张佩纶严守军机处"彼若不动，我亦不发"的训令，下令"无旨不得先行开炮，必待敌船开火，始准还击，违者虽胜尤斩"。等到法舰首先发起进攻时，福建水师的舰只还没来得及起锚，被法舰的炮弹击沉两艘，重创多艘。此役福建水师几乎全军覆没，马尾造船厂和两岸炮台俱被摧毁。

自此以后，清流派的声音再也没有那么响亮了。

回天乏术——一个时代的最终章

恭亲王西山再起之时，年逢甲午，距甲申正好十年。

当年甲申易枢，朝野上下宛如掀起一场飓风，流言四起，人心惶惶。让人不可思议的是，处于风暴中心的恭亲王恰如置身风眼，心如止水，静观云舒云卷，似乎周遭一切与他毫不相干。

翁同龢（1830—1904）

几天前发生的另外一件事，同样使人备感诧异。当时越南军情紧急，慈禧太后召集军机处及诸王大臣商议，恭亲王则离题八万里，大谈为慈禧太后祝寿的安排。第二天，恭亲王还拉上了五哥惇亲王，喋喋不休仍然只是生日进献一事，越南战事则只字不提。旁边的翁同龢实在看不下去了，只能出言劝两位亲王"宜遵圣谕，勿再琐屑"。

翁同龢是清流派的领袖之一，此时为德宗师傅，任户部尚书，在军机处行走，对外关系上一味主战，在中法关于越南的交涉中也是如此。上面那件事记录在翁同龢的日记中。翁同龢很可能是方遒翁的另一个原型，所以他的叙述大都不会凭空捏造，《围城》里说这样的人"记载并不完全凿空，譬如水泡碰破了总剩下一小滴水"，但是他们惯用皮里阳秋的笔法来褒贬。日记里，翁同龢借此事发表了他的感慨："天潢贵胄，亲藩重臣，识量如此！"

令人诧异的地方在于，恭亲王表现出来的"琐屑"与"识量"与他之前的言行极不相称，简直判若两人。就算是翁同龢在日记里吹了泡泡，这一小滴水也很让人理解。恭亲王反对贸然对法开战，而朝中多数人大力主战，并得到慈禧太后的支持，这种情况下即使他无法反对，也可以一言不发，没有必要用这种方式吧？而且，这有什么好处吗？他难道想用这种方式来岔开话题？身边清流环绕，如此不分主次，他不知道这样做会正给他们口实吗？

难道这就是恭亲王的真实目的？！言官的弹劾果然随后而至。慈禧太后即以"边防不靖，疆臣因循，国用空虚，海防粉饰，不可以对祖宗"斥责恭亲王。

慈禧太后只是轻巧地从弹章里抽取几个词来指责恭亲王，但这桩桩件件都是恭亲王的心头大痛，中国的东南西北危机四伏，各地的封疆大吏鲜有作为，大清的国家财政濒临崩溃，海军的创设建立举步维艰，他就是那个最先提出这些问题、最想解决这些问题的人，为了有朝一日面对先祖时可以无愧于心，他呕心沥血日夜操劳所作所为全在于此。

难以想象，恭亲王这种"自取其咎"的做法隐藏了多少的无奈。对慈禧太后来说，自己对手奉上这样好的机会，自然是却之不恭了。她当然不可能不知道这些问题的存在，也不可能不清楚恭亲王才是最适合解决这些问题的人，但一个被私欲蒙蔽了双眼填满了内心的人，其他一切都是可以放弃的。所以她决定采用解决问题最快的一个办法，就是解决掉提出问题的人。耳根清净了，对手消失了，享乐方便了，自然就天下太平了。

这种表面上的太平内倚醇亲王、外靠李鸿章持续了大约十年时间。醇亲王在接替恭亲王的位置之后，来了个 180 度大转身，从一个洋务强硬的反对者变成了坚定的支持者，执行的路线基本是按照恭亲王设计的轨道，就连他之前最反感的"外敦信睦、隐示羁縻"政策也沿用了。以至于有人分析，甲申易枢根本不是醇亲王靠慈禧太后完成的抢班夺权，而是恭亲王与醇亲王哥俩儿演的一出双簧，他们是主动交接班的。

恭亲王对那拉氏的态度前后虽有不同，从最初的无视到后来的不得不重视，但他的性格决定了不可能对其服软。我家里一直传着高祖的一桩逸事。慈禧那时经常会因高祖的态度质问他："汝系何人？"高祖屡对曰："宣宗之子，文宗之弟，今上之叔也。"

醇亲王在慈禧太后面前姿态就低得多。恭亲王曾与慈安太后联手除掉了慈禧太后最宠信的安德海，而醇亲王为防止慈禧太后猜忌，在视察北洋水师的时候会主动邀请李莲英随行。很多恭亲王想要完成的事业，比如海军、铁路、工业，都曾受到严重阻碍，但在醇亲王手中却取得了相当的进展，这里有大环境改变的因素在内，但不可否认，醇亲王的这种行事风格还是起到了作用。

醇亲王对慈禧太后并非一味迁就，对其挥霍无度也时有劝谏，最终导致慈禧太后不满。慈禧太后对醇亲王严加防备则是在德宗亲政之时，虽然德宗亲政前，醇亲王恳请慈禧太后再训政数年以迎合其心，但其总有归政那一天，这时候醇亲王即使想学恭亲王退隐也不可能，因为他的存在本身成了那拉氏继续独掌大权的严重威胁。醇亲王忧惧成疾，光绪十六年十一月廿一日（公元 1891 年 1 月 1 日），在德宗亲政后一年多后病逝，谥号为"贤"。醇贤亲王奕譞第五子载沣承袭王爵，成为第二代醇亲王。

恭亲王十年赋闲，很多时候都在京西戒台寺养疾，居住于皇室行宫北宫院。恭亲王住进来之后广种牡丹，北宫院也因此得名"牡丹院"。光绪十一年（公元 1885 年）初，先是四子载潢不足五岁夭折，恭亲王还没走出悲伤，长子载澂又于六月初十（7 月 21 日）不幸病故，时年 26 周岁，接连的丧子之痛让恭亲王只能在出尘的寺庙里寻求慰藉。

"千古是非输蝶梦，到头难与运相争。"作诗遣忧，或听僧人讲禅，此时的恭亲王大有看破红尘之感。初时和七弟奕譞常赋诗唱和，并偶有小聚，使他尚能体味人世亲情，当七弟辞世的消息传来时，他在尘世的牵挂便更少了。恭亲王做好了此生在西山度过的准备，出资将戒台寺的罗汉堂、千佛阁、北宫院整修一番，还从恭王府搬来了一座假山和大量家具。

光绪二十年（公元 1894 年），慈禧太后登上了三宝殿。如同当年英法联军入京的庚申之变，此次请恭亲王出山当然不会有别的原因。

甲午之变的根源还得追溯到十年之前的甲申年。光绪十年（公元 1884 年），甲申易枢半年多之后，中国藩属朝鲜继壬午之乱后再生变乱，是为甲申事变。

壬午之乱后，时年 23 岁的袁世凯随吴长庆驻军朝鲜。袁世凯参加科举屡试不中，但朝鲜给了他一个施展军事才能的机会，他有勇有谋，深得吴长庆赏识，朝鲜人也对他另眼相看，聘请其为教练官帮助练兵。

光绪十年，吴长庆因中法关系紧张，率半部调防辽东，袁世凯则以副将一职留守朝鲜。这年年底，发生甲申事变，亲日派在驻朝日军帮助下夺得政权，亲华派多数遇害。袁世凯反应迅速，带兵进入王宫击退日军。

次年，李鸿章与日本伊藤博文在天津商讨善后，签订《中日天津条约》，议定双方均从朝鲜撤兵、均不留教官帮朝鲜练兵、将来朝鲜变乱任一方或双方派兵须提早知照对方等三款。此条约看似平等，实则有利于日本，因为李鸿章忽略了朝鲜本就是中国藩属，而这些条款相当于承认了日本在朝鲜的地位，并为中国以后在朝的行动设置了障碍。

袁世凯回国后，李鸿章对其奖勉有加，后正式任命其为总理朝鲜事宜委员，代表中国政府常驻朝鲜，自此中朝关系基本由李鸿章决策，袁世凯执行。袁世凯回到朝鲜不久，总揽外交通商，内政也需要和他相商，成为这里的实际统治者，引发朝鲜人的不满。美、日等国对此亦有怨言，当然，最不满意的是日本。

光绪二十年（公元 1894 年），朝鲜东学党人起事，日本人等待的时机终于到了。东学党是一个杂拌了中国儒释道的宗教组织，屡遭禁止，但信众却有增无减。前一年，朝鲜政府向袁世凯求援，东学党宣告解散。1894年2月，东学党再度举事，日本人视之为恢复在朝势力的良机，对其进行煽动并给予资助。6月，日本得知朝鲜已请中国平乱，遂决定只要中国出兵，日本即派出军队赴朝。

日本一面部署对朝用兵，一面假意分别促请李鸿章和袁世凯及早派兵为朝鲜平乱。中国当时对日本内政一无所知，仅根据驻日公使的片面之词及原有成见得出结论。之前日本发行政府公债时，则谓之国力衰弱、外强中干；日本此时已实行宪政，国会对内阁攻击十分厉害，则谓之自顾不暇，绝无向外生事可能。

据此判断，李鸿章派出的陆军不足两千人，军舰三艘，并履行条约义务告知日本。日本外务大臣陆奥宗光则回复说，日本有必要派兵保护侨民，并同时照会总理衙门。总理衙门驳之以非出于朝鲜所请，无出兵必要，日本驻京代办二次照会说，日本出兵系根据《中日天津条约》，中国并无反对的理由。结果日本派出的兵力则数倍于中国，几达八千人，另有军舰八艘。

岂知中日军队到达之前，声威先至，朝鲜的东学党之乱已经平息。日本失去了护卫使领侨民的借口，其驻朝公使担心列国指摘，准备与袁世凯商谈撤兵。因对方兵力之盛远超己方，袁世凯早有此意，双方一拍即合。

此时日本内阁已经有了与中国一战的决心，用陆奥宗光的话来说就是："非欲调和已破裂之关系，乃欲因此以促其破裂之机。"陆奥宗光"促其破裂"的计划是，提议由中日共同改革朝鲜内政，意为将朝鲜纳入共管，强中国所难，如果中国不同意，则正中下怀。因此他下令驻朝公使中止谈判，并将其提议通知中国驻日公使、总理衙门与李鸿章。

中方要求先行撤兵，再讨论善后之事，而且内政改革一事，应该由朝鲜自决，何况日本承认朝鲜独立，更无干涉之理。陆奥宗光则说朝鲜对日本利益关系重大，必须保证其安宁，因此非进行政治改革不可，在此之前，即使中国看法不同，日本也断不撤兵。随后他命驻朝公使改革朝鲜政治，不再理会中国的态度。

李鸿章希望欧美各国能进行调停，说动日本撤兵，对俄国尤其寄予厚望。不知道李鸿章是不是已经忘记，每逢中国有事，俄国总是出面最积极的那一个，其过程总是口蜜腹剑、两面三刀，其结果总是狮子大开口，完成趁火打劫。或者是他以为俄国会突然转性亦未可知，不幸的是，这只是他的一厢情愿而已。

俄国人的表演这次更甚从前。他们先是信誓旦旦表示，要与中国"同心力持"，"断不容日妄行干预"，几天后又说已勒令日本与中国共同撤兵，如日本不遵行便施加压力。李鸿章后来询问俄国公使：如果中国同日本开战，俄国人将如何？俄国人答复是"未便袖手"。直到中日海战爆发前，还一再说俄国将对日用兵，劝中国不要接受英国调停。

其实俄国人还真向日本质询过此事，日本只是稍稍表示没有侵占朝鲜土地的意思，俄国人便决定不再多言了。不继续努力倒也罢了，俄国人反过来担心中国在朝鲜的势力过大，想趁此机会让日本给中国一点挫折，所以到后来他们更怕这场战争打不起来，便一再鼓动中国，不要向日本妥协。俄人本性恶劣至此。

虽英、美等国也参加调解，但日本人决心已定，任谁都无法改变了。各国调停期间，日本不断向朝鲜增兵，占据了军事要地。7月，日本不宣而战，中国派往朝鲜增援的舰艇受到袭击，拉开了中日甲午战争的序幕。光绪二十年七月初一，公元1894年8月1日，中日正式宣战。

八月十五日（9月14日），中日的陆上最大规模战役在平壤展开，两天后，日军夺得平壤，中国军队全部退到鸭绿江西岸。八月十八日（9月17日），丁汝昌率北洋海军全队到鸭绿江口的大东沟海域，掩护增援部队运兵船，在陆军登陆完毕后，于次日折返旅顺，途中与有备而来的日本舰队遭遇。激烈的海战持续了五个多小时，再次以中国失利告终。此后，北洋舰队移守威海卫，不敢复出，将黄海制海权彻底交予日本手中。

黄海海战后"镇远"舰在旅顺船坞抢修，白圈为弹着点位置

平壤战役与黄海海战两大战役的惨败，使日本全面占据陆海优势，其兵力可以自由进入朝鲜半岛，深入辽东，以至直接威胁北京。慈禧太后就是在这种情形下，决定重新起用恭亲王。

恭亲王当然清楚现在国家面临的情况。20年前，他提出创建近代化海军，其主要目的就在防范日本。他也深知创办海军的困难重重："屡经奏请筹办，而歧于异见，致多阻格者有之，绌于经费，未能扩充者有之，初基已立，而无以继起久持者有之。"

恭亲王最担心的问题就是人心不齐，而且无法持久，他希望此后"上下一心，内外一心，局中局外一心，自始至终，坚苦贞定，且历之永久之心，人人皆悉底蕴，力事讲求，为实在可以自立之计，为实在能御外侮之计"。

然而，其后的10年时间里，"同心少，异议多"的局面根本没有改变，而这10年之中，日本发展速度远远超过中国，因此虽然他们起步在中国之后，在朝鲜甲申事变时，已经隐然可以挑战中国了。

甲申事变时，李鸿章曾预计日本崛起尚需10年时间，因此属于远虑。但10年过去到了甲午年，日本确实崛起了，远虑已成近忧，而且近在眼前，但是中国的应对策略却仍停留在20年前的纸面上。当然，中国这10

年并非停滞不前，但显然没能做到"自始至终，坚苦贞定"。在恭亲王让位之后，近代海军建设在醇亲王推动下正式起步，然而海军经费从原计的每年400万两，几年后只有十之一二，军火配备严重不足，将士训练亦是大多敷衍了事，重要将领想的则是升官发财，并多以屈身为李莲英门生为荣。

恭亲王曾设想用一个甲子的时间使中国产生彻底的变革，但这一个甲子，是同心协力奋斗的60年，如今10年、10年又10年过去了，这中间真正用来自强、求富的时间又有几年呢？到如今，形势急转直下到不可挽回的地步，恭亲王再出山又有何用呢？

但他可以说不吗？昔日扁鹊逃往秦国，听任蔡桓公病死，是因为他知道疾在肌肤肠胃，可以使用针灸汤药治疗，而一旦病入骨髓，就只能听天由命，人力已经无奈何了。但恭亲王没有办法逃，他怎么可能离开这有几千年文明的中国土地，有几百年传承的祖宗基业？

此时朝政，慈禧太后名为归政，实则朝中重臣几乎全是其亲信，用人行政大权仍操于慈禧太后一人之手。德宗身边最受信任的唯有他的师傅翁同龢而已，他们两个正想借对日作战的机会树立德宗的权威，摆脱慈禧太后的控制。

所以当屡有人建议起用恭亲王时，那拉氏是赞同的，在她眼中，恭亲王本就是收拾烂摊子的最佳人选，何况她现在还有更重要的事要考虑，那就是她的60大寿。但即使如此，慈禧太后在给予恭亲王权力时，还是一点一点给的，不过恭亲王应该已经习惯了，他们一家三口对自己猜忌加起来好几十年了，早就不放在心上了。

倒是德宗这边要小心在意一些。因为对德宗来说，多了一个威望尚存的恭亲王，也许就多了一个实权人物干涉他的宏图大计，因此是不太愿意的，到后来才勉强同意。尽管势单力薄，但毕竟德宗才是正牌天子。所以恭亲王行事，考虑得实际上比十年前更多，做起来也更为艰难。

恭亲王重回朝堂，内心的悲哀远大过重整旗鼓的激情，他再掌朝政收拾这个残局，意味着他过去 30 余年、当政 24 载所梦想的那个自强国家已经灰飞烟灭，他只能在慨叹一番后再将它亲手埋葬，即使他还有面对梦想的勇气，但他的身体已经不能给他更多的时间了。

有时候我忍不住去想，如果高祖仍旧留在西山，每日与青灯佛经为伴，在晨钟暮鼓中远眺红尘，他可以长寿得多。但那样的话，还是高祖吗？不可能的，他做不到的，他宁可用自己的寿命去换取大清的延续。明知不可为而为之，如果自己无力回天，那就鞠躬尽瘁、死而后已吧！

光绪二十四年四月初十，公元 1898 年 5 月 29 日，高祖的生命走到了尽头。

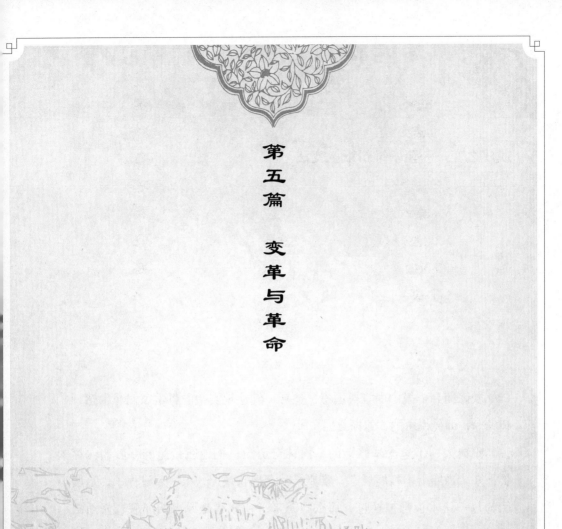

第五篇　变革与革命

戊戌之变——孔子维新纸上变法

忒修斯是传说中的雅典国王，他有一艘让现实中的哲学家们非常感兴趣的船，即传说中的忒修斯之船。

雅典人为了纪念忒修斯的一次神奇历险，把他航行过的一艘船保存了下来。当船上木板腐烂了，雅典人就会把它换掉，很多年过去了，这艘船的每一块木板都被换过。那么问题来了，这还是原来的那艘忒修斯之船吗？

恭亲王在甲午战争之后，曾说过这样的话："中国之败，全由不西化之故。"这当然是有所指的。中日之间的这场战争，彻底颠覆了中日两国对于自己、对于对方的认识。之前日本长期谨慎地关注着中国的变化，以调整自身应对之策；中国则因为一直对日处于优势地位，漠视对方的存在。而战争之后，汉文在日本国民教育中的重要性大幅降低，中国学生开始大量涌入日本。

日本后发先至，得以赶超并战胜中国，是因其西化之故，日本自明治维新始，在政治、军事、工业、教育等方面全面仿效西法，是以发展迅猛。驻日参赞黄遵宪算是中国近距离观察日本最早的一批人之一，对其民权运动与议会制度颇有好感，但是他最感兴趣也最为强调的并不是这种学自西方的政治制度，而是日本如何成功地运用中央集权制度成为一个近代化国家。这说明一个人在学习新东西的时候，他原有的思想会起到一个过滤的作用，与之相吻合的内容更容易保留下来。

同样，如果说恭亲王有一个明确的想法，中国应该西化到何种程度，政治与文化也是他的底线。在他的心目中，中国这艘船的每一块木板都可以替换，船上的其他所有的部件也都可以换成最先进的西式器材，但这艘船的方向及维系它的秩序是不可以改变的。有了这些，才是原来的那艘忒修斯之船。

然而，正如我们所知道的那样，很多时候路是走出来的，不是想出来的，中国的近代化之路从"自强"到"求富"便是如此，这条路如果要继续走下去的话，便必然会对政治改革提出要求。对此，领导这场运动的恭亲王等人不可能茫然无知，也不可能完全回避这个问题。

文祥在洋务运动早期是恭亲王最为得力的助手，没有之一。他在光绪二年（公元1876年），中国走上求富之路之后，随着工业化大生产的出现，开始意识到这个问题。文祥说："说者谓各国性近犬羊，未知政治，然其国中偶有动作，必由其国主付上议院议之，所谓谋及卿士也；付下议院议之，所谓谋及庶人也。议之可行则行，否则止，事事必合乎民情而后决然行之。"

文祥显然不同意把西方国家谋及卿士与庶人的做法，等同于"性近犬羊，未知政治"，他对政事的决策以合乎民情为标准是十分赞同的，但他同时认为"中国天泽分严，外国上议院、下议院之设，势有难行，而义可采取"，也就是说，这个标准可以借鉴，但是外国的议院方式并不符合中国国情。

我们并不清楚恭亲王与文祥在私下对西方的政体有多少讨论，但毫无疑问，他们重视民意这一点是有共识的，只是恭亲王的表达更为传统。他说："守国之道则在于行政而得民，国之安危视乎政之得失。若君弱臣强，国柄下移，欲政令之行胡可得也？"

也许，其中的缘由就在于他所处的位置。美国前总统格兰特说恭亲王不可能走得更远，主要所指也当是在政治方面。这中间，除了纲常名教、祖宗家法等刻在他身上的烙印之外，就是他必须时刻担心来自最高权位的猜忌。恭亲王皇子、皇弟、皇叔的身份就是一种对皇位的天然威胁，他出众的才能，使这种威胁更为具体，无论他如何表白、证明都没有用，即使他放弃一切的权力，也不能免除这种猜忌，免除的唯一办法，只有一个。

　　　　周公恐惧流言日，王莽谦恭未篡时。
　　　　向使当初身便死，一生真伪复谁知？

　　恭亲王的忠心虽素为世人所知，但只有在薨逝之后，才能让最高权位上的人看清楚，给予他"忠"的谥号。恭忠亲王辞世之后，慈禧太后与德宗均亲自临邸奠酹，下令辍朝 5 日，素服 15 日，并颁旨，恭忠亲王配享太庙、入祀贤良祠。

恭王府葆光室奕訢停灵之处

光绪二十四年四月二十三日（公元1898年6月11日），就在恭亲王离世后的十三天，德宗颁布《明定国是诏》，明白宣示："嗣后中外大小诸臣，自王公以及士庶，各宜努力向上，发愤为雄。以圣贤义理之学，植其根本，又须博采西学之切于时务者，实力讲求，以救空疏迂谬之弊。"由康有为鼓动的维新变法由此拉开帷幕。

康有为咸丰八年（公元1858年）出生于广东南海一个官宦家庭，"世以理学传家"，父亲去世得早，自幼受教于祖父，有神童之称。少年时代有志于圣贤之学，口口声声要做圣人。虽负神童之名，康有为的科举之路并不平坦，他在广州接连参加三次院试，才考上秀才。不过，比起同一个考场的前辈洪秀全来说，他这个成绩已经很理想了。

《京报》刊印的《明定国是诏》，其中有"上谕数年以来，
中外臣工，讲求时务，多主变法自强"之语

康有为（1858—1927）

　　但是接下来的乡试，康有为的运气就没这么好了。光绪十四年（公元1888 年），他第五次向举人发起的冲刺再以失利告终，这让他和洪秀全一样开始怀疑人生了。不过，洪秀全的做法是不走寻常路，另辟蹊径，康有为走的则是传统知识分子的老路，向高官投书论国是，希望能够发现一名伯乐，来赏识自己这匹千里马。

　　这名伯乐还真被康有为找到了，他就是翁同龢。得到帝师的赏识让康有为兴奋不已，这让他决定直接向皇帝上书。时值"祖陵山崩千余丈"，康有为认为这是上天示警，请皇帝"变法维新"，写完之后请翁同龢上递，但被其压下了。

　　虽然皇帝没有看到康有为的上书，但这件事情本身就具有足够的轰动效应，康有为因此名噪一时。三年后，康有为在广州设馆收徒，著书立说，完善其理论体系。

　　光绪十七年（公元 1891 年），康有为的《新学伪经考》面世。在这本书里，他得出的结论是，古文经是西汉刘歆为帮助王莽篡汉而伪造出来的，非孔子之经，是"伪经"。因为它是王莽新朝之学，故称其为"新学"。

　　古文经与今文经之说出现于汉代。秦朝"焚书坑儒"使儒家经典遭到毁灭性破坏，西汉流行的儒学文本，是靠幸存的经师口授相传，再记录下来的。他们记录所用的文字便是西汉通行的隶书，属那个时代的"今文"，故而这类经书被称为今文经。

秦朝焚书之时，一些儒生冒死将一些儒学书籍藏在墙壁的夹层里。汉武帝末年，在孔府旧宅的墙壁夹层中发现了包括《尚书》在内的大批藏书，这些藏书都是用六国时期的籀文书写的，所以称为古文经。后来刘歆在协助父亲刘向校书期间，阅读了古文本的《春秋左氏传》，他认为《左传》的价值远远超过今文经《公羊传》和《谷梁传》。

从汉朝起，今古文之争延续了两千年。这种争议主要表现在对经义的理解上。一般说来，今文学派注重阐述经文中的"微言大义"，而古文学派则注重文字训诂。东汉至唐，基本上是古文经占据优势，但宋学主张直接从经文中寻求义理，到明代，古文经学进一步衰落。清代兼采汉、宋所长，但对文字校勘、训诂尤其重视，至乾隆、嘉庆年间，古文经学得以全面复兴。

批倒古文经学并非康有为的最终目的，所以这本《新学伪经考》不能当成他研究经学的学术成果，它根本就是为其政治目的服务的，也是为他的下一本书作铺垫的。第二年，康有为开始编撰《孔子改制考》，他认为儒家经书是孔子假借古人的言论来阐述自己的思想，是托古改制，证明孔子就是一位维新派。

这样，康有为找到了变法的理论依据。他先把古文经学一棍子打死，再用自己的方法来阐释今文经中的"微言大义"，把所有经文解释为维新变法的事例，以此来支撑自己的变法主张。

按章太炎的分析，康有为种种作为的原始意图都是"奇伟尊严孔子"。但是，康有为把孔子抬到一个至高至圣的位置，根本目的还是为变法的政治目标服务的。他的逻辑是，要保住与复兴孔教，就必须要先保住中国，而要保住中国，就必须要吸收西方之法。用西法来拱卫孔教，这不是康有为给自己挖坑吗？当然，既然敢挖坑，康圣人自有一番妙论来填好它。

"为尊祖考彝训，而邻人之有专门之学，高异之行，合于吾祖考者，吾亦不能不节取之也。"康有为把西方实行的政治制度视作"合于吾祖考者"，也就是说中国圣人的理想社会被外夷实现了，吸收西法就是"尊祖考彝训"。按康有为考证，民主君王、男女平权与选举制度都是孔子提倡的，到后来，他甚至把欧美的"朝服"颜色及宫室建筑都说成是符合孔子旧制。

这番惊世骇俗的理论为康有为带来了一大批追随者，他最得意的弟子当属梁启超。同治十二年（公元 1873 年），梁启超出生于广东新会一个世绅家庭，是一个真正的神童，16 岁就中了举人，光绪十六年（公元 1890 年）拜在康有为门下时年方 17。康有为得此高徒后信心大增，次年在广州正式挂牌讲学，开办万木草堂。

光绪十九年（公元 1893 年），康有为在第七次参加乡试时终于中了举人。随后两年，康有为和弟子梁启超连续进京参加会试，希望能取得进士功名，当上"天子门生"。光绪二十一年（公元 1895 年），他们第二次进京赶考等待发榜期间，中国在甲午战争中彻底失败以及《马关条约》签订的消息传到了京城。

群情鼎沸之中，康有为与梁启超师徒二人写成万余字的"上今上皇帝书"，得到 18 省举人 1300 多人连署。这次事件称为"公车上书"，被视为戊戌变法的前奏。后来康有为以第八名的成绩高中进士，"公车上书"也就不了了之。

这次经验让康有为知道了广结同志、大造舆论的重要性。就在同一年，他与梁启超在北京组织强学会、创办《中外纪闻》，支持变法的黄遵宪等人次年在上海创刊《时务报》，请梁启超为主笔，大受时人欢迎。正是从这个时候开始，梁启超开始与康有为并称康梁。在他们影响下，到光绪二十四年（公元 1898 年），全国各地建立以变法为宗旨的学会、报馆及学堂达 300 多个，其中以谭嗣同等人在湖南创办的南学会、《湘学报》较为知名。

只有这些是不够的。康有为很清楚，中国的一切权力都在皇上手里，如果得不到皇帝的信任，自己的所有努力都是白费。虽然他也了解当今圣上并非拥有实权，但别人眼中的障碍他却视之为机会，他的判断没有错。

正是因为翁同龢意识到康梁等人的变法主张能加强皇帝的权力，才开始真正地支持他们。康有为建议裁撤诸多部门，改设制度局由皇帝亲自领导等措施，能明显地削弱慈禧太后的权力。当然，德宗本人对此也十分兴奋，任命康有为工部主事，迫不及待要与他见面详谈。

其时是光绪二十四年（公元1898年）正月，当时恭亲王表示了明确的反对意见，他的理由是小臣不得无故觐见皇上。几个月后，恭亲王健康状况恶化，德宗多次前去探视，据说恭亲王在弥留之际，还念念不忘地提醒他，对广东主张变法之人，"当慎重，不可轻信小人言也"。

恭亲王的临终告诫是否真有其事，已经很难考证了，但他很可能对德宗表达过类似的意见。他最担心的应该是德宗建功心切，容易听信谗言，操之过急反倒引火烧身。恭亲王的担心最终还是没能避免，德宗太想要做出一番自己的事业了。

《明定国是诏》颁布五天后，德宗终于等来了康有为，康有为也终于见到了皇上，这是他们唯一的一次见面。康有为在面圣时对德宗说："泰西讲求三百年而治，日本施行三十年而强，吾中国国土之大，人民之众，变法三年，可以自立，此后则蒸蒸日上，富强可驾万国。"用三年时间就要赶英超美追日本，康有为真是语不惊人誓不休。

这场轰轰烈烈的维新变法运动终是开展起来了。康有为和他的追随者们准备了一系列的诏书、法令和敕令，流水般地送到德宗案头请他签署。这场运动称为纸上变法一点也不为过，在戊戌变法持续的103天中，共发布280多件新政谕旨，其中具体实施办法175件，但真正得到推行的百无一二。用康有为的兄弟康广仁的话来说，这场变法是规模太广，志气太锐，包揽太多，同志太孤，举措太大，皇上又无权，怎么可能成功呢？

光绪二十四年八月初五（公元 1898 年 9 月 21 日），德宗发布上谕称：
"因念宗社为重，再三吁恳慈恩训政，仰蒙俯如所请，此乃天下臣民之
福。"此时德宗已被软禁，那拉氏再度临朝训政，是为戊戌政变。9 月 18
日，康有为、梁启超曾与谭嗣同共同商议，决定劝说袁世凯发动政变。当
晚谭嗣同造访袁世凯，游说他杀荣禄、囚禁慈禧太后、保护皇上，许诺事
成后授其直隶总督。袁世凯当面答应，随即就向荣禄告发了。

　　慈禧太后训政后，将康有为等人定性为"结党营私，莠言乱政"，下
旨抓捕。康有为已在政变前一天得英国人帮助南下香港，梁启超则在日本
人安排下东渡。谭嗣同对劝他离开的人说："各国变法无不从流血而成，
今日中国未闻有因变法而流血者，此国之所以不昌也。有之，请自嗣同
始。"谭嗣同、康广仁等六人被抓捕后，于 9 月 28 日在菜市口问斩。

　　自此，中国的政局进入了大动荡。在失去掌握平衡的舵手之后，这艘
巨轮先是右满舵，紧接着又是一个 180 度的大掉头，在狂风巨浪中，这样
的航行方式能不导致倾覆吗？

庚子之乱——义和团兴起与落幕

光绪二十六年是庚子年，这一年是公元 1900 年，19 世纪的最后一年。19 世纪后半叶的中国，可以用一个童话故事来说明。我们都听过《皇帝的新装》，它的结尾是这样的：

"他实在没穿什么衣服呀！"最后所有的百姓都说。皇帝有点儿发抖，因为他觉得百姓们所讲的话似乎是真的。不过他心里却这样想："我必须把这游行大典举行完毕。"因此他摆出一副更骄傲的神气。他的内臣们跟在他后面走，手中托着一条并不存在的后裙。

据说这个故事发生的地方是安徒生想象中的中国。既然是想象，就免不了与现实存在着一定的差距。因为在现实中的中国，皇帝是没那么容易听到百姓说的是什么，就算是听到了他的反应也绝不会是发抖。但在这样的荒诞剧中，总会有人先清醒过来，如果这个清醒过来的人说的话能让皇帝听到，并能让皇帝听进去，那就还有挽回的余地。

恭亲王用他毕生精力在做的其实就是一件事情，挽回皇帝的尊严，同时也是挽回帝国的尊严。在他的心里，这个故事发生在战场，自己以为的全身盔甲在西方人的枪炮面前简直就是一丝不挂。所以，恭亲王决定用西方的技术来重新打造一副盔甲。但是恭亲王忽略了一个问题，再好的盔甲也是要穿在人身上的，如果这个人根本就没有战斗的意志，最后还是只能落得个丢盔卸甲的下场。

甲午战争的丢盔卸甲，标志着洋务运动的彻底失败。这时，重病缠身的恭亲王已经失去了重新来过的勇气，但他把所有剩下的精力都放在了维持国家的平衡运转上，包括对内和对外。正如当时国际舆论评价的那样，恭亲王的离世，使中国"错综复杂的政府机器失去了一个重要的平衡轮"。

义和团的兴起主要有经济和文化两方面的原因。文化的冲突由来已久，主要体现在基督教自身的行为和中国传统习俗的冲突。中国的民间祭祀活动一般会被教会理解为偶像崇拜，教会会劝说或阻止教民参与，这给家族或邻里关系带来了隐患；有些活动需要乡民分摊人工和费用，比如求雨，教会就特意给教民从总理衙门讨来一项"特权"，既不许教民参加活动，也不要教民分摊，但求来的雨一定会落到教民的田里，这就有了直接的麻烦。

另外，教会的日常仪式令中国的老百姓感到神秘难解，这就很容易产生谣言。由于这些仪式如洗礼、弥撒等，很难向乡民描述清楚，所有他们很容易把它想象成不可描述的事情，至于密室忏悔，隔膜更甚，则谣传也更加活跃，简直就认定就是密室行淫。教会收养弃婴的育婴堂也是谣言的盛产地。

在经济方面，为了获得中国这个巨大的市场，英国不惜发动战争，使中国被迫开放了口岸与外国通商。但是清政府为了保护国内市场，始终不允许外国资本自由进出中国，即便是洋务运动中主动向西方学习，也是一直坚守有序开放，稳步发展。

甲午战败后的《马关条约》中，日本得到了在中国自由从事各种制造工业的权利，这一条款是其他欧美列强都从未得到过的，但他们援引最惠国待遇后就全部享受到了，这使中国工业几乎旦夕之间被外国资本完全压倒。大规模的外国资本涌入后，随之而来的是大规模的建设，大规模的拆迁、征地，让无数农民脱离土地，只有部分人能进入这些工厂，相当一部分失地农民成为流浪者，他们不自觉地成为义和团的主力。另外，还有成千上万小生产者在这个过程中破产失业，生计无着，所以他们在加入义和团之后"最恶洋货，如洋灯、洋瓷杯，见即怒不可遏，必毁而后快"。

义和团的源流主要有三种说法，一为白莲教支派八卦教，二为团练组织演化，三为民间练拳习武的会社。义和团拳坛的头目被称为大师兄、二师兄，拳民主力军是青壮年，小的10岁上下，老的七八十的都有。各拳坛组成总坛，总坛头目称老师、祖师或天官，他们都有异人相授的"法术"，能神鬼附体。

义和团团员

拳民们请来附体的神灵，都是农民熟知的戏曲评书中的人物，《三国演义》的蜀国五虎将和《西游记》中的三徒弟是他们的最爱，特别是孙悟空，惹多大的祸都死不了。其他的如八仙、济公、梨山圣母等不胜枚举，只有想不到，没有请不到。

义和团的口号虽不统一，但主要是"扶清灭洋""助清灭洋"一类，对一切与"洋"有关之人和物，义和团都极端仇视，非但洋人该杀，凡是与洋人洋物有牵连的中国人也全都该杀。他们把传教士称为"毛子"，教民称为"二毛子"，"通洋学""谙洋语""用洋货"等等依次被称为"三毛子""四毛子"一直到"十毛子"，统统在严厉打击之列。

在义和团的主要发源地山东，时任巡抚毓贤认为这些"刀枪不入"的拳民们"其心可嘉，民气可用"，"义和团"这个名字就是他亲自改的，并称自己是"义和团魁首"。结果山东局面失控，在法国公使责问下，毓贤被叫回北京等候处理，山东巡抚一职由袁世凯代理。袁世凯到任后先是采用铁拳政策，后又宛如张真人附体耍起了太极推手，他告诉拳民京津之处遍地洋人，到那里更能建丰功伟业，义和团于是纷纷涌入直隶境内，奔向北京、天津。

戊戌政变后，慈禧太后将德宗囚禁于中南海瀛台。梁启超到日本后创办《清议报》，大力抨击慈禧太后，康有为则在加拿大组织"保皇会"，以救皇上为宗旨。为了根绝隐患，那拉氏决定废黜德宗，另立新君。听到传言的各国公使均表示坚决反对，时任两广总督的李鸿章和两江总督刘坤一极力劝阻，慈禧太后的心腹荣禄也表示不可贸然行废立之事。

别人的意见还好办，洋人的反对就不得不考虑了。于是慈禧太后采纳了李鸿章（一说荣禄）的建议，先立皇太子，时机成熟时再让他继承皇位。光绪二十五年十二月二十四日（公元 1900 年 1 月 24 日），慈禧太后以德宗名义颁布朱谕，"以多罗端郡王载漪之子溥儁承继为穆宗毅皇帝之子"，"封载漪之子溥儁为皇子以绵统绪"。此后，溥儁就被称为大阿哥。

载漪是惇亲王奕誴的次子，出生于咸丰六年（公元 1856 年），在咸丰十年（公元 1860 年）承继与瑞敏郡王奕志为嗣，后降等袭爵为贝勒，慈禧太后六十大寿那年重赏亲贤，载漪晋封为郡王，结果圣旨中把"瑞"字错写成了"端"，所以他就成了端郡王。那拉氏封溥儁为大阿哥并不是载漪的缘故，而是因为溥儁的生母是那拉氏的弟弟叶赫那拉·桂祥的女儿。

但是外国人对慈禧太后立大阿哥的事同样不认可，连一个致贺的都没有，这让慈禧太后十分恼火。载漪则比慈禧太后更为愤怒，也许是因为父亲惇亲王从未受过重用，他在政治上有着强烈的愿望。当年醇亲王奕譞听说儿子被立为皇嗣哭晕过去，而载漪的反应却截然相反，他是高兴得差点晕过去，现在洋人要阻挠他的儿子当皇帝，他当然无比痛恨。

听毓贤说了义和团的忠勇可靠、神拳无敌之后，载漪觉得自己当天子父亲的机会来了，他在家中设坛，自己当起了大师兄。载漪等人还频频向慈禧太后上奏，极力称赞义和团法术甚灵，慈禧"因召入面试"，看过拳民的精彩表演后，也许还有空盆来蛇一类的法术，"太后亦信矣"。慈禧太后随后宣布了对毓贤的处理意见，撤销山东巡抚一职，改任山西巡抚。

自此，义和团在北京落地生根，遍地开花。大学士徐桐看到满街的拳民，喜不自禁地说："中国自此强矣。"徐桐精研理学，被安排教授大阿哥读书，他的看法能代表一大批士大夫。徐桐在亲自走访了北京城最大的一处坛口后，欣然提笔撰写对联一副："创千古未有奇闻，非左非邪，攻异端而正人心，忠孝节廉，只此精诚未泯；为斯世少留佳话，一惊一喜，仗神威以寒夷胆，农工商贾，于今怨愤能消。"

徐桐认为理学"圣道"与义和团"神道"是相通的，故将"攻异端而正人心"和"仗神威以寒夷胆"对应。徐桐在与友人的一段对话中，将自己的心迹表露无遗。友人问他："拳民借妖术以图一逞，宁欲倚之以平寇耶？"徐桐的回答是："轮车、邮电、机械，百出夷人，亦妖术耳。譬彼治疮，以毒攻毒，疾且疗矣。"友人又问他为何对拳民必胜抱有如此信心，徐桐答曰："拳民神也，夷人鬼也，以神击鬼，何勿胜之有！"

现在，这个关于皇帝新装的故事朝着更为诡异的方向发展：皇帝就在那个富丽的华盖下游行起来了。站在街上和窗子里的人都说："乖乖！皇上的新装真是漂亮！他上衣下面的后裙是多么美丽！这件衣服真合他的身材！"很多人还高喊起来："看哪！皇上的新装不仅华丽，它还刀枪不入呢！"皇帝和他最高贵的骑士们，更加昂首阔步地走着，似乎在走向一场意料之中的胜利。

由于有了朝廷的明确支持，义和团情绪高涨，迅速向更极端、更疯狂的方向发展，大量传教士和外国人、中国教民被杀，铁路、机器、电线、轮船等都在捣毁之列。

西方列强以"保护使馆"的名义，由俄、德、法、英、美、日、意、奥组成"八国联军"准备攻打北京。清政府必须对是和是战做出正式决定。

光绪二十六年五月（公元 1900 年 6 月），慈禧太后连续召开四次御前会议，主战、主和两派进行了激烈辩论。主战派实际上以慈禧为首，包括载漪、徐桐等众多亲贵，主和的则有许景澄等人，支持他们的是仍被幽禁的德宗，主张对外缓和。主战派主张支持义和团，对外宣战，并首先攻打使馆区。对此，曾任驻外大使多年的许景澄认为万万不可，痛劝此举"情节异常重大，即国际交涉上，亦罕有此种成案，不能不格外审慎"。结果当然是主战派获胜。五月二十日（6 月 21 日），清廷下定决心，誓要"大张挞伐，一决雌雄"，并命令清军与义和团一同攻打外国使馆。许景澄等五名主和大臣不久后以"莠言乱政"的罪名被处以极刑。

义和团以数万之众，最后连区区使馆都久攻不下，直到 8 月 14 日，八国联军攻入北京，使馆区在被围攻 55 天后解围，义和团所有的神功怪术在枪炮面前统统失灵。

《泰晤士报》驻华记者在后来报道庚子之乱时，不无遗憾地提到了恭亲王："如果他还活着，或许不会有义和团乱事。"但是这位记者没有提到的是，如果高祖还在世，绝不会允许他的儿子去蹚这摊浑水的。

高祖极具政治智慧，可是我的本生曾祖载滢却毫无政治经验，却偏偏热衷于参与宫廷重大事件，也许是想获取更高的地位和更大的权力吧。曾祖估计是把载漪父子当作了潜力股，盲目附和他们利用义和团杀洋人的主张，甚至跟着他们演了场闹剧：宣战四天后（6 月 25 日），载漪、载勋、载濂、载滢等四个载字辈的兄弟率义和团 60 多人直奔瀛台，欲弑德宗。这位载濂，便是高祖五哥、惇亲王奕誴的儿子。

北京被攻破第二天，慈禧太后携德宗等向西仓皇出逃，经怀来、大同逃往太原，后至西安。联军入京后，大肆烧杀劫掠。慈禧太后授李鸿章为全权大臣，由他和庆亲王奕劻负责与各国谈判。光绪二十七年七月二十五日（1901 年 9 月 7 日），双方签订《辛丑条约》，中国不仅支付巨额赔款，更被迫接受各国在大城市划定租界及强行驻兵。

高举"扶清灭洋"旗帜的义和团结局如何呢？慈禧在出走时发布上谕，将战争的责任推到义和团头上，命令各地清军予以剿杀，大部分义和团组织迅速消亡。

　　皇帝的盛装流行到此似乎应该落幕了，我突然想到这个故事可以有另外一个开头。

　　有一天，皇帝的京城来了两个仙子，他们能织出人间最美丽的布。这种布不仅色彩和图案都分外美观，而且缝出来的衣服还有一种奇怪的特性：任何不称职的或者愚蠢得无可救药的人，都看不见这衣服。

　　在这个故事的结尾，仙子们把衣服做好了，但是绝大部分人都看不见这件美丽的衣服，他们把那两个仙子称为骗子，永远赶出了他们的国度。

大厦将倾——无可挽回的大结局

光绪三十四年十月廿二日（1908 年 11 月 15 日），慈禧太后到她死的这一天，终于算是放开了手中的权力。

当然，在这之前，那拉氏已经做出了最让她满意的安排。这年 8 月，慈禧太后病倒，据说德宗闻之面有喜色。这多半是可信的，因为就算德宗贵为天子，也免不了有喜怒哀乐，到这个时候已经被幽禁整整 10 年，如果老天有眼，就此将那拉氏收去，将会是他在世 37 年来最大的快乐。

那拉氏听到眼线告密后，勃然大怒，恨恨地说："我不能先尔死。"11 月 13 日，慈禧太后命醇亲王载沣之子溥仪在宫内教养，授载沣为摄政王；11 月 14 日，德宗崩于瀛台涵元殿，慈禧太后懿旨著溥仪入承大统为嗣皇帝、摄政王载沣监国；11 月 15 日，那拉氏在当了一天太皇太后之后，崩于仪鸾殿。

穆宗虽然终其一生都在那拉氏的阴影底下，毕竟他还在慈安太后的支持下和她对着干了一回，选了阿鲁特氏为皇后。德宗就没有这么幸运了，他的皇后也就是后来的隆裕太后，是他的表姐，叶赫那拉·桂祥之女，德宗宠爱的珍妃却没能逃过那拉氏的毒手。

光绪帝出殡时的场景

　　载沣也没能逃脱被那拉氏摆布的命运，他的嫡福晋、溥仪的生母瓜尔佳氏，就是由其硬指给他的。尽管醇贤亲王奕譞在那拉氏面前一直都俯首帖耳，但她始终都放不下对醇王府的戒心。瓜尔佳氏是荣禄之女，也是那拉氏的养女，让自己的心腹与醇王府联姻，这让她能够觉得更加心安。

　　11月14日那天，慈禧太后在授命载沣监国时的说法是"所有军国政事，悉秉承予之训示，裁度施行"，也就是说一切政事都要遵循她的训示来施行。载沣之弟载涛后来回忆说，那拉氏选择载沣的原因："她之所以属意载沣，是因为她观察皇族近支之人，只有载沣好驾驭，肯听话。"这样就不会"翻她从前的旧案"。

　　这天那拉氏虽是躺在病榻之上，连动弹一下都费力气，但心里想必是乐开了花。五岁登基的穆宗、三岁即位的德宗，都没能熬得过她，这眼看着又扶上来个两岁多还没断奶的溥仪，负监国之责的摄政王载沣又"好驾驭"，只要她多活一天，这国政就归她多"训示"一天，她怎么可能不开心呢？

　　不过慈禧太皇太后只开心了一天，她的大限就要来了。这样的话，头一天的安排就有问题了，因为一旦她死掉，那所有的权力就自然而然地全部到了载沣手上，她怎么可能允许这种情况发生呢？

　　于是，在咽下最后一口气之前，慈禧太皇太后又下了最后一道懿旨："现余病势危笃，恐将不起，嗣后军国政事，均由摄政王裁定，遇有重大事件，必须请皇太后懿旨者，由摄政王随时面请施行。"她给载沣安排了一个上司，就是她的亲侄女，来自叶赫那拉家族的隆裕。

那个时候我的祖父溥伟马上就要满 28 岁了。祖父溥伟生于光绪六年十一月二十二日（公元 1880 年 12 月 23 日），是载滢的长子。光绪二十一年（公元 1895 年），这是恭忠亲王最后一次复出的第二年，慈禧太后命溥伟承继郡王衔多罗果敏贝勒载澂为嗣，并著赏给多罗贝勒，并没有按规制降等承袭，算是给恭忠亲王帮助她收拾甲午战争烂摊子的一个额外奖励。载澂病逝于光绪十一年，生前育有三个女儿，并无一子。

光绪二十四年，恭忠亲王去世之后，溥伟承袭亲王衔，成为第二代恭亲王。德宗驾崩之时，在皇室近支溥字辈中，恭亲王溥伟年岁最长，他的祖父恭忠亲王奕訢生前有保存社稷之功，薨后配享太庙，这样的政治影响是其他任何近支所不能比肩的。因此，他曾经被舆论认为最为合适的皇位继承人。

恭贤亲王溥伟（1880—1936）

于是，在恭忠亲王奕訢、果敏贝勒载澂之后，与皇位擦身而过的故事又轮到第二代恭亲王溥伟了。慈禧太后和德宗回銮期间，慈禧太后把被八国联军吓跑的账记到了大阿哥溥儁的头上，亲下懿旨将其罢黜。据说有人揣摩慈禧太后的心思，说溥伟是溥字辈中的佼佼者，慈禧太后听罢一笑，溥伟得知此事之后，认定慈禧太后的"笑"是对他即将接续大统的默认。

后面的故事编得更精彩。慈禧太皇太后死后，恭亲王溥伟认为叶赫那拉的神秘微笑到了兑现的时候，于是身着亲王朝服等待宣召。可惜，等来等去都不见太监临门，他干脆直奔皇宫而去。所谓无巧不成书，巧得跟说书似的，这时正逢溥仪坐在轿子里奉召进宫。溥伟正欲紧随小轿进宫，被太监伸手给拦住了。

恭亲王溥伟大喝一声："好你个奴才，如此大胆，看我往后怎么收拾你！"谁知小轿一进宫，宫门便关了，恭亲王溥伟意识到行为不妥。这就是后来被广泛传扬的"恭亲王咆哮宫门"。甚至有人煞有其事地为之抱憾，还给恭王府安排了藏有文宗"便宜行事"的密谕，说溥伟应右手持白虹刀，左手持先皇密谕闯进宫去，如此便断不会有后来袁世凯逼宫之举了。

编故事和听故事的人当然都不会费心去做考证的，溥仪进宫之日其实是在德宗驾崩之前。不过话说回来，祖父想当皇上吗？我想这是毋庸置疑的。他的祖父恭忠亲王这个年龄的时候，正在处理危局，随后是扳倒八大臣，主持朝政。在祖父心中，一直把自己的祖父恭忠亲王当作榜样的，想要干出一番惊天动地的大事业，此时他身负的职务只是一个总理禁烟事务大臣，显然不能让他满意，加之他是当时最有资格也是最合适继承大统的人选之一，没有这个想法才会让人觉得奇怪。

时也，运也，命也。恭王府从它被重新命名的那一刻起，就再也没免除过被猜忌的命运，祖父不可能对此装作不知。因此，当名分已定，他也就像他的祖父那样，接受了命运的安排，死心塌地地效忠皇上，心甘情愿地在小皇帝面前行着三跪九叩的大礼。

醇亲王载沣当初听到让自己的儿子进宫的时候，也同他的父亲当年的醇贤亲王奕譞一样，内心是拒绝的。但是谁都没有料到，叶赫那拉氏在立嗣后的第二天就一命呜呼，这让载沣心里的忐忑全然消失，庆幸自己的儿子再也不用像自己的哥哥一样继续当傀儡皇帝了。

载沣在受命监国几天之后，便以皇帝的名义下了一道谕令："钦奉大行太皇太后懿旨，军国政事，均由监国摄政王裁定，是即代朕主持国政。黜陟赏罚，悉听监国摄政王裁度施行。自朕以下，均应恪遵遗命，一体服从。懿亲宗族，尤应懔守国法，矜式群僚。嗣后王公百官，傥有观望玩违，暨越礼犯分，变更典章，淆乱国是各情事，定即治以国法，断不能优容姑息，以致败坏纪纲。庶几无负大行太皇太后委寄之重，而慰天下臣民之望。"

有人说这是醇亲王载沣对恭亲王溥伟的一个警告，我想这是有一定道理的。据说当时慈禧太后决定立溥仪为嗣，载沣曾极力推辞，那拉氏便激他说："如果觉力不胜任，溥伟最亲，可引以为助。"那拉氏显然深谙心理学，怀疑的种子一旦生根，便很难再拔出。所以载沣并没有给溥伟安排任何要职的打算，但又担心他心有不满，做出逾矩之事，就提前用圣旨进行约束。当然，这也可能只是载沣立威之举，并非针对某一个人。

载涛后来在评价他的兄长载沣的时候说："他遇事优柔寡断，人都说他忠厚，实则忠厚即无用之别名。他日常生活很有规律，内廷当差谨慎小心，这是他的长处。"这种性格"做一个承平时代的王爵尚可，若仰仗他来主持国政，应付事变，则绝难胜任"。这种评价从结果看似乎恰当，但放在当时的环境来看则未必如此。

在处理与他的嫂子隆裕太后的关系上，载沣就比当年恭忠亲王奕訢来得坚决。隆裕太后仗着姑母的懿旨傍身，经常过问朝政，最初摄政王载沣还有耐心与之敷衍，后来隆裕太后居然开始插手军机大臣的任免，这就让载沣无法忍受了。这也可以看出，同为那拉氏，隆裕太后却无法与慈禧太后相提并论，慈禧太后在时机不成熟时绝对不会干涉议政王的安排。

清朝一共只有过两位摄政王，一位是开国时的多尔衮，一位就是末代时的载沣，虽然载沣的才能与多尔衮无法相比，但他毕竟是当今天子的亲生父亲。他提醒隆裕，太皇太后的懿旨说是"遇有重大事件，必须请皇太后懿旨"，言下之意，具体政务，就请不用操心了。隆裕太后并非强硬之人，从此也就安心待在后宫了。

不过在对付袁世凯这件事上，载沣显示了他优柔寡断的一面。当年，正是由于袁世凯的告密，才导致德宗度过了十年幽禁岁月，德宗与醇王府上下均视之为死敌。但载沣的为难之处也在于此，袁世凯告密保全的是慈禧太后，他如今盘踞北洋也是拜慈禧太后所赐，如果杀之而后快，这不等于是"翻她从前的旧案"吗？

当时皇族上下大都主张杀袁，祖父溥伟也是其中之一。不得不说叶赫那拉氏识人之准，监国摄政王载沣是下不去手的。当然，载沣还不得不考虑另外的问题，督抚重臣如张之洞力主保袁，以及袁世凯手中所掌握的北洋六镇精兵。如果贸然杀之，极可能会丧失人心，甚或引发兵变。

光绪三十四年（公元1908年）年底，在溥仪登基后不久，载沣以"袁世凯现患足疾，步履维艰，难胜职任"为由，将其"开缺回籍养疴，以示体恤之至意"。不得不说这实在是"放虎归山，养痈遗患"之举，要么杀之，要么用之，让其回乡养疾，而放任北洋六镇重兵仍在其亲信掌握之中，肯定不是最好的选择。但是，载沣有更好的选择吗？

保袁最起劲的，当属有袁世凯"后台老板"之称的庆亲王奕劻。奕劻出身于旁系宗室，庆僖亲王永璘之孙，只不过这个亲王爵位经过几十年变迁，到他手上只剩下个辅国将军，而奕劻再用几十年工夫，依靠慈禧太后的赏识，不仅重新坐上了亲王宝座，比之以前还多了个世袭罔替，不能不说是天大的本事。

奕劻的贪腐世界闻名，他早就被袁世凯重金收买引为强援，时人直称："奕劻又是叫袁拿金钱喂饱了的人，完全听袁支配。"皇族宗室很多时候意见难得统一，但不能容忍奕劻挟制揽权，意见是完全一致的。但奕劻已同样用金钱笼络了一大批人为己所用，所以要对付他并不容易，正是他在朝中的存在，致使袁世凯能够于返回河南之后，仍可在暗中操纵。

在处理汪精卫刺杀一案时，摄政王展示了他宽厚的一面。行刺摄政王的汪精卫、黄复生二人被捕之后，在受审时均坚称是个人谋反，与他人无涉，恳请将自己千刀万剐，将无辜者释放。这让负责审理此案的肃亲王善耆大为感动，劝说摄政王将这两名该判凌迟处死并诛九族的逆犯，从轻发落。被行刺的摄政王载沣居然就听从了善耆的劝告，将二人判为"永远监禁"。

如果摄政王和肃亲王真的杀了汪精卫，倒成就了他的一世英名，其诗句"引刀成一快，不负少年头"一定会成为名垂青史的千古绝唱。历史往往在不经意处给我们开一个大玩笑。

总的来说，摄政王在位这三年时间，大清的局面有向好的趋势，甚至很多人说是形势一片大好。宣统元年九月初一（公元1909年10月14日），除新疆暂缓之外，全国其余21个行省的议政机构谘议局常年会统一开幕。地方士绅领袖们正式走上政治舞台，《申报》套红印刷，发表了热情洋溢的祝词，《大公报》则颂扬其为"否极泰来，上下交通之气象"。

与此对应，革命党人的活动圈子有缩小的趋势。"支持孙中山的主要局限于华侨社会、先进知识分子、少数有远见的资产者、会党和少数受策反的军队。"这个结论大体是与事实相符的。

而且在多次起义失败后，同盟会元气受损、士气低落，筹募资金也遇到了很大的困难。列强为着在华利益的缘故，使得孙中山那时在中国香港、日本、南洋等地均被挡驾，只能前往他可以自由出入的美国为革命筹款。

在继续推行立宪这件事上，载沣当政后屡发上谕，重申立宪筹备的九年之期，要求"务在第九年内，将各项筹备事宜一律办齐，届时即行颁布钦定宪法"，告诫"内外诸臣断不准观望迁延，贻误事机"。

在立宪进程上，载沣本人是属于缓进派，强调"缓急先后之序"，而一部分廷臣和多数地方督抚认为九年之期太长，要求在一两年之内召开国会，成立内阁。于是载沣采取折中办法，决定在宣统五年（公元1913年）即提前四年召开国会。正像我们所清楚的，"宣统五年"和"国会"都只能在故纸堆中才能看见了。

1911 年 10 月 10 日，武昌起义的枪声如期响起。只有在历史的长河冲刷过之后，我们才可以"后见之明"地指出，那些欣欣向荣的景象，其实只是一个王朝在灭亡之前的回光返照。

此生难休——我拿什么来拯救你

1936 年 11 月 23 日（民国二十五年十月初十），56 岁的祖父溥伟带着他复国的梦想，在长春新华旅社辞世。

光绪三十二年（公元 1906 年）祖父进入新开办的陆军贵胄学堂接受专业的军事教育，两年后朝廷设置禁烟总局，祖父授命为禁烟大臣，他的功绩有目共睹，国内外都有很高的评价。当时朝堂之上有人奏请建立一支禁烟部队，但是慈禧太后并没有批准，大概还是防着恭王府的人吧。其实祖父和高祖一样，恪守名教与祖训的执念根深蒂固。但是对一个臣子来说，能力和才干超过主子本身就是原罪，高祖一辈子甘居人下也没能消除猜忌。

武昌的枪声传到北京之后，祖父曾以为这是自己报效家国的机会。但他也不想想，兵权怎么会交到恭王府手里。摄政王和皇太后算来算去，结果从奕劻所请起用袁世凯。至于起用袁世凯对谁最有好处，就只有庆亲王自己清楚了。

据祖父的日记记载，消息传出之后，他专程到醇王府与醇亲王载沣商议此事。祖父说"袁世凯鹰视狼顾，久蓄逆谋"，朝廷此举是"引虎自卫"，"醇王默然良久，始嚅嚅言曰：'庆王、那桐再三力保，或者可用。'"

余曰:'纵难收回成命,可否用忠贞智勇之臣,以分其势?'"醇亲王询问之下,祖父推荐了岑春煊、升允等人,醇亲王说:"容明日与他们商量。"听到醇亲王这样的回答,祖父知道已不可谏,唯有叹息而已。

1911年10月14日,武昌起义后第四天,朝廷授袁世凯为湖广总督、岑春煊为四川总督,督办剿抚事宜。袁世凯此时已是胸有成竹,知道朝廷非他不可,这种小小职位怎么可能让他满足,当即称病请辞。在徐世昌面促之下,袁世凯才提出了他早就谋划好的组织内阁、总揽兵权、宽予军费等条件,载沣只能全部答应。

在要足了筹码之后,袁世凯把前线军队交给冯国璋指挥,自己带卫队进京,于11月16日组成责任内阁,并以责任内阁的名义,奏请凡与立宪制度抵触的事项一律停止,将所有政令政务集中到内阁。载沣后来更被迫辞去摄政王一职,这样,朝廷只剩下隆裕太后和小皇帝溥仪孤儿寡母了。

这让祖父心中难安,他到袁世凯住处与其进行了一次面谈,并且记下了那次面谈的详情:"十月(11月)中,余往探袁氏,时居外务部,晤时,礼貌之恭,应酬之切,为自来所未有。余询以有何办法?袁曰:'世凯受国厚恩,一定主持君主立宪。惟南方兵力强盛,人心尽去,我处兵弱饷缺,军械不足奈何?'复长叹低言曰:'向使王爷秉政,决不致坏到如此。'嗟乎,余知袁氏之必叛也。"

袁世凯这边厢利用危局独揽朝政,另一边对革命党则是软硬兼施。他让部队先夺回汉口,挫伤革命军的锐气,然后遣使与其言和。革命党自身的组织关系此时本就错综复杂。武昌起义的组织者并不是同盟会,而是共进会与文学社,他们策反了湖北新军之后,苦于有兵无将,把正准备镇压革命党人的黎元洪强推为革命军的都督,黄兴赶到武昌之后,又被推举为革命军战时总司令。

随后,各方为黄兴与黎元洪谁来担任革命军大元帅争执不下。此时袁世凯准备和谈的举动让双方都看到了另一种可能,他们都致电袁世凯,说如果他倒戈反清的话,当公推其为民国大总统。从美国回国途中的孙中山也有相同的表示。

至此，袁大总统已经呼之欲出，醇亲王载沣此时也是悔之晚矣，这个时候他才想起了祖父。在召开商讨皇帝逊位的御前会议之前，载沣打电话让祖父到廷上参与。在会议前，还专门叮嘱祖父说："今日之事，庆邸本不愿意你来。有人问时，只说你自己要来。"这里所说的庆邸即是早已与袁世凯沆瀣一气的庆亲王奕劻。

会议上，祖父坚决主张与革命军战斗到底。他对隆裕太后说："从前日俄之战，日本帝后解簪饰以赏军，现在人心浮动，必须振作。既是冯国璋肯报效出力，请太后将宫中金银器皿，赏出几件，暂充战费。虽不足数，然而军人感激，必能效死，如获一胜仗，则人心大定。恩以御众，胜则主威。请太后圣明三思。"善耆奏曰："恭亲王所说甚是，求太后圣断立行。"

不过，这时候隆裕太后心中惦记的只是袁世凯许诺的优待条件："胜了固然好，要是败了，连优待条件都没有，岂不是要亡国吗？"祖父的回答是："优待条件是欺人之谈，不过与迎闯贼不纳粮的话一样。彼是欺民，此是欺君。"祖父还说："臣大胆，敢请太后、皇上赏兵，情愿杀贼报国！"他那句名言"有我溥伟在，大清不会亡"，也许就是在这种情况下说的。可惜祖父写日记的时候压根儿就没想过为自己留名，所以只能在别人的记述中才能发现。

祖父后来感叹道："按是日被召凡十四人，惟四人有言，余皆缄口，良可慨也。"第二天，醇亲王对祖父说："你前奏对，语太激烈，太后很不喜欢。说时日事何至如此。"祖父说："太后深居九重，不悉时局，然既不准溥伟说话，则以后之会议，是否与闻？"

醇亲王面现极忧色，良久曰："你别着急。"祖父说："太后既有此旨，万无再违旨说话之理，然而目睹危险，天颜咫尺之地，何忍缄默？"醇亲王载沣虽然比祖父还小几岁，但按辈分祖父平时以五叔称之，所以当见到醇亲王为难至极的样子，祖父便说："五叔与溥伟不同，既是五叔为难，只好以后会议时，溥伟不来可也。"

此后的御前会议，祖父没有再去参加。这时候，祖父已经打定主意，毁家以纾国难，"乃尽出古画古玩，招商变卖"。

回望百余年前的这一段，如今一个稍有常识的人都能说出"历史潮流，浩浩荡荡，顺之者昌，逆之者亡"的话来。我很想知道当时身处"历史大潮"中的祖父，是怎样的心情？他真的是对大势一无所知？还是和他的祖父一样，明知不可为而为之？

了解这段历史的朋友们都说，爷爷大可以守着满屋子的宝贝袖手旁观，因为当时庙堂之上的人根本没把他放在眼里，或者他应该带着全家移居海外，美国、德国都行，逍遥一生是肯定没问题的，可是他偏偏不甘心，拼上所有的身家，要挽救社稷于危难，到头来却成了历史的罪人，可悲可叹！

1912 年清帝的退位诏书上有两位铁帽子王没有签名，一位就是祖父，另一位是肃亲王善耆，从此这二位强硬的复辟派就此结成了联盟。2 月，祖父去了山东青岛，当时的青岛作为德国租界，非常适合清朝遗老定居。不平等条约所造成的租界，在清末曾是革命党人的避难之地，在民国却俨然成为复辟之所。诚可慨也！

祖父初到青岛的时候，不敢招摇，住在一个很偏僻的地方。一位名叫卫礼贤的德国传教士与祖父来往密切，这位中国通在他的《中国心灵》一书中讲到了祖父在青岛时的样子："亲王来到青岛后先住在郊外一家远离大道、隐蔽的啤酒厂里，陪同他的一位满族青年为了谨慎处事甚至将自己的辫子也剪掉了。亲王则难以迈出这一步，他始终拖着那条精心梳理的大辫子以示身份。"

卫礼贤在书中说："人们还都称呼他为亲王，他是一个自傲清高、天真率直的人，惯于命令别人，显得难以接近，但又是廉洁清白的人。他曾作为二亲王之一拒绝签署放弃清皇权。将家中财产及值钱的珠宝全部卖掉，希望有朝一日能恢复过去的朝廷。"

后来渐渐安定下来了，祖父就自己盖了一院房子，俗称第二座恭王府，把自己家人都接了过来。跟随祖父去青岛的清朝遗族有一大批，以恢复清室为己任的宗社党总部也搬到了青岛，那时他们经常在芝罘路上的三江会馆集会。

1913年，孙中山发动讨伐袁世凯的二次革命，岑春煊被推为各省讨袁军大元帅。岑春煊因担心袁世凯旧部不肯投向革命党，力举清朝宗室当国家元首。他对章太炎说："事若克捷，宜以清宗室为大总统，庶几袁氏旧部不能为变。"这让章太炎大惊失色，以为岑春煊想要复辟，岑春煊赶紧说："非也，宣统帝不可为元首。属之恭亲王，暂主大政，不为子孙万世基。"章太炎当即表示反对。后来二次革命失败，此说自然无人再提。

1914年，"一战"爆发，青岛的占领者由德国人变成了日本人，清朝遗老大多散去，但祖父留下了。日本人攻占青岛的炮弹落在自家庭院时的恐惧很快被重振清室的狂热驱散，也许在祖父看来，德国人也好，日本人也罢，只要谁让自己的"复国梦想"还有一丝希望，谁就是"朋友"，即使他们是侵略者。于是，在日本的支持下，他和善耆继续搞"满蒙独立运动"，重建已被解散的宗社党，还在辽东一带招兵买马，秘密组织"勤王军"。

和英美等国为了经济利益，希望中国安定不同，日本则唯恐中国不乱。此时，他们又与祖父等人组织的宗社党来往密切。

1916年2月，祖父在青岛期间收到升允自东京送来的密函，信中叙述其在日本联络上层力量支持复辟活动。见此信，祖父和善耆加快了复辟步伐，并预谋6月中旬在辽南一带举事。不料6月6日袁世凯突然病死，日本政府随之改变了对华政策，将宗社党军队和蒙古骑兵解散，辽南举事落空。

此后，日本人仍然极力拉拢讨好祖父。卫礼贤在《中国心灵》中说："日本人提供给他许多挣钱的机会，但他都拒绝不干。起先是让他接管租界的鸦片交易，可以说这是个挣钱的最佳职位。恭亲王曾经是禁烟会的首领，对这种'肥差'自然无动于衷；后来亲王又接到另一份邀请，名义上是负责青岛环境，这也是一份报酬可观的工作。但他又婉言拒绝了。"

1922 年 2 月，肃亲王善耆去世，祖父复辟清室的希望可以说彻底成空。同年秋天，在国民政府收回青岛之前，祖父接受了日本人的提议，把家搬到了大连，住进了日本东洋拓殖株式会社给他盖的一栋房子，离现在的星海公园不远，据说现在还有一点残留，大概是星海宾馆的位置。不过那也不是祖父的财产，是日本人建好租给祖父住的，没交过房租，祖父去世后，留下一大家子孤儿寡母的，所以日本人也没地方要房租去，就不了了之了。所以有人说，日本人在祖父身上做的是赔本的买卖。

日本人本来是想拥祖父为王建立一个伪政府，但是没想到祖父他一心一意就是想恢复祖宗家业，复辟大清国，这显然不符合日本人的心思，所以后来日本人就想利用溥仪建伪政府，达到他们侵吞中国东三省的目的。当然，祖父这颗棋子日本人也不会放过。

"九一八"事变后，日本人将祖父从大连接到沈阳，让他当"四民维持会"会长，后来还让他穿上"王服"，在日伪警宪的簇拥下祭陵，扬言要以他为首建立"明光帝国"。事实证明，日本人这一招很管用。溥仪得知这一消息，顾不得其他了，慌忙来到旅顺，当上了伪满政府的皇帝，成了日本人的傀儡。

即便只是傀儡，溥仪对祖父还是放心不下，生怕被他夺去"帝位"，始终没有给他一个职位。日本人在祖父身上所有的投资最后都变成了对建立溥仪这个傀儡政权的促成，从这一点上来说日本在祖父身上的投资也不亏。

1934 年 1 月，溥仪要做"满洲国"皇帝之前，祖父曾到京津一带，运动清朝遗老贵胄前往长春上本朝贺，并带去故宫太监 24 名，预备 3 月 1 日，溥仪举行登基大典时侍奉之用。

祖父和溥仪仅在登基大典之后见了唯一的一面，说的还是那句"有我溥伟在，大清不会亡"。但这并不能让溥仪感动。我曾听我大爷说，他在做溥仪的"贴身侍卫"时，听溥仪身边的人讲起，有一次溥仪听说祖父到长春来求见，便皱着眉头说："他怎么来了？！"说"他"的时候是那种拉了长音儿的，说明溥仪心中始终对祖父是忌惮的。

祖父耗尽了心力和财力，最后只落得竹篮打水一场空！他离开北京时，恭王府内的古玩字画金银珠宝等不计，最后连恭王府也给卖了。到他离世之时却是贫病交加，他的妻儿们也落入困顿之中，我的三大爷差一点倒卧街头，我奶奶带着我爸爸给人带孩子洗衣服度日，有时还得厚着脸皮去问富裕的亲戚们求点儿接济。

正如一个朋友评价的那样，爷爷是一个把宏大叙事活成了现实生活的人。在爷爷的脑海里，只有祖宗家业，复国大计，为了这些，他经常会忽略其他，甚至他的妻儿老小。

祖父离开北京之后，就再也没有回去过。他在青岛时，时常与住在戒台寺的异母弟弟溥心畬有书信来往，遥隔千里赋诗唱和。爷爷在书寄二爷爷溥心畬的一首《秋日感怀》中写道：

　　一片乡心千里月，故园回首不胜情。

此刻，我向窗外望去，一轮圆月高悬夜空。这正是：

　　今人不见古时月，今月曾经照古人。
　　古人今人若流水，共看明月皆如此。

爱新觉罗·恒钤

2018 年 10 月 30 日于鹏城